Olga Kharitidi

Samarkand

Olga Kharitidi

Samarkand

Eine Reise in die Tiefen der Seele

Aus dem Englischen von
Charlotte Breuer und
Norbert Möllemann

List

Die Originalausgabe erschien 2001 unter dem Titel
The Master of Lucid Dreams.
In the Heart of Asia. A Russian Psychiatrist Learns
How to Heal the Spirits of Trauma
bei Hampton Roads Publishing Company, Inc.,
Charlottesville, VA, USA.
Published by arrangement with Linda Michaels Limited,
International Literary Agents.

List Verlag
List ist ein Verlag des Verlagshauses
Ullstein Heyne List GmbH & Co. KG

ISBN 3-471-79478-6

Gesetzt aus der Sabon bei
Franzis print & media GmbH, München
Druck: Bercker, Kevelaer

Prolog

Ich hatte keine Erwartungen. Ich saß einfach da und schaute ins Feuer, bis ich kaum noch etwas anderes wahrnahm. Nur Sulemas Gesicht tauchte hinter den Flammen ab und zu auf. Ich hörte sie sagen: »Hier erzählt man sich gern Geschichten. Können Sie mir eine erzählen? Erzählen Sie mir die rätselhafteste Geschichte, die Sie kennen.« Sulema hatte diese Bitte sicher nur ausgesprochen, weil sie wollte, dass ich mich wohl fühlte, und dafür war ich ihr dankbar.

»Jetzt?«

»Ja, warum nicht.«

Einen Augenblick lang sann ich über ihren Vorschlag nach, dann fiel mir plötzlich die Geschichte von Hamlet ein, eine Geschichte, die mir seit meiner Schulzeit zu denken gegeben hatte.

»Also gut, ich kenne eine solche Geschichte. Sie beschäftigt mich schon seit Jahren, weil es mir nie gelungen ist, einen endgültigen, erschöpfenden und unzweideutigen Sinn darin zu finden. Diese Geschichte hat sich vor langer Zeit abgespielt.

Es war einmal ein Prinz, der in einem weit entlegenen Land lebte. Der Vater des Prinzen war erst vor wenigen Monaten gestorben. Seine Mutter hatte wenig später seinen Onkel geheiratet, der Onkel wurde König, und der Prinz lebte in dessen Königreich. Er war kein ausgesprochen trauriger Prinz, und er fühlte sich auch nicht besonders einsam. Auf jeden Fall war er nicht verrückt. Doch dann änderte sich eines Tages alles, und auch der Prinz begann, sich zu verändern.

An jenem Tag, genauer gesagt, in jener Nacht, begegnete er dem Geist seines verstorbenen Vaters, der ihm erzählte, wie der derzeitige König, sein eigener Bruder, ihn vergiftet hatte, um das Königreich und die Königin an sich zu reißen. Der Geist des Vaters verlangte Rache, und nachdem der Prinz diese Geschichte gehört hatte, gab es keinen Frieden mehr für ihn.

Er dachte sich einen schlauen Trick aus: Er lud fahrende Schauspieler ein, die dem König und der Königin ein von ihm selbst geschriebenes Theaterstück vorspielen sollten. Das Stück erzählte die Geschichte des Mordes an seinem Vater, und die Schauspieler führten es für die Mutter und den Onkel des Prinzen auf. An der Reaktion des Onkels erkannte Hamlet dessen wahre Schuld, und ihm blieb keine andere Wahl, als fortan verrückt zu spielen.«

»Er wurde getötet, stimmt's? Der Prinz wird am Ende des Stückes getötet, nicht wahr?«, unterbrach mich Sulema, ohne das Ende abzuwarten.

»Ja, das stimmt. Kennen Sie die Geschichte?«

»Dieser Geist hat ihn getötet, der Geist seines Vaters.«

»Eigentlich nicht ...«

»Oh doch. Der Prinz hat angefangen, nach den Spielregeln des Geistes zu handeln. Er hat sich dem Dämon des väterlichen Traumas überlassen, ihn in sich aufgenommen. Er hat es zugelassen, dass der Dämon seine eigenen Erinnerungen mit dem Schmerz seines ermordeten Vaters vergiftete und zu einem Teil des

Prinzen wurde. Der Prinz begann, auf Befehl des Geistes zu handeln, und deshalb musste er getötet werden. Er ist ja nicht wirklich verrückt geworden. Er hat nur mit den Mächten des Traumas gekämpft. Ich nehme an, er hat verloren. Er hatte keine Frau, nicht wahr?«

»Nein. Aber er hatte eine Verlobte, die er zärtlich liebte. Als der Prinz immer liebloser und verrückter tat, hat sie sich das Leben genommen.«

»Oh! Gibt es noch mehr Tote in der Geschichte?«

»Ja. Der Vater der Braut und ...«

»Oh! Das war ja wirklich ein unersättlicher Geist, dieser Geist des Vaters. Eine gute Geschichte. Der, der sie geschrieben hat, kannte sich in dem Kampf aus.«

Sulema fiel in Schweigen, und ihre zusammengekniffenen Augen schienen durch mich hindurch zu blicken. Über dem Feuer sah ich ihren freundlichen, lächelnden Mund, bis die Flammen wieder höher schlugen und ihr Gesicht verdeckten.

Ich spürte, wie sich meine körperlichen Empfindungen veränderten. Es war, als würde eine unsichtbare Kraft in meine angespannten Muskeln eindringen und die alten, schmerzhaften Knoten lösen, die sich dort gebildet hatten. Gleichzeitig spürte ich, wie sich meine Erinnerung befreite. Sie verwandelte sich in die Substanz, aus der die Träume sind, und schon bald überfluteten Bilder meinen Kopf. Es waren Bilder im Überfluss, doch nicht im planlosen Chaos; die Bilder waren alle durch eine unsichtbare, tiefgründige Ordnung miteinander verbunden, und meine Wahrnehmung ließ sich von ihr leiten.

Das Feuer flackerte vor sich hin, es hatte eine vollkommen runde Form angenommen, als würde, wie durch ein Wunder, ein Abbild der Sonne vor mir erglühen. Eine Zeit lang starrte ich in sie hinein, bis sich alles rot färbte und die Sonnenscheibe schwarz wurde. Ich schloss die Augen und spürte, wie diese kleine Sonne vor mir pulsierte und sich auf mich zu bewegte. Ich versuchte, ruhig zu sein, ganz ruhig. Dann vernahm ich ein Geräusch, so, als öffnete sich ein Tor, und Michaels Stimme sagte:

»Fürchten Sie sich nicht und denken Sie daran, dass es der Vater ist, der straft, und die Mutter, die vergibt. Ich werde bei Ihnen sein, wenn Sie mich brauchen.«

Kapitel eins

Unvermittelt wachte ich auf. In dem schmalen Krankenhausbett registrierte mein Körper sofort den Wandel meines Bewusstseins, den Wechsel vom Schlaf- in den Wachzustand. Mein Kopf dagegen sträubte sich, den Traum so schnell loszulassen. Eine Weile lag ich verwirrt da, versuchte zu ergründen, ob das Signal, das mich aus dem Schlaf gerissen hatte, der Schrei der Frau gewesen war, der immer noch in meinen Ohren nachhallte, oder etwas anderes.

Das Klingeln des Telefons hatte mich geweckt. Der Schrei der Frau, der letzte Überrest meines Traums, verflüchtigte sich schnell, ließ sich nicht mehr einfangen, obwohl ich es versuchte. Als ich ans Telefon ging, blieb von dem Traum nur ein ängstliches Gefühl in meinem Herzen zurück.

Ich schaute auf meine Armbanduhr. Es war 2.30 Uhr. Ich wurde ins Haupthaus gerufen, um ein psychiatrisches Notgutachten zu erstellen. Das bedeutete, dass ich für den Rest meiner Nacht im Bereitschaftsdienst keinen Schlaf mehr finden würde.

Ich musste über das Krankenhausgelände laufen. Gleichgültige Sterne, die hoch oben am winterlichen Nachthimmel standen, beleuchteten den Weg. Das sibirische Staatskrankenhaus war eines der größten in Nowosibirsk, mit tausend Patienten, die dort Monate, manchmal sogar Jahre verbrachten. Es stand außerhalb der Stadt in der Nähe eines Waldes, weit weg von den Wohngebieten. Die Sicherheitsvorkehrungen waren ziemlich gut: aus dem Krankenhaus zu fliehen war fast so schwierig, wie aus einem sowjetischen Gefängnis zu entkommen.

Dennoch umgab in den Augen der Menschen, die in der näheren Umgebung wohnten, eine Aura von Gefahr und Geheimnis das Krankenhaus. Hin und wieder tauchten ein paar Jungs auf dem Gelände auf, die sich zuerst gegenseitig Mut machten und sich dann nah genug an die Mauern des Gebäudes heranwagten, um einen Blick durch die vergitterten Fenster zu erhaschen. Nachts war das Krankenhausgelände menschenleer und von tiefer Dunkelheit umgeben. Ich wollte die Strecke zwischen meinem warmen Bereitschaftszimmer und der Notaufnahme so schnell wie möglich zurücklegen. Ich trug nur einen weißen Kittel, keinen Mantel, und versuchte, der nächtlichen Kälte zu entkommen, bevor sie mir in die Glieder kroch.

Ihre Schreie hörte ich, noch bevor ich die massive, eisbedeckte Hintertür zur Notaufnahme öffnete. Sie drangen in meine Ohren, als ich die Tür erreichte, und die ganze Kälte, die sich in der metallenen Klinke gesammelt hatte, brannte wie Feuer in meiner Hand.

»Lasst mich los, bitte! Lasst mich los!« Sie schrie so laut sie konnte. Als ich den warmen Korridor betrat, sah ich sie auf einer schmalen, harten Trage liegen. Ihr Körper war mit breiten schwarzen Lederriemen an der Trage festgebunden, und sie warf verzweifelt den Kopf hin und her. Die beiden neuen Krankenpfleger hatten offenbar wenig Erfahrung mit psychiatrischen Patienten. Bemüht, professionell und unbeteiligt zu wirken, schoben sie die Patientin hastig durch den leeren Krankenhauskorridor, um sie so schnell wie möglich in ein Untersuchungszimmer zu bringen.

Ich folgte den Pflegern und musste mich anstrengen, mit ihnen Schritt zu halten. Als sie um die letzte Ecke bogen und die Trage in den Untersuchungsraum schoben, war von meiner Übermüdung nichts mehr zu spüren.

»Danke. Sie können sie jetzt losbinden. Bitte warten Sie draußen auf mich.«

Die Pfleger sahen mich zweifelnd an. Mit einem entschlossenen Nicken gab ich ihnen zu verstehen, dass ich wusste, was ich tat. Trotz ihrer extremen Erregung wirkte die Patientin keineswegs psychotisch. Ich wusste, dass die Anwesenheit dieser beiden Männer mir nicht helfen, sondern mein Gespräch mit der Patientin eher stören würde. Eilig lösten sie die Riemen, die bereits schmerzende, gerötete Druckstellen an den schmalen Handgelenken der Frau hinterlassen hatten, und verließen auf meinen Wink hin den Raum.

»Ich bin Doktor Kharitidi. Ich bin Psychiaterin. Man hat mich gerufen, um Sie zu untersuchen.«

Die Frau, jetzt überraschend ruhig, versuchte, sich auf der Trage aufzurichten. Ich half ihr, sich auf die Kante der Trage zu setzen, und bedeckte ihre Beine mit einem weißen Laken; die am Rand aufgedruckte Ziffer 8 bezeichnete die Station. Die Frau war offensichtlich benommen. Ich überflog ihre Papiere: neununddreißig Jahre alt, ledig, Selbstmordversuch mit einer Überdosis Tabletten. Laut Bericht des Notarztes war sie nicht ansprechbar, als ihre Nachbarin sie ins Krankenhaus brachte. Der Notarzt hatte sie mit Medikamenten stabilisiert, und nun war es meine Aufgabe zu entscheiden, was als Nächstes mit ihr passieren sollte.

»Wie heißen Sie?«

Zum ersten Mal schaute die Frau mich an. Ihr schwarzes Haar war zerzaust. Langsam schob sie es aus ihrem schmalen Gesicht, fasste es, als wollte sie es im Nacken zusammenbinden, doch dann fielen ihre Hände kraftlos zurück auf die Knie. Zweifellos war sie von ihren vergeblichen Bemühungen, sich zu wehren, sehr erschöpft.

»Katherine«, flüsterte sie. Ihre Schreie schienen sie ihren letzten Rest von Energie gekostet zu haben.

»Ich muss Ihnen einige Fragen stellen, Katherine.«

Sie nickte kaum merklich.

Ich setzte mich vor sie auf einen Metallstuhl neben das Waschbecken, dem einzigen Möbelstück in dem kleinen, quadratischen Zimmer.

»Können Sie mir sagen, warum Sie versucht haben, sich etwas anzutun?«

»Es war ein Unfall«, antwortete sie mühsam und wandte sich schwer atmend ab.

Eine Weile schaute ich sie schweigend an. Ich konnte sehen, welcher Kampf sich in ihrem Innern abspielte – zwischen dem tiefen Bedürfnis, sich ihren Kummer von der Seele zu reden und der Angst vor der schrecklichen Schande, die sie ertragen müsste, wenn ihre Demütigung bekannt würde.

»Ich weiß, dass es kein Unfall war. Ich weiß, dass Sie heute Abend versucht haben, sich das Leben zu nehmen, und ich weiß auch, dass Sie es beinahe geschafft hätten. Wenn Ihre Nachbarin Sie nicht gefunden hätte, wären Sie gestorben. Es gibt keinen Grund, warum Sie sich jetzt fürchten müssten, darüber zu sprechen. Sie waren stark genug, die Angst vor dem Tod zu überwinden. Wovor könnten Sie sich noch fürchten?«

Sie hob den Kopf und schaute mich konzentriert an. In ihren Augen lag tiefer Schmerz. Ich sah, wie meine Worte etwas in ihr befreiten. Meine nächste Aufgabe bestand darin, mit dem, was da befreit wurde, umzugehen.

»Das stimmt. Ich wollte sterben. Nein. Ich will sterben. Ich wünschte nur, ich hätte mir das früher überlegt, vor vielen Jahren, und mir damit all die Zeit erspart, die ich mit meinem wertlosen Leben vergeudet habe.« Sie war eher wütend als unglücklich, und ihre Stimme wurde mit jedem Wort lauter.

»Wenn ich diesen Körper vernichte, wird auch alles andere ein Ende haben. Dann wird diese Qual aufhören, und sie werden keine Macht mehr über mich haben. Ich werde es tun, sobald ich hier rauskomme, dann werde ich all dem ein Ende setzen.«

Die letzten Worte hatte sie wieder geschrien, dann ergriff sie den schweren Lederriemen neben sich und schleuderte ihn mit aller Kraft gegen die Wand. Fast im selben Augenblick wurde die Tür aufgerissen, und die beiden Pfleger stürmten herein, bereit einzugreifen.

»Es ist alles in Ordnung«, erklärte ich ihnen so ruhig wie möglich, aber diesmal waren ihre Befürchtungen stärker als ihr Vertrauen in meine professionellen Fähigkeiten. Erst als ich meine Worte mit Nachdruck wiederholte, verließen sie wieder den Raum und schlossen die Tür. Ihr plötzliches Erscheinen hatte Katherine zur Ruhe gebracht. Schwer atmend und auf ihrer Lippe kauend saß sie mit eingezogenen Schultern auf der Trage.

»Katherine, bitte sagen Sie mir – die Stimmen, die Sie hören, was verlangen sie von Ihnen?«

Sie sah mich verblüfft an.

»Woher wissen Sie das? Ich habe noch nie jemandem davon erzählt. Sie können unmöglich wissen, dass ich sie höre.«

»Ich habe nur geraten.« Es war nicht nötig, ihr zu erklären, dass sie sich durch ihre Worte selbst verraten hatte. Einen Augenblick lang war sie wie gelähmt, weil sie eine weitere Entscheidung treffen musste. Deutlich sah ich, wie sie mit sich rang. Sie konnte entweder in Tränen ausbrechen und mir ihr Herz ausschütten oder einen Tobsuchtsanfall bekommen, um ihre Gefühle zu leugnen. Diesmal könnte sie gewalttätig werden. Ich musste eingreifen, bevor sich ihr Verwirrungszustand in eine gefährliche Richtung entwickelte.

»Sie können ruhig darüber reden. Sie haben bisher noch nie versucht, sich das Leben zu nehmen. Es ist in Ordnung, wenn Sie jetzt über Ihre Stimmen sprechen. Vor allem, da ich bereits Bescheid weiß.«

»Es ist ein Mädchen, ein ganz kleines Mädchen.« Sie begann zu erzählen. »Sie weint immerzu, unaufhörlich und verzweifelt. Ich höre sie die ganze Zeit, irgendwo in meinem Kopf. Ich kann sie nie sehen, aber ich spüre, dass sie mich jedes Mal, wenn ich sie in den Arm nehmen will, wenn ich sie beschützen will, von sich wegschiebt. Und dann schreit sie mich hasserfüllt an: ›Es ist alles deine Schuld! Es ist alles deine Schuld!‹, schreit sie, und ich kann sie nicht zum Schweigen bringen.«

Beim Reden rang Katherine nach Atem, und Tränen liefen ihr über die Wangen. Als sie fortfuhr, redete sie immer schneller, ihre Stimme wurde schwächer, höher, verwandelte sich in eine greinende Kinderstimme, und ihr Gesicht wurde zu einem Kindergesicht, dem hilflosen, wütenden, ängstlichen Gesicht eines kleinen Mädchens, das die Fäuste ballte, bereit, jeden zu schlagen, der sich ihm näherte.

»Katherine, ich freue mich, dass Sie jetzt mit mir sprechen, aber bevor wir weitermachen, muss ich noch ein paar Angaben in Ihr Krankenblatt eintragen. Würden Sie mir bitte Ihre Adresse sagen?«

Ich hatte nicht vor, diese Entwicklung eines Doppelbewusstseins weiter zu verfolgen.

Sie verstummte abrupt, dann nannte sie mir mit veränderter Stimme und in der mechanischen Art, die man in Amtsstuben an den Tag legt, ihre Adresse. Weil ich wusste, dass ihre Müdigkeit überhand nehmen würde, beschloss ich, dieses Gespräch so bald wie möglich zu beenden, zumal ich bereits festgestellt hatte, dass sie eine Gefahr für sich selbst darstellte. Ich hatte genügend Anhaltspunkte, sie im Krankenhaus zu behalten. Noch ein paar Fragen, schließlich ein Medikament, um sicherzustellen, dass sie gut schlief, dann würde ich alles erledigt haben. Für ihre weitere Behandlung war der Arzt zuständig, der am nächsten Morgen die Tagesschicht antrat.

»Weil Ihnen diese Stimme sagt, Sie seien an etwas schuld, wollen Sie sich also das Leben nehmen?«

Sie nickte.

»Und Sie sagen, wenn ich Sie jetzt gehen ließe, würden Sie Ihr Vorhaben in die Tat umsetzen?« Ihr stummes Nicken war für mich ein ausreichender Grund, das Gespräch offiziell zu beenden und einen schriftlichen Bericht zu verfassen.

Darin war es nicht unbedingt nötig, den Inhalt ihrer traumatischen Erlebnisse darzulegen, die ihre Depression und die Halluzinationen verursachten. Das Krankheitsbild war eindeutig. Die in ihrem Fall indizierte Behandlung lag auf der Hand. Ich musste die Patientin nur noch über meine Entscheidung in Kenntnis setzen, dann konnte ich mir noch ein paar verdiente Stunden Schlaf gönnen, bevor ich die Morgenvisite durchführte. Aber trotz der verlockenden Aussicht auf Schlaf hatte ich zu meiner eigenen Überraschung keine Eile, die Sitzung zu beenden, sondern führte das Gespräch mit Katherine fort, als wartete ich darauf, dass noch etwas anderes zum Vorschein käme.

Damals erklärte ich es mir damit, dass es irgendwie unaufrichtig von mir sei, einfach aufzustehen und sie in dem Zustand allein zu lassen. So, als hätte ich sie auf hinterlistige Weise dazu verleitet, sich mir anzuvertrauen, um sie mit diesem Wissen gegen ihren Willen dabehalten zu können. Aus diesem Grund blieb ich, und ich hinterfragte meine Entscheidung nicht.

»Warum glauben Sie, dass Sie tatsächlich an irgendetwas schuld sind?«, fragte ich aufs Geratewohl.

»Weil sie Recht hat. Es war meine Schuld. Es war alles meine Schuld. Ich bin die Einzige, die die Schuld daran trägt.«

»Wenn Sie sagen ›daran‹, was meinen Sie damit?«

Katherine schaute mich an, als wollte sie sich vergewissern, wie ernst ich die Frage meinte. Eine Zeit lang schwieg sie, dann begann sie zu sprechen, diesmal sehr langsam, bedächtig ihre Worte wählend, es war, als hörte sie sich selbst zu, während sie das alles zum ersten Mal laut aussprach.

»Wissen Sie, Frau Doktor, ich schäme mich sehr, darüber zu sprechen. Ich weiß eigentlich gar nicht, wie ich es ausdrücken soll. Ich habe noch nie darüber gesprochen. Es ist alles so schändlich und so hässlich.« Sie wiegte ihren Oberkörper rhythmisch vor und zurück, als wollte sie sich durch die Bewegung zum Fortfahren ermutigen. Ich unterbrach sie nicht mehr. Ich wusste bereits, wovon diese Geschichte handeln würde, und ich ließ ihr Zeit, es endlich loszuwerden.

»Ich bin vergewaltigt worden. Ich war fünf Jahre alt, als es passiert ist. Es war mein Onkel, der Bruder meiner Mutter. Er war damals fünfzehn, und ich war erst fünf. Er nahm mich mit in die Höhle in der Nähe unseres Hauses, und da hat er es getan. Er hat mich schlimm zugerichtet. Ich habe immer noch schreckliche Schmerzen, weil er mir damals eine Hüfte ausgekugelt hat. Ich nehme häufig Schmerzmittel. Ich war erst fünf, aber ich erinnere mich an jede Einzelheit, als wäre es erst gestern geschehen. Und wenn es manchmal scheint, ich hätte angefangen zu vergessen, kommt es in einem Traum zurück. Dann erlebe ich alles noch einmal und fürchte mich wochenlang vor dem Schlafen. Ich habe regelrechte Angstanfälle, die mich überfallen, wenn ich abends ins Bett gehe. Manchmal habe ich Angst, die Augen zuzumachen, Angst, diesen ganzen Tag noch einmal zu erleben, Angst, sein Gesicht über mir zu sehen. Ich war erst fünf Jahre alt, Frau Doktor.«

Sie weinte still vor sich hin. Ihre ganze Wut, die vor allem aus der Anstrengung entstanden war, diese Geschichte von sich fern zu halten, war verflogen. Sie weinte ganz offen und bedankte sich, als ich ihr ein Papiertaschentuch reichte.

»Es quält mich schon mein ganzes Leben lang. Ich bin jetzt neununddreißig Jahre alt, und ich habe seit damals nicht einen einzigen glücklichen Tag erlebt. Sehen Sie mich an. Ich habe nichts, für das es sich zu leben lohnt, mein Leben ist eine einzige Qual. Vor ungefähr einem Jahr hat es angefangen. Da habe ich sie zum ersten Mal weinen hören. Und dann fing sie an zu schreien, ich sei an allem schuld. Dieses Mädchen, das bin ich, ich mit fünf Jahren, ein kleines, fünfjähriges Mädchen, das in der Nähe seines Hauses vergewaltigt wurde. Ich bekam solche Angst, als ich merkte, dass es meine eigene Stimme war, die in mir schrie, dass ich sie nicht zum Schweigen bringen konnte. Können Sie sich vorstellen, Frau Doktor, wie angsteinflößend der Gedanke ist, man könnte den Verstand verlieren? Dieser Gedanke war noch schrecklicher als die Vergewaltigung selbst. Deshalb habe ich niemandem davon erzählt. Es war leichter, den Tod zu wählen, als zuzulassen, dass ich verrückt werde.«

Sie weinte unaufhörlich, benutzte ein Papiertaschentuch nach dem anderen, um sich die Tränen wegzuwischen.

Ich hatte das Gefühl, dass sie mir die Wahrheit sagte. Aber ich hatte schon ähnliche Situationen erlebt, in denen Frauen schluchzten, von Selbstmord sprachen, von längst vergessenen und plötzlich wieder erinnerten Vergewaltigungen erzählten, nur weil sie auf sich aufmerksam machen wollten oder manchmal auch, weil sie drogensüchtig waren und eine Dosis Stoff brauchten. Ich musste also auf der Hut sein. Ich legte Katherines Krankenblatt weg, stand auf und trat auf sie zu. Ich legte meine Hand auf ihren Kopf und sagte: »Es ist in Ordnung. Vertrauen Sie mir. Alles wird sich ändern. Sie haben bereits angefangen, etwas zu ändern. Sie müssen nur noch etwas Geduld haben und sich damit auseinander setzen.«

Wieder begann sie zu schluchzen wie ein kleines Mädchen. Ich sah ihr in die Augen, und in diesem Augenblick waren alle meine Zweifel verflogen, aber mit ihnen war auch meine Gelassenheit dahin. Dort, hinter den vom Weinen geröteten Augen, hinter den weit geöffneten Pupillen, kniete ein hilfloses, kleines, fünf Jahre altes Mädchen auf dem Boden, zerbrochen von all dem Schmerz und der Verwirrung. Und es war niemand da, der ihr beistehen konnte.

Ich setzte mich wieder auf meinen Stuhl, nahm ihr Krankenblatt noch einmal zur Hand, tat so, als würde ich darin lesen, und dachte darüber nach, wie oft und wie extrem mein Beruf mich schon an die Grenzen der Belastbarkeit gebracht hatte. Derselbe Gedanke war mir am Morgen zuvor durch den Kopf gegangen, als ich einen schizophrenen Patienten in meine Station aufgenommen hatte. Der Mann war im Krankenhaus bekannt, ein ehemaliger Künstler, sanft und intelligent, der allmählich unter der destruktiven Macht seiner Krankheit zusammenbrach. Diesmal wurde er mit neuen Symptomen eingewiesen. Er war von der Polizei auf den Eisenbahnschienen aufgegriffen worden, wo er einem fahrenden Zug entgegengelaufen war. Ich kannte ihn gut. In meinem Sprechzimmer hing sogar ein Bild von ihm, ein Bild, das er vor vielen Jahren während seines ersten Aufenthalts im Krankenhaus in einer einmaligen Technik gemalt hatte.

»Wissen Sie, Frau Doktor, heute stehe ich allein gegen die ganze Welt. So fühle ich mich, und so wird es von nun an immer sein«, hatte er gesagt.

»Herr Lawrow, in der Vergangenheit hatte ich den Eindruck, dass wir einander gut verstehen. Ich will versuchen, Sie auch diesmal zu verstehen. Würden Sie mir bitte helfen und mir erklären, was genau Sie beabsichtigten, als sie dem Zug entgegengingen?«

»Sehen Sie, es gibt ein Rätsel, das ich unbedingt lösen muss. Seit fünf Jahren gelingt es mir nicht zu begreifen, was mit mir geschieht. Gut möglich, dass ich noch am Leben bin, aber es ist ebenso gut möglich, dass ich längst tot bin und nur zwischen dem Tod und irgendetwas anderem festhänge. Und es kann durchaus sein, dass alles, was ich erlebe, eine Art Illusion ist, die mir als Prüfung auferlegt wird. Was für eine Prüfung das ist, weiß ich allerdings nicht.«

»Und was wollten Sie auf den Eisenbahnschienen?«

»Wenn der Zug durch mich hindurchgefahren wäre, ohne dass sich etwas geändert hätte, dann hätte ich mit Sicherheit gewusst, dass ich tot bin; wenn er mich getötet hätte, wäre mir klar gewesen, dass ich vorher gelebt habe. Ich wollte mir Klarheit verschaffen.«

Um Zeit zu gewinnen und darüber nachzudenken, ob diese ungewöhnliche Geschichte einen seltenen Fall von nihilistischem Wahn darstellte und ob das wiederum eine Folge seiner Depressionen sein konnte, sagte ich zu ihm: »Aber Sie sind am Leben, Herr Lawrow. Glauben Sie mir, Sie leben. Das ist ganz offensichtlich.«

»Was ist daran so offensichtlich?«

Seine Antwort unterbrach mich in meinen Überlegungen und veranlasste mich, ihm meine ganze Aufmerksamkeit zu schenken. Ich wusste nicht, was ich sagen sollte.

Er schaute zu der Wand hinüber, wo sein Bild hing, und betrachtete es eine Weile. Es war ein Meisterwerk. Unter einem weiten, tiefblauen Himmel lag eine friedliche Landschaft sanfter grüner Hügel, die sich bis zum Horizont erstreckten. Die ganze Szenerie hatte etwas Surreales, etwas Überirdisches. Das Einzige, was an menschliche Existenz erinnerte, waren die beinahe fotografisch genau gemalten Schuhpaare, die auf den Hügeln standen. Es gab alle erdenklichen Arten von Schuhen in allen Größen und Farben. Herr Lawrow musste sich ausgiebig mit Schuhen befasst haben, bevor er das Bild malte. Das Bild trug den Titel *Unterdrückte Gefühle*, und es gefiel mir sehr.

»Sehen Sie, für Sie wird es offensichtlich sein, dass mein Bild eine tiefe symbolische Bedeutung besitzt. Bestimmt haben Sie schon mal mit jemandem darüber gesprochen, wie interessant es ist, dass ich unterdrückte Gefühle durch die Abwesenheit von Körpern darstelle.«

Er hatte Recht. Mindestens zweimal hatte ich mit meinen Kollegen ein solches Gespräch geführt.

»Für Sie ist das also ziemlich offensichtlich. Aber das hatte ich überhaupt nicht im Sinn, als ich das Bild gemalt habe. Ich habe die Schwerkraft gemalt. Die Erdanziehungskraft, der unsere Körper ständig ausgesetzt sind und die unsere Gefühle einschränkt. Ich dachte an Erfahrungen der Schwerelosigkeit, die durch die Dichte unserer Körper zunichte gemacht wird.

Um also auf unsere Diskussion zurückzukommen – was ist so offensichtlich daran, dass ich am Leben bin, dass alles und jeder um mich herum wirklich ist und keine Illusion? Wie können Sie mir das beweisen?« Er sah mich erwartungsvoll an und rieb sich die Schläfen.

Einen Augenblick lang brachte seine ernsthafte und kompromisslose Frage mich völlig aus dem Konzept. Sein Gedanke stellte meine sichere, verlässliche Wahrnehmung von den Dingen selbst in Frage, und in diesem Moment, des Bodens einer materiellen Realität beraubt, war meine Wahrnehmung geschwächt, rätselhaft, bedeutungslos und beängstigend verletzlich.

»Zuerst die Depression.« Dieser rettende Gedanke richtete meine Wahrnehmung wieder auf normale Dinge. Nihilistische Überzeugungen sind die Folge. Ich würde ihm also als Erstes ein Antidepressivum und ein Neuroleptikum geben und dann abwarten, wie es ihm in ein paar Tagen ginge, sagte ich mir im Stillen.

Aber nachdem Herr Lawrow mein Sprechzimmer verlassen hatte, dachte ich noch lange darüber nach, wie sehr mich solche Auseinandersetzungen mit Patienten an meine Grenzen brachten. In seinem Fall lag die Herausforderung mehr auf der intellektuellen Ebene.

Aber Katherines kleines Mädchen appellierte an meine Gefühle und forderte die Belastbarkeit meiner professionellen Distanziertheit heraus. Ich schaute Katherine an und sagte:

»Warum glauben Sie, Sie seien schuld an dem, was passiert ist?«

Nach kurzem Zögern redete sie wieder, als bliebe ihr keine Zeit, Luft zu holen: »Es ist meine Schuld, weil ich zugelassen habe, dass er es getan hat. Er war der Einzige in der Gegend, der ein Fahrrad besaß. Ich habe ihn so sehr darum beneidet. Ich war noch nie auf einem Fahrrad gefahren. Und wir hatten kein Geld, um ein Fahrrad zu kaufen. Ich hab ihn gebeten, mich damit fahren zu lassen, wenigstens ein einziges Mal. Schließlich war er mein Onkel. Er sagte, er würde mich nur damit fahren lassen, wenn ich es mit ihm tun würde. Ich hatte keine Ahnung, wovon er redete. Also stimmte ich zu und ging mit ihm in die Höhle. Es hat so wehgetan, aber noch schlimmer als die Schmerzen war die Scham. Ich habe kein Wort gesagt. Er hat mich auf sein Fahrrad gesetzt und mich nach Hause gefahren. Ich erinnere mich, wie ich auf dieser Fahrt gelitten habe. Seitdem bin ich nie wieder Fahrrad gefahren, und ich habe niemals jemandem davon erzählt.«

Sie schwieg einen Augenblick lang, doch ich spürte, dass sie noch etwas sagen wollte.

»Doch, einmal habe ich darüber gesprochen. Mit meinem Mann. Wir waren seit einem halben Jahr verheiratet. Und ich hatte gerade angefangen, mich in Sicherheit zu fühlen. Ich habe ihm meine Geschichte erzählt. Ich weiß nicht, was ich von ihm erwartet habe, aber was er tat, war schlimmer als alles, was ich mir hätte vorstellen können. Er hat mich an den Haaren ins Schlafzimmer geschleift und vergewaltigt. Und während er das tat, fragte er wie besessen immer wieder: ›Hast du dich damals so gefühlt? Ist es so ähnlich wie beim ersten Mal?‹ Danach habe ich zwei Wochen mit einem Schmerzsyndrom im Krankenhaus gelegen. Und ich habe ihn nie wieder gesehen seit dem Tag. Wir haben uns scheiden lassen. Meine Schmerzen sind zurückgekommen und nie wieder weggegangen. Wozu soll ich noch weiterleben, Frau Doktor?«

»Katherine, Sie müssen im Krankenhaus bleiben. Ich kann Sie jetzt nicht nach Hause gehen lassen. Und ich hoffe sehr, dass der Arzt, der morgen kommt, Ihnen helfen kann.«

Sie wirkte noch verängstigter.

»Ich will nicht hier bleiben. Ich will Schluss machen.

Sie können mich nicht einfach gegen meinen Willen hier behalten.«

»Doch, das kann ich, Katherine. Und ich werde es tun. Und eines Tages werden Sie mir dafür dankbar sein.«

Ich verließ das Untersuchungszimmer, ging in die Notaufnahme, schrieb meinen Bericht und gab ihn dem Bereitschaftsarzt.

»Nehmen Sie sie in der Psychiatrie auf, sobald ihre Herz-Kreislauf-Funktionen stabilisiert sind. Sie bleibt bei uns.«

Ich musste diesmal nicht laufen, um der Kälte zu entgehen. Gegen die Gefühle, die mich auf dem Rückweg zu meiner Station aufwühlten, konnten Minusgrade nichts ausrichten. Katherine brauchte dringend Hilfe. Ich spürte es tief in meinem Innern. Auf ihre unbeholfene Weise flehte sie um Hilfe, und ich hätte alles getan, um sie ihr zu geben. Sie war eines von vielen Gesichtern mit einer ähnlichen Geschichte. Ich hatte diese Geschichte schon oft gehört. Ich hatte schon ähnliche, schmerzverzerrte Gesichter gesehen, und ich wollte Katherine ebenso helfen wie ich vielen anderen Frauen vor ihr zu helfen versucht hatte. Aber die Mauer der Hilflosigkeit stand jetzt genauso vor mir wie in allen früheren Fällen. Ich fühlte mich machtlos angesichts der Tiefe von Katherines Verzweiflung. Das Leid, das sie immer begleiten würde, war wie ein Brunnen ohne Boden. Sie kannte es nicht anders. Woher sollte ich die Kraft und das Wissen nehmen, um sie aus diesem grenzenlosen Leid zu befreien? Darauf hatte ich keine Antwort.

Aber da war noch etwas anderes, etwas, das über mein Mitgefühl für Katherine hinausging, etwas, das mich zutiefst irritierte.

Während ich langsam über den schneebedeckten Pfad ging, spürte ich, wie in mir ein Gefühl der Unzufriedenheit und der Angst aufstieg. Geübt in Selbstbeobachtung wusste ich, dass sich unter meiner Angst etwas verbarg. Etwas, das ich beinahe zu fassen bekam, das mir jedoch zu ungeheuerlich und zu gefährlich erschien und sich deshalb meinem Bewusstsein wieder entzog. Mein Verstand wehrte sich nicht dagegen, es zu vergessen, und ich versuchte erst gar nicht zu ergründen, warum ich mich ängstlich und unsicher fühlte. Irgendwie spürte ich einfach, dass es besser war, es fallen zu lassen, zumindest vorerst.

Ich ging weiter über den zugeschneiten Pfad, und ich wusste in diesem Augenblick nicht, dass weit weg, in Usbekistan, im Herzen Asiens, außerhalb der Mauern von Samarkand, ein paar Leute zusammenkamen und den Beschluss fassten zu handeln. Auf meinem Weg über das Krankenhausgelände konnte ich unmöglich wissen, dass ich schon bald und völlig unerwartet zu denen gehören würde, die diesen Beschluss in die Tat umsetzen würden. Meine Ängste würden mir als Motor dienen, mit Bereichen vertraut zu werden, von deren Existenz ich noch gar nichts ahnte.

Kapitel zwei

Wie üblich nach dem Nachtdienst, nach zu wenig Schlaf, der mehr Erschöpfung als Erholung nach sich zog, schien mein Arbeitstag überhaupt kein Ende zu nehmen.

Aber schließlich waren die langen Stunden vorüber. Während ich meinen Mantel aus dem Spind nahm, ging ich noch einmal in Gedanken alle Anordnungen durch, die ich für meine Patienten getroffen hatte. Ich vergewisserte mich, dass alles getan war und ich nichts vergessen hatte.

Ich nahm meine Tasche und war im Begriff zu gehen, als die Tür aufgerissen wurde und eine junge Frau hereinkam. Fast drängte sie mich zurück in mein Zimmer. Sie lächelte selbstbewusst, als zweifelte sie nicht im Geringsten daran, dass ich mich freuen würde, sie zu sehen. Ich konnte mich nicht an sie erinnern. Sie kam mir bekannt vor und begrüßte mich wie eine alte Freundin. Es war mir ziemlich peinlich, mich nicht entsinnen zu können, wo ich sie schon einmal gesehen hatte.

»Hallo! Ich bin Mascha«, sagte sie mit einer tiefen, melodischen Stimme. Sie sah aus, als würde sie gleich lachen, so sehr amüsierte sie meine Verwirrung.

»Ich bin Mascha«, wiederholte sie, wobei sie ihren Namen betonte, als müsste er etwas Besonderes für mich bedeuten.

»Sie erinnern sich doch an mich, oder? Sie sind Olga, stimmt's? Wir sind uns noch nicht vorgestellt worden.«

Die Tatsache, dass sie nicht sicher wusste, wer ich war, und etwas an ihrem letzten Satz machten mich stutzig, und plötzlich fiel es mir wieder ein: ihr rosiges Gesicht, ihre Gestalt, die engen Jeans, ihre unglaubliche Präsenz – mit einem Mal sah ich das Bild wieder vor mir, und ich wusste, wer sie war. Ich war so verblüfft und erfreut, sie in meinem Sprechzimmer zu sehen, dass ich meine Tasche fallen ließ. Ohne meinen Mantel abzulegen, machte ich es mir auf meinem Lieblingsstuhl bequem und sagte: »Ich freue mich sehr, Sie offiziell kennen zu lernen, Mascha. Vielen Dank, dass Sie gekommen sind. Was kann ich für Sie tun?«

Sie setzte sich mir gegenüber, nahm eine Zigarette aus ihrer Handtasche und schaute sich nach einem Aschenbecher um. Sie benahm sich so selbstverständlich, dass ich ihr einfach nur wortlos zusah und mir Einzelheiten unserer ersten Begegnung in Erinnerung rief.

Eines Abends hatte bei mir zu Hause das Telefon geklingelt. Es war schon spät, sodass ich glaubte, es handle sich um einen Notruf. Ohne Einleitung und ohne sich für den späten Anruf zu entschuldigen, sagte eine tiefe, heisere Männerstimme: »Ich möchte mit Olga sprechen. Sind Sie das?«

»Ja. Wer möchte mich sprechen?« Ich überlegte, wer der Mann sein könnte, der mich spätabends so unfreundlich anredete, doch die Stimme war mir gänzlich unbekannt.

Er fuhr in demselben barschen, herablassenden Ton fort, als hätte er meine Frage gar nicht gehört.

»Man hat mir gesagt, Sie seien eine sehr interessante Frau, die interessante Dinge tut. Stimmt das?«

»Das kommt darauf an, welche Dinge Sie für interessant halten. Ich könnte mir vorstellen, dass wir da vielleicht einen unterschiedlichen Geschmack haben.«

»Oh, tut mir Leid. Ich habe mich gar nicht dafür entschuldigt, dass ich Sie so spät noch störe, und ich habe mich noch nicht einmal vorgestellt. Mein Name ist Smirnow. Ihre Telefonnummer habe ich von einem Ihrer Kollegen.« Er nannte mir den Namen eines Arztes, der mit mir zusammen im Krankenhaus arbeitete. Im Stillen verfluchte ich den, der meine Telefonnummer ohne meine Erlaubnis an einen Fremden weitergegeben hatte.

»Was kann ich für Sie tun, Herr Smirnow? Wenn ich überhaupt irgendetwas für Sie tun kann!« Ich hatte nicht vor, auf seine unerwartete Höflichkeit hereinzufallen. Seine barscher Tonfall klang immer noch in meinen Ohren nach und irritierte mich zutiefst.

»Wir betreiben psychologische Forschung in der Stadt. Ich dachte, es würde Sie vielleicht interessieren, unserem Laboratorium einen Besuch abzustatten. Wir leben in derselben Stadt wie Sie, und ich finde, alle fähigen Leute sollten einander kennen und miteinander Kontakt aufnehmen.«

Seine Schmeichelei trug nicht dazu bei, mich zu beruhigen, im Gegenteil, sie verstärkte meine Irritation.

Das ist einer, der glaubt, seine Intelligenz gibt ihm das Recht, alles zu manipulieren, dachte ich. »Da irren Sie sich, Herr Smirnow.« In meinem Kopf lief ein stummes Gespräch mit ihm ab.

Er redete unbeirrt weiter. Er erzählte mir von seinem Labor und von den Forschungsprojekten, an denen seine Leute dort arbeiteten. Ich hörte nur mit halbem Ohr zu, während ich krampfhaft überlegte, was ich mit diesem seltsamen Menschen anfangen sollte. Der Mann hatte irgendetwas, das mich davon abhielt, ihn einfach als einen machtlüsternen Manipulator abzutun. Er klang nicht wie diese Typen, die die staatlichen Institute bevölkerten, die versuchten, die Tiefen der menschlichen Psyche zu ergründen, um ihren ehrgeizigen, bürokratischen Vorgesetzten zu Gefallen zu sein.

Ganz deutlich spürte ich, dass dieser Mann in seinem Denken unabhängig war. Seine raue, tiefe Stimme verriet einen äußerst wachsamen Geist. Mein Eindruck, dass er eine außergewöhnliche Macht besaß, mischte sich mit einer Ahnung von Gefahr. Es war eine seltene, interessante Kombination.

»Also, Herr Smirnow, Sie haben mich davon überzeugt, dass Sie ein interessanter Mann sind, der interessante Dinge tut.«

Er lachte laut los.

»Sehen Sie, da haben wir ja schon eine Gemeinsamkeit entdeckt. Ich gebe Ihnen meine Adresse. Es ist zugleich meine Heimadresse und die des Labors.« Er diktierte mir die Adresse und erklärte mir, wie ich mit dem Bus dorthin gelangen konnte. Während ich seine Angaben notierte, ärgerte ich mich, dass er mich nun doch schon so weit gebracht hatte, etwas auf seine Anweisung hin zu tun.

»Vielen Dank. Aber ich werde vorerst sicherlich keine Zeit finden, Sie zu besuchen. Ich kann Ihnen also nichts versprechen.«

»Selbstverständlich nicht. Das müssen Sie auch nicht. Wir freuen uns auf Ihren Besuch. Gute Nacht.«

Eine Zeit lang vergaß ich den seltsamen Anruf, doch ein paar Tage später gingen mir die Einzelheiten des Gesprächs noch einmal durch den Kopf, und ich merkte, wie die Erinnerung eine gewisse Neugier in mir weckte. Ich wehrte mich gegen den Impuls, dorthin zu fahren, denn es schien mir keine vernünftige Entscheidung zu sein, aber die Neugier verwandelte sich schon bald in Angst. Ich spürte, dass ich keine Ruhe finden würde, ehe ich diesen Besuch hinter mich gebracht hatte. Es war, als verhießen seine Worte mir Erkenntnisse über mich selbst, an die ich mich unbedingt erinnern musste, die ich jedoch seit langem verdrängte. Nach reiflicher Überlegung sagte ich mir, dass Smirnow allem Anschein nach ein außergewöhnlicher Mensch war und ich mir die Chance nicht entgehen lassen sollte, ihn persönlich kennen zu lernen. Ich machte mich auf den Weg zu seinem Labor.

Es lag außerhalb der Stadt, eine halbe Stunde Fahrt mit dem Bus. Nowosibirsk, eine der größten Städte an der Transsibirischen Eisenbahn, »das Herz von Sibirien«, wie es von manchen genannt wird, ist eine riesige Metropole mit 1,5 Millionen Einwohnern, von denen die meisten bestrebt sind, möglichst nah am Zentrum zu wohnen, weit weg von den Industrievororten. Nur die Sommerferien verbringen die Leute in kleinen Dörfern außerhalb der Stadt. Ich hatte noch nie von jemandem gehört, der dort den Winter verbrachte.

Neugierig bestieg ich den Bus und machte mich auf zu der Adresse, die Smirnow mir diktiert hatte. Zu meiner Überraschung war das Laboratorium leicht zu finden. Der Bus hielt an einer einsamen, schneebedeckten Haltestelle, mitten im Wald. Ich war die Einzige, die dort ausstieg. Nachdem ich der Wegbeschreibung von Smirnow folgend von der Haltestelle aus ein paar hundert Meter weit in den Kiefernwald hineingegangen war, sah ich ein großes Haus, das sich deutlich von den leeren Holzbauten der Sommerhütten unterschied, die überall in der Gegend standen.

Es war ein altes sibirisches Haus, das aus der Zeit vor der Revolution von 1917 stammte, wahrscheinlich aus dem späten neunzehnten Jahrhundert. In der Stadt gab es nur wenige solcher Häuser, historische Überbleibsel sozusagen. Die meisten waren abgerissen worden, um Platz zu schaffen für vielstöckige Wohnhäuser.

Die alten Häuser stammten aus der Zarenzeit und waren von der sibirischen Aristokratie erbaut worden, von reichen Familien, die sich schöne, solide, weitläufige Villen leisten konnten, meistens mit kunstvollen Holzschnitzereien verziert.

Dieses Haus stand mitten im Wald, umgeben von all den Geräuschen, Gerüchen und Eindrücken, die man in der Stadt nicht findet. Alles war still und friedlich, hin und wieder waren Vogelrufe zu hören, und eine weiße unberührte Schneedecke lag über diesem entlegenen Ort. In der Stadt war der Schnee längst weggeschmolzen.

Langsam ging ich auf das Haus zu und blieb noch einmal stehen, um seine Schönheit zu bewundern. Die hohen Außenwände waren aus übereinander geschichteten Eichenstämmen errichtet, die sich mit der Zeit dunkel verfärbt hatten. Die Fensterrahmen waren mit prachtvollen Schnitzereien versehen. Wie in einem Märchen stieg weißer Rauch aus dem hohen Kamin und löste sich langsam über den schneebedeckten Nadelbäumen auf.

Ich brauchte Zeit, um mich auf diesen Ort einzustellen, der so anders war als das hektische Leben in der Stadt. Ich holte tief Luft und klopfte an die massive Eichentür, doch das alte Holz verschluckte mein Klopfen, es konnte in dem großen Haus unmöglich gehört worden sein.

»Treten Sie ein, die Tür ist offen«, rief eine Stimme aus dem Haus.

Ich öffnete die Tür und blieb unschlüssig auf der Schwelle stehen. Vor mir sah ich zwei hölzerne Treppen, eine führte nach oben und eine in den Keller.

»Kommen Sie nach unten, Olga.« Als ich Smirnows Stimme hörte, ging ich die Treppe hinunter, verwundert darüber, wie er hatte wissen können, dass ich an seine Tür geklopft hatte.

Ich gelangte nicht wie erwartet in den Keller, sondern ins Erdgeschoss, denn das Haus war an einen Hang gebaut, und die Eingangstür führte direkt in den ersten Stock.

Auf der letzten Stufe blieb ich einen Augenblick stehen, bevor ich meinen Fuß auf den mit Orientteppichen bedeckten Boden setzte. Ein Mann, der auf der gegenüberliegenden Seite des Raums stand, drehte sich zu mir um. Ich konnte sein Gesicht nicht deutlich erkennen. Er stand genau vor dem Fenster, sodass ich ihn nur im Gegenlicht sehen konnte. Seine Silhouette zeichnete sich gegen das Fenster ab, eine große, leicht gebeugte, schwarze Gestalt, eindrucksvoll in ihrer Reglosigkeit. Doch im nächsten Augenblick kam er mit schnellen Schritten auf mich zu und streckte mir seine Hand entgegen. »Freut mich, Sie endlich kennen zu lernen.«

Anstatt mir die Hand zu schütteln, nahm er meinen Ellbogen, um mir die letzte Stufe herunterzuhelfen. Ich zögerte einen Moment und ließ meinen Blick noch einmal durch diesen seltsamen Raum schweifen. Es war ein riesiger Wohnraum. An allen Wänden befanden sich Bücherregale, die vom Boden bis zur Decke reichten und an den Ecken abgerundet waren; es entstand der Eindruck, als sei das ganze Zimmer rund. Vor dem Kamin, in dem ein Holzfeuer brannte, wippte ein alter, mit einer braunen Kaschmirdecke gepolsterter Schaukelstuhl, so, als hätte sich gerade jemand daraus erhoben.

Drei gleiche, geschlossene Türen ließen auf angrenzende Räume schließen. Bis auf einen kleinen Tisch vor dem Fenster und einem Plastikstuhl daneben gab es keine weiteren Möbelstücke in dem Raum. Auf dem Tisch lag ein Stapel Papiere.

Die Einrichtung verwirrte mich. Teure, kostbare Teppiche auf dem Boden, alte, seltene Manuskripte, die gesammelten Schriften der russischen Klassiker, stapelweise Bücher in allen möglichen Sprachen – all das legte den Schluss nahe, dass der Eigentümer über unbegrenzte Mittel verfügte. Aber die Staubschicht, die auf allem lag, das nackte Fenster ohne Vorhang, die spärliche Möblierung, die Aschespuren auf dem Parkett vor dem Kamin bezeugten eine Nachlässigkeit in der Pflege dieses Hauses, die mich irgendwie beunruhigte.

Ich nahm Smirnows Hand und trat von der Stufe. Sein Gesicht war jetzt direkt vor mir, und ich konnte ihn deutlich sehen. Er wirkte überraschend vertraut. Ich war mir fast sicher, dass wir uns schon einmal begegnet waren. Er hatte eine ausgesprochene Hakennase, wache, dunkelbraune Augen, buschige Brauen und eine von Falten zerfurchte Haut. Er kam mir bekannt vor. Seine freundliche Art und seine tiefe, sonore Stimme verstärkten diesen Eindruck noch und gaben mir trotz meiner anfänglichen Zweifel Vertrauen.

»Möchten Sie ein Glas Wein?«, fragte er gut gelaunt.

In Russland ist es nicht üblich, mitten am Tag Wein anzubieten, außer vielleicht zum Mittag- oder Abendessen.

»Nein, danke«, sagte ich, sein unerwartetes Angebot gab mir erneut Anlass, auf der Hut zu sein.

»Sie halten mich für ganz schön durchtrieben, stimmt's?«

»Sind Sie das etwa nicht?«

»Vielleicht, aber nicht im Augenblick. Ich möchte Sie beeindrucken, und es gibt einen Grund, warum ich das möchte.«

»Diese Antwort allein hat schon etwas ziemlich Durchtriebenes«, erwiderte ich.

»Ja, da haben Sie wahrscheinlich Recht.« Er lachte, und ich merkte, wie schnell sein Lachen meine Anspannung löste.

»Ich würde Ihnen gern mein Büro zeigen, bevor ich Sie durch mein Laboratorium führe.«

Er öffnete eine der drei Türen, und wir betraten ein kleines, fensterloses Zimmer, das von einer Deckenlampe beleuchtet wurde. Auf einem Tisch stapelten sich Papiere und fotokopierte Diagramme. An der Wand hinter dem Tisch hing ein riesiges Ölgemälde von einer nackten Frau auf einem Stuhl. Sie schaute mich an, so, als wüsste sie genau, welch schockierenden Anblick sie bot.

»Das ist meine Frau«, bemerkte Smirnow beiläufig. »Sie wird uns gleich Tee bringen.« Die Frau auf dem Bild war beinahe unnatürlich schön. Ihr anmutiger Körper besaß klassische Proportionen, ihr dickes, schwarzes Haar fiel lose auf ihre bleichen Schultern, und aus ihren Augen sprach das Wissen um ihre Schönheit.

Über dem Bild war ein weißes Stoffband an der Wand befestigt, auf dem in roten Buchstaben geschrieben stand: »Alles ist in Verständigung begriffen.« Der Spruch war ebenso seltsam wie das Portrait.

»Da ist sie ja«, sagte Smirnow, als sich die Tür auf der anderen Seite des Zimmers öffnete und eine Frau mit einer Teekanne und zwei Tassen auf einem Tablett eintrat.

»Darf ich vorstellen: meine Frau Anastasia«, sagte Smirnow.

Die Frau stellte das Tablett vorsichtig auf dem Tisch ab und reichte mir die Hand. Ich war so schockiert, dass ich eine Weile brauchte, um ihre Hand zu ergreifen. Die Frau, die vor mir stand, hatte nichts gemein mit der strahlenden Schönheit, die uns immer noch von der Wand aus betrachtete. In natura war sie eine typische russische Hausfrau in den mittleren Jahren, klein, rundlich, ungeschminkt, mit grauen, ungekämmten Haaren und einer Brille in ihrem ausdruckslosen Gesicht. Ich schüttelte ihr die Hand, bemüht, höflich zu sein, konnte jedoch nicht umhin, immer wieder zu dem Ölgemälde zu schauen. Anastasia bemerkte meinen Blick, und da ich offenbar nicht die Erste war, die so reagierte, lachte sie und sagte leise: »Es stimmt schon. Das bin ich. Und es stimmt auch, dass alles in Verständigung begriffen ist. Verständigung ist Magie. Es ist ein wahrhaft magisches Portrait.«

Einen Augenblick lang schaute sie mich an, dann, bevor sie das Zimmer verließ, sagte sie: »Ich weiß mich zu verändern.«

Mit diesen Worten verschwand sie und ließ mich allein mit ihrem Mann, der sich keine Mühe gab, sein Vergnügen über meine Verwirrung zu verbergen.

Ich nahm eine Tasse Tee von dem Tablett, um die Situation zu entspannen. Außerdem brauchte ich etwas, um mich abzulenken, etwas, das mich davon abhielt, sofort herauszufinden, was diese Vorstellung zu bedeuten hatte.

»Ich möchte Ihnen etwas verraten«, sagte Smirnow, beugte sich über seinen Schreibtisch und sah mich ernst und fast einschüchternd an.

Der Tee war zu heiß, und ich nippte vorsichtig daran, wartete darauf, dass er fortfuhr.

»Unsere wirkliche Gemeinsamkeit besteht darin …« Er blickte mir schweigend in die Augen und ließ mich spüren, dass der Abgrund der Verwirrung, die ich erlebt hatte, erst die Oberfläche war. Ich hatte nicht vor, mich auf sein Spiel einzulassen, also nippte ich weiter an meinem Tee und schwieg.

»Sehen Sie? Sie wollen sich nicht den Regeln eines anderen unterwerfen. Ich biete Ihnen einen Dialog an, und Sie schweigen stur. Wenn ich nicht so gesprächig wäre, würden Sie wahrscheinlich all Ihre psychiatrischen Tricks anwenden, um mehr aus mir herauszubekommen.«

»Wahrscheinlich«, räumte ich ein, stellte jedoch zu meiner Überraschung fest, dass ich mich wesentlich wohler dabei fühlte, ihn weiterhin schweigend anzusehen und an meinem Tee zu nippen.

Er lachte wieder.

»Es geht um Freiheit, Olga. Es ist der Durst nach Freiheit, der uns einander ähnlich macht. Dass Sie nach Ihren eigenen Regeln spielen wollen, ist nur die Spitze des Eisbergs, der Sie durchs Leben trägt. Der eigentliche Eisberg besteht aus Tonnen von begrabenen Vorsätzen, Entscheidungen, Gefühlen, ehrgeizigen Plänen, die alle unterschiedlich sind, aber als ein Gebilde in ein und dieselbe Richtung treiben: auf die einsame Insel zu, an deren Ufer sich ein riesiges Schild befindet, auf dem in Großbuchstaben das Wort FREIHEIT steht. Und von diesem Ziel lassen Sie sich keinen Millimeter weit abbringen.«

»Sie lieben Schlagworte, stimmt's?«, sagte ich. Ich war viel eher bereit, dieses Gespräch abzubrechen, als es fortzuführen, und ich fragte mich im Stillen, was ich an diesem seltsamen Ort zu suchen hatte und warum in aller Welt ich überhaupt hergekommen war.

»Der Verstand kennt viele Ausdrucksformen. Schlagworte eignen sich vorzüglich als Ausdrucksform, und sie können zugleich sehr beeindruckend sein.« Und dann, ohne Überleitung, fragte er: »Soll ich Sie jetzt durchs Haus führen?«

Vorsichtig stellte ich meine Tasse auf dem Silbertablett ab und folgte Smirnow, der die Tür zum Wohnraum geöffnet hatte, bevor ich dazu kam, ihm eine Antwort zu geben.

Die Struktur des Hauses war ungewöhnlich. Anscheinend führten von dem großen Wohnraum aus Türen zu verschiedenen Zimmern, die untereinander keine Verbindungstüren besaßen. Die beiden Türen neben der, die in sein Büro führte, waren immer noch geschlossen. Smirnow stand in der Mitte des Raums und schaute mich an, den Schalk in den Augen.

»Welche dieser beiden Türen möchten Sie als Erste öffnen?«

In diesem Augenblick wurde mir klar, warum das

Verhalten dieses Mannes mich so irritierte. Irgendwie hatte er das Streben nach Freiheit und Unabhängigkeit zu Recht als meine grundlegende Charaktereigenschaft erkannt. Diese Erkenntnis benutzte er zu seinem eigenen Vorteil, wenn er mir keine Wahl ließ, und er manipulierte diese meine Charaktereigenschaft, um mich dazu zu bringen, dass ich nach seinen Regeln spielte.

»Sie sind der Hausherr, Herr Smirnow. Ich bin Ihr Gast, ich werde Ihnen folgen.«

Er lächelte, als hätte er keine andere Antwort von mir erwartet, und nach kurzer, gespielter Unschlüssigkeit trat er auf die Tür zu seiner Rechten zu, die der Tür zu seinem Büro gegenüberlag.

All das hatte meine Neugier geweckt. Seine Technik funktionierte, wie ich zugeben musste, während ich ihm durch die Tür folgte. Irgendwie fühlte ich mich beeindruckt, und meine Erwartungen waren wesentlich höher, als sie gewesen wären, wenn er mich einfach ohne viel Federlesens in dem Haus herumgeführt hätte.

Als er durch die Tür ging und den nächsten Raum betrat, änderten sich seine Bewegungen, seine ganze Körperhaltung drückte eine andere Dynamik aus. Er ging jetzt fast auf den Zehenspitzen, bemüht, so wenig Geräusche wie möglich zu machen. Er bewegte sich mit äußerster Vorsicht.

Ich folgte ihm und betrat einen abgedunkelten Raum, in dem ich zunächst nichts erkennen konnte. Doch als sich meine Augen an die Dunkelheit gewöhnt hatten, sah ich, dass ich mich in einem Raum befand, der kaum kleiner war als der Wohnraum.

Es war schwer zu sagen, ob der Raum Fenster hatte, denn die Wände waren mit schwarzem Samt verhängt. An zwei gegenüberliegenden Wänden hingen große Spiegel, in denen sich bläuliches Licht spiegelte, das von kleinen Bodenlampen verströmt wurde.

Wo die Lichtstrahlen sich kreuzten, sah ich zwei schwere Holzstühle einander gegenüberstehen, wie für zwei Leute gedacht, die ein wichtiges Gespräch führen wollten. Aber was ich tatsächlich dort sah, war sehr beunruhigend. Eine Frau lag zwischen den beiden Stühlen. Ihr Kopf war auf ein weiches Kissen auf dem linken Stuhl gebettet, ihre Füße lagen auf dem rechten. Ihr Körper wurde nur an diesen beiden Punkten gehalten – am Hinterkopf und an den Füßen –, und es sah so aus, als würde sie frei schweben, schwerelos und erstarrt.

Obwohl ich schon Vorstellungen von Hypnotiseuren besucht hatte, die wesentlich eindrucksvollere Tricks vorführten als diesen, waren die befremdenden Gefühle, die ich beim Anblick dieser Szenerie empfand, äußerst nachhaltig. Das Mädchen war sehr schön und sehr jung, wahrscheinlich noch nicht einmal zwanzig. Ihr Gesicht und ihre Figur waren nicht besonders feingliedrig. Sie hatte die gesunde, rotwangige Ausstrahlung einer Dorfschönheit, die wohlgenährt und unberührt von der Zivilisation aufgewachsen war: breite Wangenknochen, eine kräftige Nase, wunderschön geschwungene Lippen, dunkle, buschige Augenbrauen, die ihre geschlossenen Augen einrahmten, und dichtes, langes schwarzes Haar.

Sie trug ein pinkfarbenes T-Shirt und eng anliegende Jeans. Sie schlief tief und ruhig, als läge sie bequem und warm zu Hause unter ihrem Gänsedaunenplumeau. Sie erinnerte mich an die Heldin eines russischen Märchens, die von einem bösen Zauberer hypnotisiert und in dessen leeres Schloss verschleppt worden war, wo der grausame Tyrann sie sich zu Diensten machte, ohne dass sie etwas davon mitbekam. In diesem Augenblick trat Smirnow dicht an sie heran und verstärkte meine Imagination: Er wirkte wie der Zauberer aus dem Märchen. Smirnow beugte sich über die Schlafende, betrachtete ihr Gesicht, versuchte, geringste Veränderungen festzustellen. Nachdem er sich vergewissert hatte, dass sie ruhig und reglos dalag und ihre Entrückung durch unser Eintreten nicht gestört worden war, richtete er sich wieder auf.

Ich trat ein paar Schritte näher und betrachtete die junge Frau. Smirnow beugte sich erneut über sie und berührte das kleine Muttermal auf ihrer linken Wange. Es war eine zärtliche Berührung, aber irgendwie hatte es den Anschein, als berührte er mehr als nur Haut, als würde sein Zeigefinger bis in die Tiefen ihrer Gesichtsmuskeln eindringen. Gleichzeitig war es, als würde er sie mit dem Finger küssen. Das war seltsam. Er drückte fester zu, worauf sie tief Atem holte, den Atem eine Weile anhielt und dann wieder in den langsamen Atemrhythmus der Schlafenden fiel.

Nachdem er sich davon überzeugt hatte, dass alles so aussah, wie es sollte, bedeutete Smirnow mir, ihm durch eine der Eingangstür gegenüberliegende Tür zu folgen.

Ich bekam keine Gelegenheit, mir die junge Frau genauer anzusehen, aber trotz ihrer Reglosigkeit und ihres Tiefschlafs wurde ich das Gefühl nicht los, dass sie unser Erscheinen und vor allem meine Anwesenheit mitbekommen hatte und wusste, dass jemand im Raum war, der neu und fremd war und anders als Smirnow, der Meister, den ihr Körper kannte.

Beim Hinausgehen fiel mir ein dunkelbraunes Klavier auf, das in der Ecke hinter den beiden Stühlen mit dem schlafenden Mädchen stand. Ich fragte mich, ob es zum Musizieren in der Freizeit benutzt wurde oder als Hilfsmittel zur Hypnotisierung von Leuten, die in diesen Raum geführt und auf die beiden Stühle gelegt wurden.

Als wir den Raum verließen, änderte sich Smirnows Haltung erneut, und er bewegte sich wieder so lässig und entspannt wie anfangs. Sein Besuch in dem Zimmer, seine Aufmerksamkeit und alle Einzelheiten seines Verhaltens in dem Raum hatten mir gezeigt, wie wichtig die junge Frau und ihr Zustand für ihn waren, und wie viel ihm daran lag, dass dieser Zustand erhalten blieb. Er hatte meine Anwesenheit kaum noch wahrgenommen, während er die junge Frau betrachtet und Veränderungen an ihr überprüft hatte, die nur er erkennen und verstehen konnte. Und während der ganzen Zeit war er äußerst konzentriert gewesen. Die Art, wie er sich durch den Raum bewegt hatte, und seine Art, mit der jungen Frau zu kommunizieren, hatten mir gezeigt, wie wichtig ihm das alles war, dass er eine Menge Energie in diese Sache investierte, ja, dass er beinahe davon abhängig war. Ich fragte mich, warum das alles für ihn eine solche Bedeutung hatte, doch ich fand keine Antwort.

Wir betraten einen weiteren Raum, der als Einziger der besichtigten Räume zu Smirnows ursprünglicher Bezeichnung seiner Forschungsstätte passte. Dies war ein echtes »Labor« mit drei Plastiktischen, die nebeneinander an einer Wand standen, auf den Tischen große Computerbildschirme, die rhythmisch flackerten. Niemand befand sich in dem Raum. Die Geräusche der Computer und die blauen Bildschirme erweckten den Eindruck, als führten die Computer ein Eigenleben, als wüssten sie, was sie zu tun hatten, und als verrichteten sie ihre Arbeit ohne menschliches Dazutun. Die Rechner waren durch alle möglichen Kabel miteinander verbunden. Das Ganze erinnerte mich an einen EEG-Raum, und zwar an einen besser ausgestatteten als die, die ich bisher gesehen hatte. Der Eindruck wurde noch verstärkt durch eine schmale, schwarze Liege, die den Schluss nahe legte, dass die Arbeit in diesem Raum zumindest hin und wieder mit Menschen zu tun hatte, die sich auf diese Liege legten.

»Das ist mein ganzer Stolz«, erklärte Smirnow und deutete auf die Computer. »Mein Lebenswerk, wenn Sie so wollen. Vielleicht interessiert es Sie, mehr über dieses Programm zu erfahren. Menschen in Ihrem Beruf…« Er ließ einen Augenblick verstreichen und fuhr dann fort: »…Menschen Ihres Charaktertyps finden diese Art von Arbeit häufig sehr interessant.« Er trat an einen Bildschirm, auf dem ein Oval auf blauem Grund zu sehen war.

»Hier kartieren wir das Gehirn in der Hoffnung, den menschlichen Geist dokumentieren zu können«, erklärte er. »Wir zeichnen elektrische Signale der Gehirnaktivität auf, das Programm analysiert diese Signale und zeigt uns, wie das Gehirn arbeitet. Wir versuchen, den Fokus des Bewusstseins zu verstehen, den Sitz der Aufmerksamkeit, wenn ich das so sagen darf. Wenn es uns gelingt, all das zu begreifen, wird uns das, so glauben wir, unbegrenzte Möglichkeiten eröffnen.«

Ich betrachtete den Bildschirm. Innerhalb des Ovals pulsierten einige winzige Sterne. In rhythmischem

Intervall verwandelten sich Punkte in Sterne und dann wieder zurück in kleine Punkte.

»Was Sie sehen, sind die Signalpunkte des Bewusstseins, die zuvor aufgezeichnet wurden. Das Programm hat sie analysiert und gespeichert. Es handelt sich um die Gehirnaktivität der jungen Frau in dem anderen Raum. Sie heißt Mascha. Sie hat vor einiger Zeit, in der sie eine ungewöhnliche Geistesverfassung erlebte, hier gearbeitet. Ist es nicht faszinierend, wie die Technik unsere Erfahrungen im Detail erfassen kann, indem sie Maschas Zustand speichert, die währenddessen etwas völlig anderes erlebt? Ich finde es so spannend wie die Überwindung der Zeit. Und das ist erst der Anfang dessen, was wir vorhaben. Aber sehen Sie sich diesen Bildschirm an, Olga. Fällt Ihnen nichts Seltsames auf?«

Ich betrachtete den Bildschirm. Was ich sah, war mir nicht vertraut, doch ich konnte nichts Ungewöhnliches entdecken.

»Eigentlich nicht«, sagte ich.

»Sind Sie sicher? Sehen Sie genauer hin.«

»Warum sagen Sie mir nicht einfach, was Sie meinen, Herr Smirnow? Das wird uns Zeit sparen – dann brauchen wir sie gar nicht mehr erst zu überwinden.«

Er lachte leise und schaute mich gütig an, als wäre ich eine nahe Verwandte, die er lange verloren geglaubt und endlich wiedergefunden hatte.

»Weil es uns den Spaß verderben würde. Versuchen Sie, es selbst zu entdecken«, sagte er sanft.

Die Veränderung in seinem Ton war kaum merklich, aber sie hatte eine starke Auswirkung auf mich. Die Sanftheit seiner Stimme löste eine warme Welle der Erwartung in mir aus, als verspräche sie mir die Lüftung eines bedeutungsvollen Geheimnisses.

»Wir haben es hier mit dem größten Mysterium unserer Existenz zu tun, Olga, mit unserer wundersamen Subjektivität, mit unserem kaum fassbaren Selbst, das immer da ist und das noch nie wirklich verstanden wurde. Wir unternehmen große Anstrengungen, um die Persönlichkeit und ihre unterschiedlichen Triebkräfte zu beschreiben. Aber die Persönlichkeit ist nicht das Selbst, auch wenn wir es gemeinhin annehmen. Es handelt sich um zwei qualitativ verschiedene Phänomene.« Er schwieg einen Augenblick lang und fuhr dann in einem bedächtigeren Tonfall fort. »Die Persönlichkeit ist eine Wolke, und zwar eine ziemlich kleine, trotz unserer Bemühungen, sie aufzubauschen. Und diese Wolke schwebt über dem weiten Land, dem Geist des *Homo Sapiens*. In diesem Land gibt es Blumenwiesen und dunkle Wälder, Wüsten und Berge und kleine Seen. Dieses Land möchte ich mit meinem Programm kartographieren.« Die ganze Zeit über blieb sein Blick auf den Computerbildschirm geheftet.

»Man lernt, die Wolke der Persönlichkeit auseinander zu reißen und zu sehen, was übrig bleibt. Das ist es, was wir hier aufzeichnen. Der Punkt des realen Selbst, der Sitz des Bewusstseins. Fällt Ihnen vielleicht jetzt etwas Seltsames auf?«

Seine Erläuterungen hatten dazu geführt, dass ich mich intensiver auf den pulsierenden Bildschirm konzentrierte. Irgendwie wurden seine Worte auf der erleuchteten Oberfläche widergespiegelt, und der Bildschirm mit den glitzernden Sternen schien Maschas Erlebnisse von neuem aufzuzeichnen, obwohl sie nicht mit uns im Raum war.

Die Empfindung von etwas Geheimnisvollem erfasste mich und führte zu einer unmittelbaren Erkenntnis. Mit einem Mal wusste ich, wovon er redete.

»Da sind mehrere. Auf dem Bildschirm sind mehrere Sterne zu sehen, obwohl sie nur eine losgelöste Erfahrung macht. Meinen Sie das? Es gibt mehr als ein Selbst; es gibt vielfältige Punkte der Subjektivität.«

»Ganz genau«, sagte er, offenbar erfreut über meine Antwort. Dann fuhr er fort: »Aber nicht jede Erfahrung ergibt ein solches Bild. Keiner unserer täglichen Zustände würde sich derart dokumentieren. Egal wie viel Selbstgespräche man führt, egal wie verwirrt man ist oder wie viele Zweifel einem kommen, es gibt immer nur ein dominantes Zentrum, das in dem Augenblick der Sitz des Bewusstseins ist. Was Mascha hier erlebt hat, war eine Spielart der Schlaflähmung. Es ist ein Teil ihrer natürlichen Erfahrung, und ich habe ihr geholfen, diese weiterzuentwickeln. Sie kann ihre Muskeln nicht bewegen; sie kann in diesem Zustand nicht sprechen. Lebhafte Bilder erreichen ihr Bewusstsein, und sie erlebt sie, als wären sie tatsächlich in ihrem Zimmer vorhanden und würden in Kontakt zu ihr treten. Dann zeichnet das Programm vielfache Erscheinungsformen ihres Selbst auf. Das sind Beobachtungen, die uns eine Menge zu denken geben.« Er wirkte ganz aufgeregt.

Ich dachte darüber nach, warum Mascha sich diesen Experimenten unterzog, und konnte nicht umhin zu fragen: »Wie fühlt sie sich dabei? Fühlt sie sich wohl, oder empfindet sie Angst?«

Smirnows Gesicht entspannte sich, nachdem er meine Frage gehört hatte, und er wurde wieder kühl und distanziert. »Wahrscheinlich empfindet sie Angst. Aber es bleibt uns keine Wahl. Wir müssen es tun.« Mit dieser ausweichenden Antwort deutete er auf die Tür, um mir zu verstehen zu geben, dass unser Aufenthalt in dem Raum beendet war.

Ich folgte ihm hinaus, überzeugt, dass ich keine weiteren Details von ihm zu erwarten hatte.

Wir gelangten in eine geräumige Küche mit einem großen, massiven Eichentisch in der Mitte und einem riesigen Herd, auf dem einige Töpfe standen. Anastasia stand vor einem großen Topf, dessen köchelnder Inhalt einen köstlichen Duft verströmte, und plötzlich wirkte dieses Haus mit seinen seltsamen Bewohnern gemütlich, vertraut und vertrauenswürdig.

An einem Ende des Tisches saßen zwei junge Männer, die aus großen Gläsern Rotwein tranken und dazu Würste aßen. Der gusseiserne Aschenbecher zwischen ihnen war randvoll mit Zigarettenkippen. Die beiden blickten kurz auf, als wir eintraten; offensichtlich war man in diesem Haus die Anwesenheit von Fremden gewohnt. Niemand schenkte mir besondere Beachtung.

Smirnow bedeutete mir, am anderen Ende des Tisches in einiger Entfernung von den miteinander redenden Männern Platz zu nehmen. Er nickte den beiden kurz grüßend zu und sagte leise zu mir, bevor er sich setzte: »Der Mann links von mir ist Viktor, einer unserer besten Computerfachleute. Und rechts von Ihnen sitzt unser amerikanischer Freund, der aus Kalifornien zu Besuch ist. Er heißt Phil.«

Viktor warf mir einen kurzen Blick zu und machte eine kaum merkliche Kopfbewegung, als wollte er mich flüchtig grüßen. Phil lächelte mich höflich an, nahm jedoch dann sein Gespräch mit Viktor wieder auf.

Phil sprach russisch, und er bemühte sich tapfer, schnell zu sprechen, um mit Viktor mitzuhalten. Er wollte zeigen, dass er die Sprache fließend beherrschte. Aber er musste sich häufig unterbrechen, um sich zu korrigieren oder nach anderen Worten zu suchen.

»Also, Olga ... Wie ist Ihr Eindruck bisher?«, fragte Smirnow und senkte seinen Kopf, sodass seine braunen Augen auf gleicher Höhe mit meinen waren. Er schaute mich an, ohne zu blinzeln, und sein Gesichtsausdruck verriet nicht, was er dachte.

»Mein Eindruck wovon?«

»Von unserem Haus, unserer Arbeit, unseren Leuten. Haben Sie irgendeine Meinung dazu?« Er war bemüht, seine Frage beiläufig klingen zu lassen.

»Ich glaube, ich habe noch nicht genug gesehen, um mir eine Meinung zu bilden. Dies hier ist zweifellos ein ungewöhnlicher Ort, und Ihre Leute scheinen interessante Menschen zu sein. Aber ich habe keine Ahnung, was Sie hier machen.«

Ich merkte, wie Viktor, der auf der anderen Seite des Tischs links von Smirnow saß, kurz zu mir herüberschaute. Ich wusste, dass er meine Antwort irgendwie mitbekommen hatte. Der Blick dauerte nur einen kurzen Moment, dann nahm er sein Gespräch mit Phil wieder auf.

»Wir machen verschiedene Dinge«, fuhr Smirnow etwas leiser fort. »Wir helfen Menschen, gesund zu werden.«

»Das klingt vielversprechend. Es ist dasselbe, was auch ich zu tun versuche. Also erzählen Sie mir, wie Sie vorgehen.«

Eine Weile sah er mich schweigend an, und obwohl ich spürte, dass er mich mit seinem Blick verunsichern wollte, fühlte ich mich erstaunlich ruhig. ›Wahrscheinlich habe ich mich mittlerweile an seine Art gewöhnt‹, sagte ich mir im Stillen.

»Sie haben doch Mascha in dem einen Zimmer gesehen?«

»Sie war nicht zu übersehen.«

»Sie ist eine außergewöhnlich talentierte junge Frau, die ohne unsere Hilfe verloren wäre. Vermutlich würde sie sich jetzt betrunken am Bahnhof herumtreiben, von Männern belästigt werden, wahrscheinlich wäre sie krank und würde darüber nachdenken, wie sie ihrem Leben ein Ende bereiten könnte – wenn sie uns nicht hätte, wenn sie die Unterstützung und die Zuwendung nicht bekäme, die wir ihr hier geben.«

»Sie auf die Stühle zu legen ist also eine therapeutische Maßnahme?«, fragte ich Smirnow, obwohl ich mir das schwerlich vorstellen konnte.

»Nein, das ist es nicht«, bestätigte Smirnow meine Annahme. »Sie arbeitet für mich. Sie macht eine bestimmte Art von Arbeit, die auch für sie einen therapeutischen Effekt haben kann, aber ihr Ziel ist zurzeit ein anderes. Damit will ich sagen, allein dadurch, dass sie mit uns zusammen ist, dass sie ein Mitglied unserer Gruppe ist, unsere Ziele und unsere Visionen teilt, wird sie geheilt. Und glauben Sie mir, ihr Weg zu wirklicher Heilung ist lang bei all den Wunden, auch den unsichtbaren, an ihrem Körper und ihrer Seele.«

Ich bemerkte, wie Viktor, ohne sein Gespräch zu unterbrechen, erneut kurz zu uns herüberschaute. In dem Augenblick, als sich unsere Blicke begegneten, hörte ich ihn sagen: »Du hast absolut Recht. Das ist unser Ziel und unsere Mission. Und wir glauben, dass wir jenseits des Ozeans interessierte Partner finden können, die unsere Ziele und unsere Überzeugungen teilen und die großes Interesse daran hätten, unsere Resultate zu sehen.«

Ich konnte nicht hören, was Phil darauf antwortete, da Smirnow weiterredete.

»Darum geht es uns, Menschen zu heilen und ihnen zu helfen, mit sich ins Reine zu kommen, sodass sie wiederum anderen Menschen helfen können. Wir arbeiten hauptsächlich mit menschlicher Wahrnehmung, versuchen die geometrischen Muster zu entschlüsseln, die die Wahrnehmung steuern, und dabei lernen wir, diese Muster durch bessere zu ersetzen. Dazu benutzen wir unterschiedliche Hilfsmittel, sowohl physische als auch psychische. In Maschas Fall bin ich dabei, die Verletzungen zu heilen, die ihre Familie ihr zugefügt hat. Sie hat mir Dinge erzählt, die sie noch nie jemandem erzählt hat. Sie hat mir von Erlebnissen berichtet, deren sie sich nicht einmal bewusst war, bis sie mit mir eines Tages darüber gesprochen hat. Und das ist sie heute – eine talentierte, hilfsbereite junge Frau, zufrieden und selbstbewusst und mit einer Energie, von der andere Leute nur träumen können. Ist das nicht eine wunderbare Verwandlung?«

»Ich hoffe es.«

»Zweifeln Sie daran?«

»Nein, ich zweifle nicht daran.« Ich hörte eine enthusiastische Antwort von Phil, als hätte er Smirnows Frage mitbekommen. Aber als ich ihn anschaute, sah ich, dass er immer noch in sein Gespräch mit Viktor vertieft war.

»Ich habe nicht die geringsten Zweifel«, wiederholte Phil. »Ich weiß ... ich weiß, dass du an diesem Punkt Recht hast. Ich frage nur, warum zeigst du nicht mehr?

Warum zeigst du mir nicht mehr, damit ich dich besser verstehen kann?« Seine Stimme klang unsicher, und sein Russisch wurde merklich schlechter.

»Warum erzählen Sie mir nicht ein bisschen mehr?«, fragte ich Smirnow.

»Ich kann Ihnen alles erzählen, was Sie wollen. Wissen Sie denn, was Sie wirklich wissen wollen?«

»Nun, was ist die Aufgabe dieses Hauses? Ist es ein Heilungszentrum? Ein Forschungszentrum? Eine soziale Einrichtung?«

»Wir sind das alles gleichzeitig. Auf all diesen Gebieten arbeiten wir, und zwar sehr effektiv.«

Nach kurzem Überlegen fuhr er fort: »Kommen Sie doch einfach noch ein paar Mal her, arbeiten Sie an unseren Projekten mit, dann können Sie selbst sehen, wie nützlich wir sind und wie nützlich Sie sein können, wenn Sie sich beteiligen.«

»Vielen Dank. Aber offen gesagt gefällt mir diese Idee nicht. Wahrscheinlich sollte ich Ihnen ein paar Gründe nennen. Ich weiß, dass es nicht besonders freundlich ist, jemandem, der einen einlädt, sein Gast zu sein, zu sagen, dass man sich als Gast nicht wohl fühlt, aber so ist es nun mal. Ich möchte ehrlich zu Ihnen sein, Herr Smirnow. Es ehrt mich, dass Sie mich eingeladen und mir ein bisschen von dem gezeigt haben, was Sie hier machen, aber ich sehe keine Möglichkeit, mich an Ihren Projekten und Ihrer Arbeit zu beteiligen.«

»Manche Menschen fürchten sich davor, geheilt zu werden. Das wissen Sie, nicht wahr?«

»Ja, das weiß ich. Aber bei mir ist das nicht der Fall. Ich fühle mich einfach nicht wohl bei dem Gedanken. Das ist alles. Mehr nicht. Außerdem gibt es bei mir nicht viel zu heilen.«

»Wirklich nicht?«

»Du wirst dich viel wohler fühlen mit dem, was hier passiert«, sagte Viktor. Es klang, als hätte seine Antwort mir gegolten, aber als ich aufblickte, sah ich, dass er immer noch mit Phil sprach.

»Es geht nicht darum, ob ich mich wohl oder unwohl fühle«, fiel Phil ihm ins Wort. »Es geht darum, dass ich versuche zu verstehen, wie ihr hier lebt, wie ihr arbeitet, wie ihr euch selbst erlebt und alles andere um euch herum. Ich bin kein Finanzexperte und auch nicht talentiert in der Verwaltung von Netzwerken. Die Welt der Geschäftsleute ist genau das, wovor ich geflüchtet bin. Und jetzt sitze ich hier in Sibirien, leichtgläubig und offenherzig, Herrgott noch mal, und du erzählst mir denselben Mist, der mir in Kalifornien schon auf die Nerven gegangen ist.« Phils Russisch wurde mit jedem Satz schlechter, sodass er schließlich ins Englische überwechselte.

»Okay, reg dich nicht auf, bleib ganz ruhig.« Jetzt war es Smirnow, der in perfektem Englisch mit Phil redete.

»Erfahrung ist das, worauf es uns ankommt. Das weißt du. Du hast hier in Sibirien gute Freunde gefunden, und du wirst genau die Erfahrungen machen, nach denen du hier suchst. Hier wird niemand zu etwas gedrängt. Das ist nicht unser Stil.«

Plötzlich hatte ich keine Lust mehr, dieses Gespräch fortzusetzen. Ich wusste, ich hätte Smirnow eine Menge praxisbezogener Fragen stellen können, aber ich war auf einmal so müde – ohne ersichtlichen Grund –, dass ich nicht mehr länger bleiben wollte. Am liebsten hätte ich dieses Haus so schnell wie möglich verlassen. Smirnow, der wohl spürte, was in mir vorging, wandte sich an seine Frau, die immer noch mit dem Kochen beschäftigt war. Sie sprachen leise miteinander, doch ich hatte das Gefühl, dass das, was sie sagten, für Phil und mich bestimmt war. Sie redeten über einen »wichtigen Gast«, der heute erwartet wurde. Der Gast kam mit dem Flugzeug von irgendwoher in Zentralasien, und Smirnow schien es kaum erwarten zu können, ihn endlich kennen zu lernen. Offenbar hatte Smirnow lange Zeit versucht, zu diesem Mann in Usbekistan Kontakt aufzunehmen. Als er schließlich die Hoffnung, ihn ausfindig zu machen, aufgegeben hatte, hatte der Mann sich bei ihm gemeldet und einen Besuch in Nowosibirsk vorgeschlagen. Es war nicht zu übersehen, dass Smirnow und Anastasia diesem Besuch große Bedeutung beimaßen.

»Ich bin ihm zwar noch nie begegnet, aber ich habe phantastische Dinge über ihn und seine Gruppe gehört. Der Mann soll genial sein und ein großer Heiler. Ich bin sicher, es würde Ihnen gefallen, ihn kennen zu lernen«, sagte Smirnow zu mir.

Aber irgendwie gefiel mir die Idee nicht, noch länger zu bleiben. Herzukommen hatte mir schon widerstrebt. Ich hatte das Gefühl, dass meine Erwartungen nicht erfüllt worden waren. Durch meinen Besuch in diesem Haus hatte ich nichts Neues über mich gelernt. Meine kürzlich aufgetauchten Ängste, die zu ergründen ich hergekommen war, hatten sich verstärkt, anstatt zu verfliegen, und nach den wenigen Stunden, die ich in seinem Haus verbracht hatte, kam Smirnow mir nicht länger geheimnisvoll vor. Ich beschloss zu gehen. Sie versuchten nicht mehr, mich zum Bleiben zu überreden.

Ich verabschiedete mich und verließ die Küche. Viktor, der sein Gespräch mit Phil beendet hatte, begleitete mich auf Smirnows Bitte hin zur Tür. Ohne Smirnows Gegenwart war er viel entspannter, weniger großspurig und wirkte jünger, als ich ihn anfangs geschätzt hatte. Er sah aus wie ein großer, erwachsener Junge, der immer noch seine kindlichen Spiele spielte, nachdem alle ihn als Erwachsenen anerkannt hatten.

Er sagte kein Wort, bis wir die Tür erreichten. Aber bevor ich sie öffnete, hielt er mich am Ärmel fest, sah mir mit der Direktheit eines Teenagers in die Augen und sagte hastig: »Haben Sie schon mal eine Zeit lang in die Sonne hineingeschaut? Erst wird alles rot und die Sonnenscheibe schwarz, dann aber, wenn man die Augen schließt, beginnt diese Scheibe zu pulsieren und bewegt sich auf einen zu. Wenn man ganz stillhält, dann hört man ein Geräusch, als würde sich ein Tor öffnen, und wenn man durch das Tor geht, kann man auf Pferden auf der Sonnenoberfläche reiten und sogar durch sie hindurchreisen, wohin man auch will.«

Ich verließ das Haus, ohne Viktors seltsame Frage zu beantworten und überlegte, ob Smirnow diesen jungen Leuten vielleicht Drogen oder etwas Ähnliches gab.

Dann musste ich an Mascha denken, an ihren steifen, hilflosen Körper, der zwischen den Stühlen gelegen hatte. Es kam mir beinahe so vor, als würde ich sie kennen, obwohl ich mir sicher war, dass ich ihr noch nie zuvor begegnet war. Ich hatte das seltsame Gefühl, dass es gefährlich war, sie dort in dem mit Samt ausgeschlagenen Raum allein zurückzulassen, als würde ich mich schuldig machen, wenn ich sie dieser Gefahr überließ, ohne etwas für sie zu tun.

Auf dem Weg zur Bushaltestelle plagte mich mein schlechtes Gewissen. Langsam ging ich über den schneebedeckten Weg. Plötzlich bog ein neuer, weißer Toyota-Kombi von der Straße ab und raste auf dem verschneiten sibirischen Waldweg auf mich zu, als wäre es eine trockene, asphaltierte Fahrbahn.

Ich musste zur Seite springen, um dem Auto auszuweichen. Besetzt mit mindestens fünf Leuten, schoss der Toyota an mir vorbei. Viel konnte ich nicht erkennen, aber ein Mann schaute mich durch das Seitenfenster an, und ich sah sein Gesicht deutlich vor mir. Es war das Gesicht eines Asiaten, mit dunkler Haut, die durch den schwarzen Vollbart noch dunkler wirkte, und großen, mandelförmigen Augen; auf dem Kopf trug er einen hohen, weißen Seidenturban. Unser Blickkontakt währte nur einen kurzen Moment, doch er schaute mich direkt an. Er hatte mich *wahrgenommen*, und in seinen Augen lag eine solche Intensität, dass ich sein Gesicht während der ganzen Rückfahrt in die Stadt vor mir sah, als wäre er bei mir in dem leeren Bus. Das war der Mann, den Smirnow erwartete, da war ich mir ganz sicher. Damals wusste ich die Bedeutung seiner Ankunft nicht einzuschätzen. Ich war lediglich beeindruckt von seinem exotischen Aussehen, und schon bald hatte ich ihn vergessen. Erst viel später musste ich wieder an ihn denken.

Kapitel drei

Mascha, die hypnotisierte junge Frau aus Smirnows seltsamem Haus, saß vor mir, sah sich nach einem Aschenbecher um und benahm sich, als wäre sie in meinem Sprechzimmer zu Hause oder würde es zumindest bald sein. Ich freute mich, sie zu sehen. Während ich sie beobachtete, kam das Gefühl wieder, sie zu kennen, und damit auch die Angst, die von etwas ausgelöst wurde, an das ich mich vergeblich zu erinnern versuchte.

»Hallo«, sagte sie und schenkte mir ein entwaffnendes Lächeln. Wahrscheinlich hatte sie dieses Lächeln jahrelang einstudiert, so selbstbewusst wirkte sie in ihrer jugendlichen Spontanität.

»Ich schätze, ich habe Sie gerade noch rechtzeitig erwischt.« Mit einem Kopfnicken deutete sie auf meine Tasche, die ich auf den Boden hatte fallen lassen.

In dem Augenblick, als Mascha auf einem anderen Tisch einen Aschenbecher entdeckte, überlegte sie es sich anders. Ohne erkennbaren Grund hatte sie das Interesse am Rauchen verloren, und sie steckte die Zigarette zurück in die Brusttasche ihrer braunen Lederjacke.

Ihr breites Gesicht stand im Gegensatz zu ihren dunkelbraunen Augen, die verschmitzt funkelten und auf einen Schatz an Erfahrungen schließen ließen, den ich bei einer Frau ihres Alters nicht erwartet hätte. Ihre Gegenwart war sehr angenehm. Sie machte den Eindruck einer offenen, kommunikativen, liebenswerten jungen Frau, aufrichtig und ohne Vorbehalte – einer Frau, mit der man viel Spaß haben konnte, die aber auch Fürsorge und Schutz brauchte, weil sie in ihrer Offenheit zu verletzlich war. Ihre wissenden Augen sagten mir, dass die Rolle, die sie zu spielen gewohnt war, längst nicht ihre ganze Persönlichkeit preisgab. Aber was verbarg sich hinter dieser liebenswerten Tarnung?

Ich wollte es gar nicht unbedingt erraten, denn ich spürte instinktiv, dass sie dieses Territorium nicht nur mit dem charmanten Lächeln schützte, sondern auch mit Techniken, die sie sich angeeignet hatte und die sie gnadenlos gegen jeden einsetzen würde, der versuchte, in diesen verbotenen Bereich vorzudringen. Ich spürte, dass dies Smirnows Territorium war, dass er sie von dort aus beherrschte, und aufgrund dieser intuitiven Erkenntnis war ich noch weniger geneigt, ihre verborgene Seite zu erkunden. Vorerst gab ich mich damit zufrieden festzustellen, dass sie eine lebenslustige, energiegeladene Kindfrau war.

»Ich bin gekommen, um Sie in unser Labor einzuladen«, sagte Mascha, während sie mich mit einem naiven Blick aus ihren braunen Augen ansah. »Ich habe denen gesagt, Sie würden die Einladung nicht ablehnen«, fügte sie dann hinzu. Die wenigen Sätze, die sie geäußert hatte, reichten mir, um mit ihr wie mit einem Kind zu sprechen. Irgendwie lag es an ihrer Stimme, an ihrer Intonation, an ihrer übertrieben lockeren Art. Sie hob fragend die Brauen, und ihr Gesicht schien jeden Augenblick einen sorgenvollen

Ausdruck annehmen zu wollen. Selbstverständlich würde niemand es wagen, die Gefühle eines so netten, gutmütigen, unsicheren Mädchens zu verletzen.

»Mascha … bitte …«, sagte ich zu ihr, als würde ich sie schon lange kennen. Sie verstand mich sofort, und ihr Gesichtsausdruck veränderte sich augenblicklich, als wäre ihr Gesicht aus elastischem Material, das ich mit der Kraft meiner Worte jederzeit umformen konnte. Ich hatte nicht die geringste Absicht, noch einmal in dieses Haus zu gehen.

»Also gut. Im Ernst. Wir haben an einige Leute Einladungen verschickt. Aber es bleibt eine geschlossene Veranstaltung. Smirnow hat mich zu Ihnen geschickt, weil Sie zu ihm wohl gesagt haben, Sie hätten ein Interesse daran zu heilen. Was ja vermutlich stimmt«, sagte sie und sah sich in meinem Sprechzimmer um.

»Wladimir hält heute Abend einen Vortrag, seinen letzten, bevor er mit einer Gruppe nach Samarkand aufbricht. Als Smirnow anfangs sagte, dieser Mann sei genial, dachte ich zuerst, das sei ein neuer Trick von ihm. Ich hab ihn nicht ernst genommen, denn ich hatte noch nie gehört, dass er irgendjemanden als ›genial‹ bezeichnet hätte. Aber ich habe gemerkt, wie wichtig es ihm war, mit Wladimir zusammenzuarbeiten, und er ist wirklich genial. Die Heilerfolge, die er in unserem Labor erzielt hat, waren unglaublich, so was hab ich noch nie gesehen. Und ich habe schon eine Menge gesehen, das können Sie mir glauben.« Ich glaubte ihr.

»Hat Wladimir mit diesen Computern gearbeitet, die ich im Haus gesehen habe?«, fragte ich Mascha, denn ich hatte den Eindruck, dass ich offen mit ihr sprechen konnte.

»Mit den Computern? Sie haben sie also gesehen, was? Ich nenne die Bilder auf den Bildschirmen ›Selbstportraits‹. Haben Sie damit gearbeitet?« In ihrer Frage lag ein Anflug von Eifersucht, als fürchtete sie, jemand anders könnte ihren Platz eingenommen haben, und sei es nur für kurze Zeit.

»Nein«, antwortete ich ruhig und wartete darauf, dass sie fortfuhr.

»Ich glaube, Wladimir hat sie gesehen. Ich wette, Smirnow hat Ihnen einen kleinen Vortrag über diese kleine Wolke unserer Persönlichkeit gehalten, stimmt's?« Jetzt klang sie ironisch.

Ich nickte.

»Haben Sie ihm geglaubt?«

»Was geglaubt? Er hat eine Metapher benutzt. Eine Metapher ist nichts, was man glaubt oder nicht. Es ist nur ein Bild.« Ich verstand nicht, was sie meinte.

»Haben Sie ihm geglaubt, dass das seine Absicht ist – die Wolke der Persönlichkeit zu zerreißen, um das wirkliche Selbst zu begreifen? Gut für Sie, wenn Sie es geglaubt haben. Ich habe die Geschichte mit dieser Metapher schon oft gehört. Als ich sie zum dritten Mal hörte, hab ich mir gedacht: Er würde das nicht so oft sagen, wenn er es wirklich glaubte. Und dann habe ich ihn mir genau angesehen, und plötzlich ist mir alles klar geworden. Das Einzige, was Smirnow in diesem Raum sucht, ist genau das Gegenteil. Er kann mühelos jede Persönlichkeit auflösen – meine oder die von jemand anderem. Nur nicht seine eigene.

Worum es ihm geht, ist, die Wolke seiner eigenen Persönlichkeit so lange wie möglich intakt zu erhalten. Die Unausweichlichkeit des Todes macht ihn krank vor Angst. Er gibt vor, er sei geduldig, aber in

Wirklichkeit ist er verzweifelt. Er ist auf der Suche nach der Unsterblichkeit, und er ist bereit, alles zu tun, um den Schlüssel zur Rettung seiner Persönlichkeit zu finden. Deswegen ist Wladimirs Besuch ihm so wichtig. Nach allem, was Leute, die Wladimir begegnet sind, ihm erzählt haben, glaubt er, Wladimir besäße den Schlüssel zur Unsterblichkeit oder wüsste zumindest, wo er versteckt ist. Deswegen nimmt er Wladimir sehr ernst. Kommen Sie also mit zu dem Vortrag?« Ohne Übergang wiederholte sie ihre ursprüngliche Frage.

Ich sah sie lächelnd an, wusste nicht, was ich ihr antworten sollte.

»Sie müssen kommen, Olga. Ich habe allen dort gesagt, Sie würden die Einladung nicht ablehnen. Smirnow will unbedingt, dass Sie kommen. Er schickt mich nicht oft los, um jemanden einzuladen, wie Sie sich denken können. Außerdem bin ich mit dem Auto gekommen. Ich kann Sie also mitnehmen und nach dem Vortrag wieder nach Hause bringen, damit Sie nicht in einem überfüllten Bus stehen müssen.«

Dieses Angebot konnte ich eigentlich nicht ablehnen. Zwar spürte ich plötzlich, wie müde ich nach dem langen Arbeitstag im Krankenhaus war, aber die Aussicht, mit einem Auto statt mit dem Bus fahren zu können ließ mir den Besuch in Smirnows Labor ziemlich erträglich erscheinen.

Wir bestiegen ihren roten Jeep, ein Auto, das sich damals nur die reichsten Leute in der Stadt leisten konnten.

Mascha fuhr ziemlich draufgängerisch, überholte auf der verschneiten Straße so rücksichtslos, als wollte sie sich an jedem Autofahrer persönlich rächen.

Dennoch kamen wir zu spät. Als wir das Haus betraten, war der große Raum voller Leute, und der Vortrag hatte bereits begonnen. In der Mitte saßen die Leute auf Stühlen, an den Wänden entlang hatten sie sich auf dem Boden niedergelassen, und einige hockten auf den Fensterbänken. Obwohl der Raum überfüllt war, machte er auf mich denselben Eindruck wie beim ersten Mal: groß, aber leer.

Wladimir stand gegenüber der Treppe, an derselben Stelle, wo Smirnow gestanden hatte, als ich dieses Haus zum ersten Mal betreten hatte. Goldene Vorhänge, die bei meinem damaligen Besuch nicht zu Seiten des Fensters gehangen hatten, waren auf dessen ganzer Breite zugezogen worden, sodass sanftes Licht in den Raum fiel. Wladimir unterbrach seinen Vortrag, als Mascha und ich eintraten, und schwieg, bis wir uns gesetzt hatten.

Er war der Mann, den ich am Fenster des Toyota gesehen hatte. Auch heute trug er einen weißen Seidenturban. Er sah mich aufmerksam an, doch in seinem Blick lag nichts von der Spannung, die ich in Smirnows Blick gespürt hatte, als ich ihm zum ersten Mal begegnet war, keinerlei Absicht, mich zu beeindrucken oder zu beeinflussen. Er nahm einfach auf seine intensive Art Kontakt auf, und es war mir angenehm zumute dabei.

Sobald Mascha und ich unsere Plätze eingenommen hatten, setzte Wladimir seinen Vortrag fort. Er sprach sehr leise und mit einem ungewöhnlichen Akzent, der eher aus seinem Sprechrhythmus als aus seiner Aussprache resultierte.

Ich beugte mich zu Mascha hinüber und fragte sie flüsternd: »Wie lautet das Thema des Vortrags?«

»Dämonen des Traumas – und wie man sie heilen kann!«

Wladimir trug einen hochgeknöpften blauen Seidenanzug. Er bewegte sich kaum, doch seine aufrechte Körperhaltung strahlte Lässigkeit und Energie aus.

»Sie wissen, dass ich viel gereist bin. Was mich überall am meisten fasziniert, ist etwas, das alle Menschen gemein haben. Jeder auf diesem Planeten möchte glücklich sein. Aber ebenso verbreitet wie dieser Wunsch ist bei den meisten Menschen das Unvermögen, ihr Ziel, diesen Glückszustand, zu erreichen. Ich bin nicht der Erste, der sich fragt, warum das so ist. Aber ich habe eine andere Antwort als die meisten. Was ich Ihnen erzählen werde, ist nicht meine persönliche Erkenntnis. Ich gehöre zu einer Gruppe von Leuten, die sich einer Tradition des Heilens verschrieben haben, einer sehr alten Tradition, wie ich bereits sagte. Heute möchte ich Sie mit den wichtigsten Prinzipien unserer Arbeit bekannt machen. Soweit ich weiß, haben die meisten hier im Raum auf die eine oder andere Weise mit Heilung zu tun.

Können Sie mir sagen, was nach Ihrer Meinung und Ihrer Erfahrung die Ursache des Unglücks und des Leids in der Welt ist?«

Unter den Zuhörern entstand Bewegung. Ich schaute mich um und sah vor allem junge Leute, nur in der ersten Reihe saßen einige ältere Männer, anscheinend Akademiker. Die Leute sahen einander an, warteten darauf, dass jemand antwortete, dann hörte ich Maschas tiefe Stimme, die sich mit dem Anflug eines Kicherns zu Wort meldete: »Ist es das Böse?«

Wladimir schaute sie mit derselben ungewöhnlichen Eindringlichkeit an, die mir zuvor in seinen Augen aufgefallen war, dann fuhr er fort: »›Das Böse‹ ist ein großes Wort. Aber indem man es ausspricht, entfernt man sich von seinem Ursprung. Es ist, als würde man sich selbst oder alles Gute in sich von der Natur des Bösen lossagen, in dem Glauben, dadurch könne man geheilt und geschützt werden.

In Wirklichkeit ist es umgekehrt. Wenn Sie sich von der Quelle des Leids distanzieren, wenn Sie es als das Gegenteil dessen betrachten, was Sie sein wollen (und ich nehme an, Sie wollen alle gut sein, nicht wahr?), dann bringen Sie sich um die Chance, es zu ändern. Denn es lebt weiter in Ihnen fort, als Teil von Ihnen, der Ihre Entscheidungen beeinflusst. Aber weil Sie sich weigern, das zu erkennen, verharren Sie in naiver Ignoranz und werden weiterhin leiden.

Die Quelle von Unglück und Krankheit nennen wir ›Trauma‹. Und wir glauben, dass wir alle lebendige Verkörperungen des Traumas in uns tragen. In unserer Tradition nennen wir sie ›Dämonen des Traumas‹. Wenn etwas Sie verletzt und Sie das nicht voll und ganz als Teil Ihrer persönlichen Geschichte akzeptieren, entsteht eine Lücke in Ihrer Erinnerung; eine Lücke, die, wenn die Verletzung schlimm genug ist oder häufig wiederholt wird, von einem Dämon besetzt wird. Sie brauchen sich darunter nicht unbedingt ein altmodisches, scheußliches Monster vorzustellen, das auf Ihrem Rücken sitzt und Ihnen das Blut aussaugt.«

Erleichtertes Lachen ertönte unter den Zuhörern.

»Sie können darüber auch in Begriffen der neurokognitiven Wissenschaft nachdenken, falls Ihnen der Ausdruck ›Neurotransmitter‹ besser gefällt als ›Kreaturen der Nacht‹. Sie können Sie als andere Manifestationen von Wesen oder als nichtintegrierte Verkörperungen bezeichnen; Sie können jede Sprache oder jede Metapher benutzen, die Ihnen gefällt. Es spielt keine Rolle. Was wichtig ist, ist der Prozess. Der interne psychische *Prozess*, der sich häufig über Generationen durch die Vererbung von Traumamustern fortsetzt, die vielleicht vor sehr langer Zeit bei einem Ihrer Vorfahren durch eine unerträgliche Verletzung entstanden sind.

Menschliche Gene sind wesentlich flexibler, als wir glauben. Sie nehmen wahr in demselben Maße, wie sie agieren. Wenn sich eine Verletzung erst einmal in den Genen niedergeschlagen hat, agieren diese anders und verzerren die Erinnerung. Dadurch bleibt sie unvollständig. Es entsteht eine Lücke in der Erinnerung, und der Dämon des Traumas nistet sich ein, unbemerkt von unserem Bewusstsein.

Der Dämon eines Traumas ist am Werk, wenn ein Mann, der eine wunderbare Familie hat, ein angenehmes Leben führt und psychisch stabil ist, eines Morgens aufsteht, seiner Frau eine Nachricht hinterlässt, seinem elfjährigen Sohn einen Abschiedskuss auf die Stirn drückt und mit einem Rasiermesser in der Tasche zum Friedhof geht. Und auf dem Grab seines Vaters, der sich, als sein Sohn genau elf Jahre alt war, erhängte, schneidet er sich die Kehle durch. Er schneidet so tief, dass das Grab mit seinem Blut getränkt ist, als die Polizei ihn findet, und dass nur ein medizinisches Wunder ihn wieder ins Leben zurückbringen kann. Wenn er wieder aufwacht, kann er nicht erklären, was geschehen ist. Er kann nichts sagen, außer dass sein Vater ihm so Leid tat und dass er bei ihm sein wollte.

Das ist ein extremes Beispiel. Aber wissen Sie was? Bei manchen Menschen gibt es viel schlimmere Tragödien in der Geschichte ihrer Familien, als man es sich vorstellen kann. Sie lernen, sie vor sich selbst und vor ihren Kindern zu verbergen. Sie spielen Verstecken mit den Dämonen, und raten Sie mal, was passiert. Meistens verlieren sie das Spiel, denn selbst wenn sie sich nicht erinnern, die Gene – diese unfehlbaren Gedächtnisbausteine – erinnern sich ganz genau, und der Schmerz bleibt, bis er geheilt wird.

Derselbe Mechanismus funktioniert auch bei kleineren Dingen. Sobald wir in diese Welt eintreten, fangen wir an, im Korb unseres Gedächtnisses individuelle Verletzungen zu sammeln. Wie sich dieser Prozess weiter fortsetzt, entspricht Darwins Vorstellungen vom Überleben des Stärkeren, aber er dehnt sich aus auf die psychische Ebene. Jedes Geschöpf versucht zu überleben. Das gilt auch für die Dämonen des Traumas. Sie müssen ›essen‹. Sie sind immer hungrig. Sie schaffen ›Nahrung‹ für sich, indem sie mehr Schmerz erzeugen. Wie kommt das Paradox zustande, dass Opfer von Misshandlungen selbst zu den schlimmsten Misshandlern werden? Das ist nicht logisch, aber für die Dämonen des Traumas ist es absolut ›folgerichtig‹, in Opfern von Misshandlungen zu wachsen und sich zu ernähren, indem sie den Schmerz wieder *von neuem* erzeugen. Vielleicht kennen Sie das aus eigener Erfahrung.

Wie viele von Ihnen haben in Ihrem Leben etwas getan, das Sie bereuen, etwas, von dem Sie wussten, dass es nicht richtig war? Sie haben es trotzdem getan und sich dadurch in unangenehme Umstände gebracht? Ich wette, Sie kennen das Gefühl: ›Ich kann mir nicht erklären, warum ich das getan habe.‹ Ich höre das oft, und Sie hören es wahrscheinlich auch von den Menschen, mit denen Sie arbeiten. Man hat keine Ahnung, warum man es getan hat, weil der Impuls für die Handlung von dem Dämon eines Traumas kam. Da man sich dessen nicht bewusst ist, folgt man dem Impuls blind und verletzt andere immer wieder aufs Neue.

Der Zweig der psychologischen Wissenschaft, in dem wir arbeiten, beschäftigt sich damit, die Dämonen der Traumata zu erkennen und sie mit Hilfe spezieller Techniken zu besiegen. Es gibt unterschiedliche Dämonen, je nach dem Alter des Patienten und der Schwere des erlittenen Traumas. Die berechtigte nächste Frage würde lauten: ›Und? Was haben wir davon?‹

Die Menschen passen sich an, sie entwickeln eigene Methoden, damit fertig zu werden, warum sollte man sich also näher damit beschäftigen? Richtig?«

Einige Köpfe nickten zustimmend.

»Falsch! Falsche Fragen. Falsche Folgerungen. Es gibt drei Gründe, warum es für *jeden* lebenswichtig ist, den Kampf gegen die Dämonen des Traumas zu gewinnen. Erstens, weil der Sieg über die Dämonen Heilung bedeutet, er beseitigt das Unglück und heilt Krankheiten. Krankheiten sind das Mittel, mit dessen Hilfe der Organismus versucht, das Trauma auf eigene Faust zu bekämpfen. Wie oft habe ich erlebt, dass Menschen in ganz bestimmten Lebenssituationen krank werden und nach Hilfe verlangen, Situationen, in denen der Dämon bei einem Menschen mit lückenhafter Erinnerung plötzlich aktiv wird. Deswegen treten viele Heilerfolge dann ein, wenn der Patient in der Lage ist, die Wurzel des Traumas auszumerzen.

Zweitens glauben wir unter Berufung auf unsere Tradition, dass alles, was wir tun, mit den Generationen vor uns zusammenhängt und sich auf die Generationen nach uns auswirkt. Ich habe viele Menschen erlebt, die genau dann ihrem Trauma gemäß handelten und auf diese Weise Hilfe suchten, wenn ihre Kinder das Alter erreichten, in dem sie selbst – die Erwachsenen – die Verletzung erfahren hatten. Der Mann zum Beispiel, der sich auf dem Friedhof die Kehle durchgeschnitten hat. Sein Sohn war elf. Nur so hatte er die Möglichkeit, seine Familienlinie zu heilen, seine Ahnen zu erlösen und seine Erben zu schützen. Das war seine Chance, der Held der Familie zu werden.«

»Frage!«, rief eine Stimme aus dem Publikum. Wladimir wandte sich dem Frager zu und wartete. Als ich mich umschaute, erkannte ich Phil. Er saß neben Viktor auf dem Boden. Phil wirkte viel entspannter und zufriedener, als ich ihn in Erinnerung hatte.

»In der Tradition der nordamerikanischen Indianer gibt es die Vorstellung, dass unsere Taten für das Wohlergehen von sieben Generationen vor uns und sieben Generationen nach uns verantwortlich sind. Meinen Sie, dass es sich hierbei um dasselbe Konzept handelt?«

»Ich glaube nicht, dass man hier von einem Konzept sprechen kann«, sagte Wladimir und lächelte zum ersten Mal. Sein Lächeln war so spontan und entwaffnend, dass es alle Zuhörer ansteckte. »Es ist kein ›Konzept‹. Es ist eine Lebenseinstellung, das Wissen um dessen Grenzen und Beschränktheiten. Es hat damit zu tun, was man letztlich unter dem ›Selbst‹ versteht. Alles Wissen läuft darauf hinaus. Aber für alles Wissen gilt, dass man es nicht erlangt, indem man beschließt, es zu erwerben. Man muss seine persönlichen Erfahrungen dagegen eintauschen.

Sie alle hier in diesem Raum haben einen ganz persönlichen Erfahrungsschatz erworben. Und dieser hat Sie heute Abend hierher geführt, damit Sie dieses Wissen erlangen. Ich glaube, ohne diese Erfahrungen gemacht zu haben, hätten Sie heute Abend nicht hierher kommen können. Ihr Auto hätte eine Panne gehabt, Ihr Freund wäre zu Besuch gekommen und so weiter. Das gilt auch für diejenigen, die gar nicht vorhatten herzukommen, die scheinbar zufällig hierher gefunden haben. Glauben Sie mir, nicht Zufälle, sondern Ihre Erfahrungen, die danach streben, in Wissen umgewandelt zu werden, haben Sie heute Abend hierher geführt.«

Ich spürte dieses vertraute Kribbeln im Bauch, als er den Satz beendete.

»Und sieben ist eine gute Zahl, meine Lieblingszahl. Vielen Dank, dass Sie diese Zahl erwähnt haben.« Wladimir bedankte sich bei Phil mit einer leichten Verbeugung. Als ich mich nach Phil umschaute, sah ich Smirnow hinter den sitzenden Zuhörern an der Wand stehen, ganz auf Wladimir fixiert. Sein Gesicht wirkte ernst und konzentriert, und es war offensichtlich, dass er Wladimir als bedeutende Autorität akzeptierte – etwas, das ihm nicht leicht zu fallen schien. Ich musste an Maschas Worte denken und sagte mir, dass sie wahrscheinlich mit ihren Gedanken über seine Motivation richtig lag.

»Drittens«, sagte Wladimir und fuhr mit seinem Vortrag fort, »werde ich über den Tod sprechen. Das ist ein Thema, über das die meisten nicht gern reden. Wissen Sie, warum? Weil es eine Angst auslöst, die wir alle empfinden. Es heißt, das sei die Angst vor dem Unbekannten. Ich sage, es ist die Angst vor dem *Bekannten*, das von unserem Bewusstsein aber nicht als real anerkannt wird. Im Laufe unseres Lebens nisten sich die Traumata, die wir erleben, in uns als schmerzhafte Knoten ein, die von den Dämonen noch fester gezurrt werden. Wenn wir diese Knoten im Laufe unseres Lebens nicht lösen, wird das nach unserem physischen Tod geschehen. Und es spielt keine Rolle, ob man an ein Leben nach dem Tod glaubt oder nicht.

Denken Sie nur an die Fülle von Beweisen, dass Nahtoderfahrungen nichts anderes sind als Reaktionen auf die nachlassende Aktivität des Gehirns, wodurch das schwindende Wahrnehmungsvermögen getäuscht wird. Spielt es eine Rolle für Sie, ob diese wenigen Minuten sich zu einer Ewigkeit in der subjektiven Hölle ausdehnen? Ich glaube nicht.

Etwas, das Sie glauben müssen, ist, dass sich mit dem Tod die Erfahrung der Zeit radikal ändert. In den Tod einzutreten bedeutet in gewisser Weise, in die Zeit selbst einzutreten, und darauf sollte man lieber vorbereitet sein. Es gibt viele Berichte über Licht und Glücksempfinden, aber das ist erst ein Anfang. Über das, was danach kommt, existieren auch Berichte, aber die sind längst nicht so bekannt. Als Nächstes kommen wütende, böse Dämonen; sie kommen, um einem das Blut auszusaugen und einen auf alle erdenkliche Weise zu quälen, aber es sind die eigenen Dämonen. Sie werden Sie quälen, bis Sie die Knoten in ihrer Erinnerung auflösen und sich befreien. Auch hier spielt es keine Rolle, ob Sie an ein Leben nach dem Tod glauben oder nicht. Ich spreche von dem subjektiven psychischen Prozess, der die Erinnerung neu strukturiert. Würde es für Sie von großer Bedeutung sein, ob das alles innerhalb von Minuten nach dem Tod geschieht, obwohl Sie persönlich es als eine Ewigkeit der Qual erleben?«

»Sprechen Sie von den bösen Geistern aus dem Tibetanischen Totenbuch?«, fragte eine Frau in einer der hinteren Reihen.

Einige Leute drehten sich nach ihr um, aber es lag keine ausgesprochene Neugier in ihren Blicken. Wladimir hatte eine solch intime Atmosphäre in dem Raum geschaffen, dass wir uns alle miteinander verbunden fühlten. Jede Frage klang wie eine Frage der ganzen Gruppe, und deswegen spielte es keine Rolle, wer sie stellte.

»Ich beziehe mich nicht auf dieses Buch. Das tun Sie. Aber da Sie es tun, gebe ich Ihnen insofern Recht, als es sich um die bekannteste Beschreibung der Dämonen von Traumata handelt. Es ist ein beeindruckendes Buch, aber es ist in einer ganz bestimmten Kultur entstanden, die von Ihrer Kultur sehr weit entfernt ist und daher auch von Ihnen persönlich, nicht wahr? Ich werde die Sache jetzt mehr auf Sie persönlich bezogen darstellen.

Wir wollen über Ihre russische Kultur sprechen. Es ist eine christliche Kultur, trotz vieler Jahre des propagierten Atheismus. In der christlichen Kultur haben Sie Ihr eigenes Totenbuch; das haben Sie bisher nur nicht gewusst. Es ist das Buch der Offenbarung, die Apokalypse, das christliche Gegenstück zum Tibetischen Totenbuch und zum Ägyptischen Totenbuch. Es beschreibt denselben Prozess, nur in einer anderen Sprache. Die Apokalypse ist keine kollektive Erfahrung, sondern eine zutiefst individuelle. Die sieben Siegel, die darin beschrieben werden, werden von jedem von Ihnen entfernt, wenn die Zeit gekommen ist, und dann werden Sie den Dämonen Ihres Lebens gegenüberstehen.

Viele von Ihnen sind der Meinung, dieses Thema habe nichts mit Ihren eigentlichen Interessen zu tun. Viele von Ihnen fühlen sich vielleicht zu Magie hingezogen, in der Hoffnung, dort die Kraft und die Einsichten zu finden, die Ihr Leben für immer verändern werden. Wer möchte schon über den Tod nachdenken, wenn das Leben so viele spannende Geheimnisse bietet?

Nun, Menschen, die wirklich mit Magie umgehen, denken sehr wohl über den Tod nach und über das, was jenseits des Todes liegt. Denn sie wissen, dass sie die meisten Geheimnisse des Lebens nur dann aufdecken können, wenn sie sich mit dem Raum jenseits des Todes vertraut gemacht haben. Das Volk, das nach allem, was wir wissen, dem Reich der Magie am nächsten gekommen ist, waren die alten Ägypter. Sie faszinieren uns immer wieder aufs Neue. Mit erstaunlicher Regelmäßigkeit werfen sie ihre archaischen Bilder in unser modernes Bewusstsein, und unser modernes Bewusstsein ist hypnotisiert von der Macht ihrer Magie.«

Ich schaute über meine linke Schulter und sah Smirnow wie angenagelt an der Wand stehen. Im Kontrast zu der ungewöhnlichen Blässe seines Gesichts wirkten seine konzentrierten Augen völlig schwarz. Wladimir schaute Smirnow beim Sprechen nicht direkt an, aber ich war mir sicher, dass er genau spürte, wie aufmerksam Smirnow seinen Worten lauschte. Es war beinahe, als fände ein unsichtbarer, aber intensiver Austausch zwischen den beiden statt.

»Wenn ich über ägyptische Magie spreche, weiß ich, wovon ich rede. Das Wissen der Ägypter stammt aus einem vergleichbaren Erfahrungsschatz wie unser Wissen in Samarkand, nur dass der unsere älter ist. Ihr Wissen wurde durch Geschichtsschreibung weitergegeben, während das unsere im Verborgenen blieb. Die Welt der ägyptischen Magie entstand aus den Bemühungen, das Geheimnis des bedeutendsten Übergangs zu erfassen: man versuchte, die Geschehnisse beim Verlassen des physischen Körpers zu erkunden. Man könnte meinen, das war's, das ist das Ende; aber für die Ägypter fing mit den daraus gewonnenen Erkenntnissen erst alles an. Die entscheidenden Erfahrungen im Leben nach dem Tod und im dortigen Kampf um das Überleben waren die wichtigsten Aspekte der individuellen Existenz. Und weil so viel davon abhing, stand diese Existenz selbst auf dem Spiel.

Langer Rede kurzer Sinn: Um im Leben nach dem Tod zu überleben, musste man versuchen, die Barke des Sonnengottes Amun-Re zu erwischen. Sie fährt jede Nacht durch die Unterwelt Duat, die eine andere Seite der Realität darstellt, und kehrt mit der Morgendämmerung in diese Welt zurück. Man musste aufpassen, dass einem nichts zustieß, dass man alle Tore der Nacht passierte, ohne von den Torwächtern vernichtet zu werden. Die Torwächter waren keine Narren. Sie kannten ihre Aufgabe. Sie waren blutrünstig und zerstörungswütig.

Man konnte ihre Tore nur passieren, indem man in ihre maskierten Gesichter schaute und sagte: ›Ich kenne dich. Ich kenne deinen Namen.‹ Wenn man das tat, mussten sie einen durchlassen. Wer das nicht schaffte, den zerrissen sie und saugten ihm das Blut aus. Wenn man ihre Namen kannte, wurde man vor dem zweiten Tod gerettet, vor der völligen Vernichtung, und man konnte weiterleben. Wovon rede ich also?

Können Sie es schon erraten? Ich nehme an, dass Sie inzwischen wissen, von wem ich spreche. Von den Dämonen des Traumas natürlich, den Geschöpfen unserer Psyche, der Verkörperung der Verletzungen, die wir angesammelt haben und nicht heilen konnten. Was also können wir tun?

Nun, wir können uns wappnen. Mein Ziel ist es nicht, Sie durch diesen Vortrag mit allen praktischen Hilfsmitteln vertraut zu machen, mit denen die Dämonen geheilt werden können. Das wird erst der nächste Schritt sein; Ihre nächste Erfahrung muss Sie also zu diesem Wissen führen.

Das Einzige, was ich Ihnen jetzt sagen kann, ist, dass wir alle einen Raum in uns haben, in dem der Heilungsprozess stattfinden kann und in dem er bei jedem von uns ständig stattfindet – obwohl wir uns dessen nicht im Geringsten bewusst sind. In diesem Raum erleben wir unsere Träume. Er dient dazu, uns vor unseren Traumata und ihren Geistern zu schützen und uns von diesen zu heilen. Der Raum der Träume ist der Ursprungsort der Magie.

Weil wir auf dem Gebiet der Träume arbeiten, nennt man uns ›Traumheiler‹. Durch diese Arbeit führen wir Veränderungen und Wandlungen herbei. Wir arbeiten mit der Wiederherstellung der Erinnerung in Träumen und lassen so in der Erinnerung keinen Raum mehr für die Dämonen des Traumas, wenn sie geheilt ist. Wir bringen den Menschen bei, ihren Traumata ins Gesicht zu sehen und zu sagen: ›Ich kenne dich. Ich kenne deinen Namen‹, und sich so davor zu schützen, dass sie von den Dämonen zerstört werden. Man braucht einige Jahre intensiver Übung, um diese Technik zu erlernen, deswegen nennen wir sie eine psychologische Wissenschaft. Man kann während des Lernprozesses eine Vielzahl wichtiger Fähigkeiten erwerben, aber das Ziel bleibt immer dasselbe: sich vor dem zweiten Tod zu retten und zu lernen, wie man wiedergeboren wird.

Wir haben über die Jahrhunderte im Verborgenen gearbeitet, dabei aber unsere spirituellen Verbindungen zu Menschen in anderen Gegenden stets aufrechterhalten. Wir brauchen nicht mehr Aufmerksamkeit, um das zu tun, was wir seit Jahrhunderten tun. Aber! Es gibt ein ›Aber‹, und das ist es, was mich heute Abend hierher geführt hat, um zu Ihnen zu sprechen.

Mein Vortrag soll Ihnen nicht nur Informationen liefern. Er soll Ihnen, und damit der westlichen Kultur, einige Aspekte unserer Arbeit nahe bringen. Denn es ist höchste Zeit. Ich habe Ihnen bereits gesagt, dass nicht geheilte traumatische Erfahrungen, die ein Eigenleben entwickeln und zu Dämonen mutieren, von Generation zu Generation weitergegeben werden. Wenn sie nicht geheilt werden, wachsen sie, verbinden sich miteinander, beschleunigen und verstärken einander und entwickeln sich zu kollektiven Wesen.

In traditionellen Kulturen spielen Übergangsrituale eine große Rolle. Bevor ein Mensch in ein anderes Lebensstadium wechselt, muss er einen Initiationsritus durchlaufen, der im Prinzip alle traumatischen Knoten der Vergangenheit löst und den Weg für die Zukunft frei macht. In der modernen Zivilisation, wie Sie sie nennen, sind diese Rituale verloren gegangen. Die moderne Gesellschaft besitzt keine Mittel, um ihre Mitglieder von traumatischen Erinnerungen zu befreien. Deshalb häufen sie sich irgendwann auf einer kollektiven Ebene an und werden sehr gefährlich. Dieser gefährliche Zeitpunkt ist gekommen. Diesmal könnte er noch wesentlich gefährlicher werden als in früheren Zeiten, wo von kollektiven Dämonen Weltkriege ausgelöst wurden. Der Zweck meines Besuchs ist, Ihnen zu sagen, dass große Gefahr besteht für alle

Menschen auf diesem Planeten; dass es aber auch effektive Mittel gibt, um diese Gefahr abzuwenden.

Deswegen lade ich Sie ein, uns in Samarkand in Zentralasien zu besuchen und mehr über unsere Arbeit zu erfahren. Ich weiß, dass viele von Ihnen hier in diesem Raum mit der Welt der Magie vertraut werden wollen. Und dieser Wunsch ist sehr stark. Um an Ihr Ziel zu gelangen, müssen Sie wissen, was andere Menschen als Magie erfahren haben. Es reicht nicht zu erkennen, dass Magie sich auf einem inneren Schauplatz abspielt. Es gibt eine Vielzahl innerer Schauplätze. Man braucht eine Landkarte. Sie müssen sie von Leuten erbitten, die diese Karte seit Urzeiten benutzen. Fragen Sie uns, und wir werden Ihnen helfen.

Sie können diese Magie für sich selbst entdecken und von all Ihren Leiden geheilt werden. Dann erst können Sie zu Heilern für Ihre eigenen Leute werden, und so Heilung und die damit verbundenen Veränderungen über die ganze Welt verbreiten. Klingt doch wie eine interessante Aufgabe, oder nicht? Sie befinden sich bereits auf dem Weg zur Welt der Magie. Betreten Sie ihr Reich mit unserer Hilfe. Es ist eigentlich gar keine so weite Reise. Es liegt in Ihnen selbst.«

Wladimir schien keine Antwort zu erwarten. Er schaute eine Frau in der ersten Reihe an und begann, sich mit ihr zu unterhalten. Er sprach sehr leise, sodass die Leute im Publikum nicht hören konnten, was er sagte. Daraufhin begannen alle, miteinander zu reden. Der Vortrag schien zu Ende zu sein, doch niemand hatte es eilig, den Raum zu verlassen. Stattdessen standen alle auf und gingen aufeinander zu. Bald bildeten sich kleine Gruppen von Leuten, die angeregt miteinander diskutierten. An Wladimirs Gesicht konnte ich ablesen, dass er sich das Ende seines Vortrags genau so vorgestellt hatte. Phil und Viktor und einige andere unterhielten sich bereits mit ihm, ihre Gesichter wirkten sehr konzentriert. Wahrscheinlich besprachen sie die Einzelheiten einer Reise nach Samarkand.

Ich entdeckte Mascha in der Menge und fragte sie: »Fahren wir?«

Sie sah mich mit leuchtenden Augen an und antwortete begeistert: »Ja, ich glaube, wir fahren wirklich.«

»Na hoffentlich, Sie haben mir schließlich versprochen, mich nach dem Vortrag nach Hause zu fahren«, erwiderte ich.

Mascha runzelte die Stirn, dann lachte sie so laut, dass einige Leute sich nach uns umdrehten.

»Nein Olga, was ich glaube, ist, dass wir nach Samarkand fahren werden«, sagte sie.

»Na ja, aber da bleibt doch sicherlich noch Zeit, mich zuerst nach Hause zu bringen, oder?«

»Sie haben es immer noch nicht begriffen, richtig?« Sie lächelte mich verschmitzt an. »Sie und ich und noch ein paar Leute – wir fahren nach Samarkand.«

»Ach, wirklich? Ich glaube nicht, dass ich beschlossen habe zu fahren. Oder habe ich das etwa behauptet?«, erwiderte ich.

»Nein. Noch nicht. Aber ich weiß, dass wir fahren. Ich kann in die Zukunft schauen«, sagte Mascha.

Mir lag dasselbe ironische »Bitte ...« auf der Zunge, mit dem ich sie zuvor schon einmal auf den Boden der Tatsachen zurückgeholt hatte, aber als ich ihren Gesichtsausdruck sah, wurde mir klar, dass sie ganz aufgeregt war und es ernst meinte. Plötzlich erinnerte mich ihr ernstes Gesicht daran, wie ich sie vor einigen

Wochen in demselben Haus auf den Stühlen hatte liegen sehen. Bei diesem Gedanken verflog meine Gereiztheit, und tiefe Trauer überkam mich, ohne dass ich wusste, warum.

Beim Verlassen des Raums kamen wir an Wladimir vorbei, der mit einigen Leuten zusammenstand. Er bemerkte mich und sprach mich an, als sei er ein alter Freund von mir. »Großartig, dass Sie heute kommen konnten.«

»Ich möchte mich bei Ihnen bedanken. Es war ein wunderbarer Vortrag. Ich wünschte, ich könnte mehr über Ihre Arbeit erfahren.« Ich hatte gehofft, mich mit dieser höflichen Floskel verabschieden zu können.

»Tatsächlich?« Sein Lächeln war so entwaffnend, dass ich unwillkürlich zurücklächelte. Gleichzeitig wirkte es in einer Weise befreiend auf mich, und mir wurde in diesem Augenblick bewusst, welche schwere Last ich seit langer Zeit auf meinen Schultern trug.

»Hören Sie, ich möchte Ihnen etwas geben.« Mit einer schnellen Bewegung wandt er eine Kette aus polierten schwarzen Holzperlen von seinem Handgelenk.

»Nehmen Sie sie. Sie wird Ihnen helfen.« Ich war gerührt von dieser freundlichen Geste. Er lächelte immer noch, und mir wurde ganz leicht ums Herz. Er wirkte so selbstsicher, dass ich sein Geschenk ohne Zögern annahm und ihm aufrichtig dafür dankte. Ich wickelte die Kette mehrmals um mein Handgelenk, so wie ich es bei ihm gesehen hatte. Ich spürte, dass sie mir helfen würde, nur wann und wo, das wusste ich nicht.

Bevor ich dazu kam, Wladimir weitere Fragen zu stellen, drängten sich noch mehr Leute um ihn herum und schoben mich zur Seite. Ich sah Smirnow schweigend abseits stehen. Er nickte mir zu, und ich erwiderte seinen Gruß. Es war nicht nötig zu reden. Mir war, als hätte uns dieser Abend einander näher gebracht als die stundenlange Diskussion, als hätte Wladimirs Ernsthaftigkeit und Energie alle Vorbehalte weggewischt.

Mascha fuhr mich nach Hause, blieb aber während der ganzen Fahrt verschlossen und bedrückt. Seit sie davon gesprochen hatte, dass sie in die Zukunft zu schauen vermochte, wirkte sie, als hätte jemand das Licht in ihrem Innern ausgeschaltet, als wäre sie vor Angst erstarrt. Ich wusste nicht so recht, ob ich sie nach diesem Gefühlsumschwung fragen sollte, denn schließlich kannte ich sie kaum. Aber nachdem sie wieder einmal auf der verschneiten Fahrbahn viel zu schnell in eine Kurve gefahren war, schaute ich sie an und fragte: »Wenn Sie mit Smirnow arbeiten, verlangt er dann von Ihnen, in die Zukunft zu sehen?«

»Kann sein«, erwiderte sie, aber ihre Stimme klang anders als sonst, mechanisch und verwirrt.

»Was wollten Sie in der Zukunft sehen, als ich zum ersten Mal in seinem Haus war?«

Mascha holte tief Luft, um ihren Ärger über meine Fragen zu überwinden und nicht unhöflich zu werden.

»Nichts. Er hat nicht verlangt, dass ich in die Zukunft schaue.«

Eine ganze Weile schwieg sie. Ich stellte keine weiteren Fragen mehr, aber irgendwann sagte sie nach langem angespannten Schweigen: »Er hat mich gebeten, in die Vergangenheit zu sehen. Vor einiger Zeit sind in unserer Stadt mehrere kleine Mädchen verschwunden. Smirnow arbeitet gelegentlich für die Kriminalpolizei. Er wird gut bezahlt dafür, bei der Aufklärung von Verbrechen zu helfen, und er hat mich gebeten, diese Aufgabe zu übernehmen. Die Polizei nimmt an, dass die Mädchen von einer ganzen Bande entführt, vergewaltigt und getötet wurden. Das ist es, was ich versucht habe zu sehen.«

»Und wie haben Sie das gemacht?«

»Es gibt Möglichkeiten, die eigene Zeitwahrnehmung zu verändern. Ich kann das ganz gut von Natur aus, aber Smirnow hat mir noch ein paar Tricks beigebracht. Um ein verschwundenes Mädchen zu finden, muss man sich in seinen Schmerz hineinversetzen. In diesem Fall muss man allerdings wissen, was es bedeutet, vergewaltigt zu werden. Dann entsteht eine echte Verbindung. Man muss in seine eigene Erinnerung eintauchen und von dort Kontakt zu der Wahrnehmung des anderen aufnehmen, sodass eine Brücke entsteht, über die sich die Leiche finden lässt. Bis jetzt wurde eine gefunden. Fünfzehn fehlen noch. Ich habe also noch eine Menge Arbeit vor mir.«

Mir war übel. ›Vielleicht liegt es an ihrem wilden Fahrstil‹, dachte ich mir. Doch in Wirklichkeit war eine Mischung aus Trauer und Angst die Ursache meiner Übelkeit. Sie würde sich nicht durch Äußerlichkeiten beheben lassen. Es war, als würden mich meine verschütteten Erinnerungen krank machen.

»Warum lassen Sie das mit sich machen?«, fragte ich Mascha. Ich schaute sie nicht an, sondern blickte starr geradeaus auf die verschneite Straße.

»Ich versuche zu helfen.« Ihre Stimme klang wie von weit her, als würde jemand anders antworten.

»Aber auf diese Weise fügen Sie sich immer neuen Schmerz zu. Es müsste doch andere Möglichkeiten geben.« Ich wollte die Distanz zwischen uns überwinden, doch es gelang mir nicht; Mascha war innerlich erstarrt und ganz weit weg. Sie fuhr schweigend weiter, und ich verzichtete darauf, meine Frage zu wiederholen. Plötzlich bremste sie mitten auf der Straße, vergewisserte sich mit einem Blick in den Rückspiegel, dass kein Auto hinter uns war, und schaute mich direkt an. Dann sagte sie mit vor Zorn funkelnden Augen: »Es tut so oder so weh, egal was ich mache. Sie haben ja keine Ahnung. Und ich würde alles tun, damit es aufhört. Alles.« Sie drückte das Gaspedal durch, und der Wagen raste noch schneller als zuvor über die vereiste Straße.

Ich war froh, als wir schließlich vor meiner Wohnung anhielten.

»Also, haben Sie sich entschieden?«, erkundigte sie sich, bevor ich ausstieg, aber diesmal kam die Frage in einem scheinbar gleichgültigen Tonfall. Eine Weile saß sie schweigend da und fügte dann plötzlich mit derselben Distanziertheit hinzu: »Ich fahre übrigens nur dorthin, wenn Sie mitkommen.«

Während ich ihren ernsthaften und traurigen Gesichtsausdruck betrachtete, spürte ich immer noch die körperlichen Nachwirkungen unseres Gesprächs. Ich konnte ihr jedoch nichts anderes sagen als: »Ich weiß es nicht, Mascha. Ich werde darüber nachdenken.« Doch tief in meinem Innern wusste ich, dass ich mich längst entschieden hatte. Als mir das klar wurde, verschwand meine Übelkeit, und es ging mir wieder besser.

Kapitel vier

Alles wurde so organisiert, als handelte es sich um eine Geschäftsreise. Die Tickets wurden bei einer Organisation gekauft, die einen Gruppenrabatt anbot. Wladimir war offensichtlich schon nach Samarkand abgereist und hatte genaue Reiseinformation und eine Adresse hinterlassen, bei der wir uns einige Wochen später einfinden sollten.

Vor unserer Abreise nach Samarkand traf ich Mascha fast täglich. Da sie keinen festen Tagesablauf hatte und sich häufig langweilte, holte sie mich nach der Arbeit ab und fuhr mit mir ins Stadtzentrum, wo wir in eins der Cafés einkehrten und uns unterhielten.

Auf diese Weise erfuhr ich sehr viel über sie, ihre Interessen, ihren Geschmack, ihre Freunde und über ihre Feinde. Sie sprach viel über Männer, stets mit einem seltsamen Unterton in der Stimme, und betonte immerzu, wie unbedeutend dieser oder jener Mann in ihrem Leben gewesen war.

»Ich habe mit keinem öfter als zweimal geschlafen«, verkündete sie und ließ ihren Blick in die Runde schweifen, um sich zu vergewissern, dass alle Umsitzenden es hörten.

»Bitte ...«

»Im Ernst. Vielleicht gab es auch ein paar Ausnahmen, aber ich kann mich nicht mehr an sie erinnern.

Ehrlich.« Und dann brach sie in herzhaftes Gelächter aus.

Es gehörte zu ihrer Strategie, über intime, meist erfundene Erlebnisse zu reden, und zwar in einem ganz bestimmten Tonfall, mit dem sie sich als oberflächliches, naives und unbesonnenes Mädchen darstellte, dem man bedenkenlos trauen konnte. Ich durchschaute ihre Taktik, dennoch genoss ich ihre Gesellschaft. Es fiel mir leicht, nach ihren Regeln zu spielen, und es machte mir nichts aus, so zu tun, als würde ich die Realität in dem von ihr gewünschten Licht sehen.

Nur einmal, als ich sie fragte: »Und Smirnow? Was ist mit Smirnow?«, verdüsterte sich ihr Gesicht, und in dem mechanischen Tonfall, der mir mittlerweile vertraut war, antwortete sie gereizt: »Was soll mit ihm sein? Ich habe nicht mit ihm geschlafen. Dafür gibt es keinen Grund.« Dann verfiel sie in ein langes, brütendes Schweigen und rauchte eine Zigarette nach der anderen. Ich stellte ihr keine weiteren Fragen über Smirnow, aber ich wusste, dass er nicht mit nach Samarkand fahren würde.

Wir trafen die Vorbereitungen für den Flug. Ich hatte keine Vorstellung, wie groß unsere Gruppe sein würde, da Mascha meine einzige Kontaktperson zu diesen Leuten war, und sie konnte es mir nicht sagen. Anscheinend konnten sich einige bis zum letzten Augenblick nicht entscheiden, ob sie mitkommen wollten oder nicht.

Wir sollten am späten Nachmittag fliegen und nachts in Samarkand ankommen, nach einem Zwischenstop in dem zwei Flugstunden von Nowosibirsk entfernt liegenden Taschkent. Am Tag des Abflugs packte ich meine Koffer und rief im Lauf des Vormittags bei Mascha an, um mich zu vergewissern, dass sie mich abholen würde. Sie klang ein wenig ängstlich, versicherte mir jedoch, dass sie spätestens gegen 16.00 Uhr bei mir sein würde. Um Punkt 16.00 Uhr klingelte mein Telefon, und eine mir unbekannte weibliche Stimme bat darum, Olga zu sprechen. Nachdem ich ihr erklärt hatte, dass ich selbst am Apparat war, stellte sich die Frau als Maschas Großmutter vor. Ich wusste überhaupt nicht, dass Mascha noch lebende Großeltern hatte. Sie hatte mir immer erzählt, sie lebe allein mit zwei roten Katzen, ihre Eltern seien gestorben, als sie noch klein war, und sie habe keine Angehörigen.

»Nein, ihre Eltern sind nicht tot. Sie sind bloß nicht hier. Aber das ist eine lange Geschichte«, antwortete die Frau in reserviertem Ton auf meine Frage. »Mascha wohnt auch nicht bei mir. Das stimmt. Ich wohne in ihrer Nähe. Ich rufe Sie an, weil sie mich darum gebeten hat, bevor sie eingeschlafen ist.«

»Was meinen Sie damit, dass sie eingeschlafen ist? Unser Flug geht in ein paar Stunden!«

»Sie schläft, weil ich ihr Beruhigungsmittel gegeben habe. Sie hat wieder getrunken – seit heute Morgen – und ihre Wohnung verwüstet. Die Nachbarn riefen mich an, deshalb bin ich zu ihr rübergegangen, um sie zu beruhigen. Hat sie Ihnen denn nichts von ihren Alkoholproblemen erzählt?«

In meinem Kopf drehte sich alles. Ich wusste nicht, was ich sagen oder fragen sollte, ich wusste nur, dass die Frau die Wahrheit sagte, so gern ich auch das Gegenteil geglaubt hätte. Ich war wütend auf Mascha, aber vor allem war ich wütend auf mich selbst. Ich spürte, dass ich nun gezwungen war, Dingen ins Auge zu sehen, die zu übersehen ich mir offenbar die größte Mühe gegeben hatte. Wenn mir entgangen war, dass sie trank, hatte ich mir unbewusst etwas vorgemacht. Aber was hatte ich davon gehabt, die Augen davor zu verschließen? Und was sollte ich jetzt tun?

»Lassen Sie mich mit ihr reden.«

»Ich habe Ihnen doch gesagt, dass sie schläft. Es wird Stunden dauern, bis sie wieder ansprechbar ist.«

»Wecken Sie sie, sagen Sie ihr, ich möchte mit ihr reden, oder geben Sie mir Ihre Adresse, dann komme ich selbst!« Mir platzte fast der Kragen.

»Also gut, ich versuch's«, erwiderte die Frau in einem leicht süffisanten Tonfall.

Eine Weile lang herrschte Schweigen am anderen Ende der Leitung. Ich hörte gedämpfte Geräusche im Hintergrund, und dann plötzlich dröhnte Maschas Stimme tief und heiser in mein Ohr, als säße sie direkt neben mir. »Also, Frau Doktor, ich habe meine Reise abgeblasen.« Sie sprach undeutlich und war kaum zu verstehen.

Ich schwieg, drauf und dran, in Tränen auszubrechen.

»Haben Sie verstanden, was ich gesagt habe? Ich s-a-g-t-e, ich fahre nirgendwohin. Und wissen Sie warum? Weil ich glaube, dass es ehrlicher ist, sich voll laufen zu lassen ...«, kicherte sie, »... als in irgend so ein Kaff in Asien zu fahren und vor mir selbst davon zu laufen ... Doktor.« Das Freizeichen beendete ihr Gebrabbel, sie hatte aufgelegt. Ich saß da wie gelähmt, den Hörer in der Hand, und wusste nicht, was ich tun sollte.

Kaum hatte ich aufgelegt, klingelte das Telefon erneut, und als ich abnahm, sagte die Großmutter vorwurfsvoll: »Es war nicht einfach, sie wieder zu beruhigen. Wollen Sie die Adresse in Samarkand? Ihr Flug geht doch schließlich bald.«

Mechanisch schrieb ich die Adresse mit. Ich ging ein letztes Mal mein Gepäck durch, um mich zu vergewissern, dass ich nichts vergessen hatte. Dann bestellte ich ein Taxi, das mich zum Flughafen bringen sollte, und warf noch einmal einen Blick auf das Ticket, um die Abflugzeit zu überprüfen. All das tat ich, ohne nachzudenken. Mein Kopf war völlig leer, auch wenn ich – oberflächlich betrachtet – normal funktionierte. Erst nachdem ich meinen Platz im voll besetzten Flugzeug eingenommen hatte, wurde ich mir meiner Situation bewusst. Mascha saß nicht neben mir. Sie lag betrunken in ihrer Wohnung, und ich, blass vor Wut, konnte nicht ahnen, dass Smirnow ihr am Morgen verboten hatte, nach Samarkand zu fahren, und sie es nicht gewagt hatte, sich ihm zu widersetzen.

Als ich mich umschaute, wurde mir noch mulmiger zumute. Neben Fluggästen aus der Region gab es nur eine kleine Gruppe europäischer Touristen, die in einem abgetrennten Bereich des Flugzeugs saßen. Verzweifelt suchte ich nach einem vertrauten Gesicht. Kein Viktor, kein Wladimir. Und als ich die ausländischen Touristen Deutsch sprechen hörte (keine Spur von Phil), ergriff mich Panik. Aber es war zu spät. Wir befanden uns bereits in der Luft, und die endlose Weite des sibirischen Tieflandes entschwand meinen Blicken, als wir in die Wolken eintauchten. Ich war allein und unterwegs zu einem mir völlig unbekannten Ort. Mein einziger Anhaltspunkt bestand in einem Zettel mit einer Adresse in Samarkand. Ich hatte keine Ahnung, was mich auf dieser Reise erwartete.

Allerdings fuhr ich nicht zum ersten Mal nach Usbekistan, und Taschkent und der dortige Flughafen waren mir vertraut. Irgendwann übermannte mich die Erschöpfung, und meine Anspannung ließ nach. Ich fand mich damit ab, dass ich unterwegs nach Samarkand war und sich alles früher oder später aufklären würde.

Ganz allmählich begann ich, mich auf den Besuch in dieser uralten Stadt zu freuen. Samarkand, eine der Perlen Usbekistans, ist weniger weit von Nowosibirsk entfernt als Moskau. Aber es liegt in einer geheimnisvollen, abgeschiedenen Gegend, und kaum jemand würde es als Reiseziel wählen. Urlaub machte man normalerweise in Moskau, Leningrad oder am Schwarzen Meer. Usbekistan ist zu exotisch und in dieser Hinsicht zu weit entfernt von Sibirien. Soweit ich wusste, handelte es sich um eine der wenigen Gegenden auf der Welt, deren Kultur von allen großen religiösen Traditionen geprägt war. Es war Heimat uralter schamanischer Kulte, der Ursprünge der zoroastrischen Lehre aus Turan und des späten Zoroastrismus. Später breiteten sich dort der Buddhismus, das Christentum und der Judaimus aus, der jahrhundertelang von der einflussreichen Gemeinde der Juden in Buchara praktiziert wurde. Obwohl das heutige Usbekistan weitgehend muslimisch ist, würden sich sicherlich noch Spuren der anderen Kulturen finden lassen. Allmählich gelang es mir, meine Sorgen abzuschütteln und mich auf Samarkand zu freuen.

Nachdem wir gelandet waren, umfing mich die Nachtluft von Samarkand mit ihrem Duft nach Blumen und frisch gebackenem Brot. Überall waren üppig blühende Tulpenbeete zu sehen – in Sibirien zu dieser frühen Jahreszeit undenkbar –, und die von Straßenlaternen hell erleuchtete Stadt wirkte wie ein exotischer Garten, der seine Besucher in einen anderen Raum und eine andere Zeit entführte.

Ich rief ein Taxi. Erleichtert stellte ich fest, dass der Fahrer die Adresse, die ich ihm zeigte, kannte. Nun fühlte ich mich schon wesentlich wohler.

Die Fahrt dauerte nicht lange und ich sah nicht viel mehr als die Schatten der riesigen Bäume, die die Straßen säumten, und die dahinter verborgenen kleinen, meist einstöckigen Häuser aus Lehmziegeln.

Plötzlich verbreiterte sich die Straße, und wir bogen in die Auffahrt zu einem großen und hohen Gebäude ein. Die Fenster waren hell erleuchtet, und aus dem Innern des Gebäudes drang laut moderne Musik. Am Eingang standen Leute in Gruppen herum, rauchten und unterhielten sich.

Ich ging davon aus, in ein Schulungszentrum zu kommen und von jemandem in Empfang genommen zu werden, der mich erwartete. Dass ich im größten Hotel Samarkands landen würde, damit hatte ich nicht gerechnet. Verwirrt kramte ich noch einmal meinen Zettel vor und bat den Fahrer zu überprüfen, ob er sich nicht geirrt hätte. Er zeigte mir auf dem Stadtplan, dass bei der angegebenen Adresse ein Hotel eingezeichnet war, und so blieb mir nichts anderes übrig, als auszusteigen und mein Gepäck zu nehmen.

Als ich die Hotellobby durchquerte, schwand meine Hoffnung, Wladimir oder jemand anderen von der Gruppe zu treffen. Meine Intuition sagte mir, dass das nicht passieren würde, und ich hatte mittlerweile gelernt, meiner Intuition zu vertrauen.

An der Rezeption nahm eine junge Usbekin meinen Pass entgegen und teilte mir freundlich mit, dass ein

Zimmer für mich reserviert sei; sollte es mir nicht gefallen, müsse ich mir eine andere Bleibe suchen, da das Hotel voll belegt sei. Sie wies in eine Ecke, wo unter einem Hinweisschild mit der Aufschrift: »Belegt« mehrere Familien auf Sofas hockten, inmitten ihrer Koffer, erschöpft und verzweifelt.

Vermutlich durfte ich mich glücklich schätzen. Ich fühlte mich tatsächlich erleichtert, auch wenn keine Nachricht für mich hinterlassen worden war. Irgendwie hatte ich nicht registriert, dass das Zimmer auf meinen Namen reserviert worden war, dass es also jemanden geben musste, der mit meiner Ankunft gerechnet hatte. Ich hatte ein Zimmer und so spät am Abend war das das Einzige, was zählte. Das Zimmer war klein, warm und gemütlich. Ich stellte mein Gepäck ab und erinnerte mich, dass unten aus der Bar laute Musik gekommen war. Meine Reise war viel zu aufregend gewesen, als dass ich jetzt schon hätte schlafen können, und so beschloss ich, hinunterzugehen, allerdings ohne die Hoffnung, jemanden von der Gruppe zu treffen. Ich wollte mich einfach nur ein wenig ausruhen.

In der Bar war einer der hölzernen Barhocker noch frei, ich setzte mich und versuchte, nicht nach links oder rechts zu schauen, um möglichst unbemerkt zu bleiben. Der Barkeeper ließ mich nicht lange warten. Er tauchte plötzlich vor mir auf und erkundigte sich nach meinen Wünschen, allerdings ohne ein Wort zu sagen. Er hob lediglich seine für usbekische Männer typischen dichten, schwarzen Augenbrauen.

»Nur einen Tee, bitte.«

Er zeigte sich überrascht. Die Leute tranken Alkohol, niemand kam zu dieser Stunde in die Bar und bestellte Tee. Doch dann nahm sein Gesicht wieder den professionellen Ausdruck der Gleichgültigkeit an, und er entfernte sich aus meinem Blickfeld. Das Nächste, was ich bemerkte, war eine weiße, mit schwarzen usbekischen Ornamenten gemusterte Keramiktasse, die vor mir auf dem Tresen stand. Vorsichtig trank ich einen Schluck von dem starken schwarzen Tee. Er war viel zu heiß, ich konnte nur daran nippen. Jeder Schluck versetzte mich tiefer in eine Art Trance. Die Bar war brechend voll, und es gelang mir nicht, auch nur einen Satz aus dem, was gesprochen wurde, herauszuhören; alles verschwamm zu einer Geräuschkulisse. Das Einzige, was ich sah, waren die Reihen bunter Flaschen in allen möglichen Formen in den Regalen hinter dem Tresen. Sie schienen im Rhythmus der Musik sanft hin und her zu wanken.

Ich betrachtete die Flaschen und hörte gedankenverloren der Musik zu. Die vergangenen Wochen waren deprimierend gewesen, und jetzt empfand ich zum ersten Mal so etwas wie Entspannung, oder zumindest die Erinnerung daran. Das war es, was ich dringend brauchte und was ich unbewusst gesucht hatte, als ich beschloss, diese Stadt in Zentralasien zu besuchen. Der Anflug von Entspannung machte mir deutlich, wie erschöpft und unglücklich ich mich die ganze Zeit gefühlt hatte, auch wenn ich keinen besonderen Grund für mein Unglück sehen konnte.

Ich war unzufrieden mit mir selbst und mit dem, was ich in jüngster Zeit mit meinem Leben gemacht hatte. Die Zielstrebigkeit, die mir bisher so vertraut gewesen war, ein Ergebnis meiner Arbeit als Ärztin, hatte mich irgendwann verlassen, und ich musste mir traurig eingestehen, wie verloren und verwirrt ich mich seit geraumer Zeit fühlte. Ich wagte nicht, mich zu bewegen, aus Angst, mein Dämmerzustand könnte sich verflüchtigen. Ich wünschte, dieses schläfrige Gefühl würde ewig andauern und mich davontragen in einen Zustand des Vergessens, in dem es nichts gab, keine Menschen, keine Angst und keine Fragen, woher diese Angst kam.

Ich war dankbar für diese lang ersehnte Entspannung. Vielleicht war es doch gar nicht so dumm gewesen, hierher zu kommen, und vielleicht würde ich ja hier jemanden finden, einen ganz realen Menschen, der mir wie durch ein Wunder aus meiner Verwirrung heraushelfen könnte. Aus irgendeinem Grund war ich mir sicher, dass Wladimir nicht dieser Mensch sein würde, dass seine Hauptaufgabe darin bestand, durch die Welt zu reisen und seine Botschaft zu verbreiten. Zwar hoffte ich immer noch, ihn zu finden, aber die Vorfreude darauf, jemand anderen kennen zu lernen, jemanden aus Wladimirs Umfeld, vielleicht den Mann im Hintergrund, erwies sich als stärker.

Plötzlich hatte ich das Bild der kleinen, hochbetagten und doch vor Energie sprühenden Altai-Schamanin Umai vor Augen, die ich vor einigen Jahren in Sibirien kennen gelernt hatte. Damals hatte sie die tiefgreifendste Transformation meines Lebens ausgelöst und mir damit unglaublich geholfen. Seitdem war sie für mich der Maßstab für alle wesentlichen Begegnungen und Erfahrungen. In ihrem Schamanengewand, eine Trommel in der einen, eine angezündete Pfeife in der anderen Hand, tanzte Umai lebhaft durch meine Erinnerung. Während ich ihr Lächeln und ihren schelmischen Gesichtsausdruck vor mir sah, wurde ich immer gelöster.

»Hallo«, sagte eine Stimme zu meiner Linken. Langsam drehte ich mich um, ich sah nur das Gesicht des Mannes, der gesprochen hatte. Vor der verschwommenen Barkulisse hob es sich deutlich ab – es wirkte so realistisch, als gehörte es einer anderen Dimension an. Es war das Gesicht eines jungen Mannes mit feinen, vornehmen usbekischen Gesichtszügen. Er war ausgesprochen schön, mit großen, schwarzen Mandelaugen. Seine Augenbrauen waren so buschig, dass sie wie aufgeklebt wirkten, und sie ließen seinen wohlwollenden Blick noch intensiver erscheinen.

Sein Gesicht sah aus wie ein gemaltes Portrait – zu perfekt, um von dieser Welt zu sein. Ich schüttelte heftig den Kopf, um meine normale Wahrnehmung wiederzuerlangen. Es funktionierte, und gleich darauf sah ich einen jungen Mann in einem schwarzen T-Shirt und Blue Jeans, der an der Bar auf einem Hocker neben mir saß.

Er lächelte freundlich und schüchtern. Er war jünger als ich, vermutlich Mitte zwanzig. Jetzt sah er aus wie die anderen Leute von hier, die aus den Nachbarstädten in diese Bar kamen. Aber dennoch hatte er irgendetwas Besonderes an sich, etwas Geheimnisvolles lag in seinen tiefschwarzen Augen. Ich versuchte, all dem keine Bedeutung beizumessen, und erwiderte höflich sein Hallo in der Erwartung, dass unser Gespräch damit beendet war. Gerade wollte ich mich wieder meinem Tee widmen und meiner Entspannung hingeben, als er mit seinem Hocker näher rückte und mich offen und gut gelaunt anschaute.

»Wissen Sie, ich bin auch Heiler«, sagte er und fixierte mich, während er einen blauen Strohhalm in seinen Händen spielen ließ. Dann ließ er den Strohhalm in sein Glas gleiten, nippte an seinem Cocktail und lächelte mich an.

›Der ist doch wohl noch ein bisschen zu jung, um Menschen zu heilen‹, dachte ich irritiert. Gleichzeitig spürte ich, dass mich meine arrogante Reaktion auf diesen unaufdringlichen Menschen verwirrte.

Wahrscheinlich las er meine Verunsicherung und meine Zweifel an meinem Gesichtsausdruck ab. Er lächelte und wiederholte: »Ich bin ein sehr guter Heiler. Und ich glaube tatsächlich, dass Sie bisher bei all Ihren Bemühungen nicht an ein Hundertstel von dem herangekommen sind, was ich über das Heilen weiß.«

Das war eine dreiste und völlig unangebrachte Bemerkung. Ich musterte ihn etwas genauer. Vor lauter Verblüffung über sein Benehmen fiel mir gar nicht auf, dass er meinen Beruf kannte, dass er also irgendetwas über mich wissen musste. Er sah mich unverwandt an, aber die Freundlichkeit war aus seinem Gesicht gewichen. Jetzt war er es, der verwirrt schien von meiner Unfähigkeit, ihn auf der Stelle zu verstehen.

»Für wen halten Sie sich eigentlich?«, schleuderte ich ihm entgegen, fast atemlos vor Zorn, der mich plötzlich überwältigte, mein bisschen Entspannung zunichte machte und mir all meine Sorgen und meinen Kummer wieder vergegenwärtigte. Dieser Fremde, der das Pech hatte, zufällig in diesem Augenblick neben mir zu sitzen, bekam all meinen Ärger ab, weil er eine Grenze überschritten hatte.

»Wahrscheinlich sind Sie ein einheimischer Geist«, fügte ich hinzu. Dabei bemühte ich mich, meinen Sarkasmus mit dem abfälligsten Gesichtsausdruck zu unterstreichen, dessen ich fähig war. Ich hatte keine

Ahnung, warum seine Bemerkung eine derart heftige Reaktion bei mir ausgelöst hatte, und das frustrierte mich noch mehr.

Er legte seine Hand auf meine, und bevor ich dazu kam, sie abzuschütteln, geschah etwas, das mich völlig verblüffte.

Sein Gesicht hob sich jetzt erneut vom Hintergrund ab. Es strahlte eine lebendige Energie aus, die alles um ihn herum verblassen ließ. Sein Gesicht schwebte in der Luft vor mir, und die Art, mit der er mir direkt in die Augen starrte, machte mich völlig willenlos. Alle Geräusche waren gedämpft und kamen wie von weit her, als wäre ich unter Narkose.

›Und wenn er wirklich ein Geist ist?‹, sprang es mich aus meinem tiefsten Unbewussten an. Gleichzeitig war mir, als würde jemand in meinem Kopf über diesen Gedanken lachen. Dieses innere Zwiegespräch spielte sich jedoch nur am Rande meiner bewussten Wahrnehmung ab; diese war völlig auf seine schwarzen Mandelaugen fixiert. Sie schwebten vor mir hin und her und versetzten mich zunehmend in einen tiefen hypnotisierten Zustand.

Dann hörte ich ein Klatschen, und – als handelte es sich dabei um einen geheimen Befehl – seine Augen wurden größer und größer und vereinigten sich schließlich zu einem einzigen riesigen schwarzen Auge auf seiner Stirn, das mich an und durch mich hindurchsah. Es schien sich aus lauter rautenförmigen Mosaiksteinen zusammenzusetzen.

Die Zeit blieb stehen. Dieser Mann war wie ein Spiegel, der meine Aufmerksamkeit gefangen nahm und alle Bewegungen nutzlos und überflüssig erscheinen ließ. Seit dieser Blick auf mir ruhte, hatte ich keinen

Willen mehr, keine Wünsche und auch kein Ziel. Ich hatte meine letztendliche Bestimmung gefunden, und selbst das Atmen ergab keinen Sinn mehr.

Plötzlich spürte ich, wie jemand heftig meine Hand schüttelte. Dann, als mir bewusst wurde, dass mein Körper verzweifelt zu atmen versuchte, kehrte meine normale Selbstwahrnehmung wieder zurück. Ich musste so stark husten, dass es mir fast die Lunge zerriss. Mein Herz raste. Er ließ meine Hand los und schob fürsorglich die Teetasse zu mir hin. Der Tee war mittlerweile kalt und schmeckte merkwürdig, aber er stillte fast augenblicklich meinen Hustenreiz, sodass ich wieder sprechen konnte.

»Wer sind Sie, und warum tun Sie mir das an?« Meine Stimme kam mir eigenartig fremd vor, als würde sie von einem Tonband abgespielt.

Er betrachtete mich schweigend mit einer schüchternen Andeutung eines Lächelns. Doch dann brach er in lautes Lachen aus, und als er erneut seine Hand nach meiner ausstreckte, wäre ich fast vom Hocker gesprungen, aus Angst, er könnte mich noch einmal anfassen.

»Ich kenne Sie«, antwortete er immer noch lachend, ergriff mein Handgelenk und legte seine langen Finger um die Perlenkette, die Wladimir mir gegeben hatte.

»Was wissen Sie über mich?« Während ich diese Frage stellte, versuchte ich hektisch, aus einigen Einzelheiten ein vernünftiges Bild dieser merkwürdigen Begegnung zusammenzusetzen. Aber es ergab keinen Sinn.

»Ich weiß nichts über Sie. Aber ich *kenne* Sie.« Seine Antwort verhalf mir nicht wirklich dazu, die Situation, die mir entglitt, in irgendeiner Weise zu verstehen.

»Ich kenne Sie«, wiederholte er. »Und ich glaube, dass ich weiß, wonach Sie suchen.« Den letzten Satz sprach er ohne jeden anmaßenden Unterton aus. Aber dieser Satz berührte mich mehr als alles andere, was geschehen war.

Ich sah ihm mit höchstmöglicher Konzentration direkt ins Gesicht.

»Sie sollten mich nicht zu lange ansehen«, sagte er so beiläufig, als würde er mir vorschlagen, noch eine Tasse Tee zu trinken.

Ich betrachtete ihn mit noch größerer Aufmerksamkeit. Es hätte sehr zur Wiederherstellung meines inneren Gleichgewichts beigetragen, wenn ich hätte entdecken können, dass er verrückt war. Das würde sein seltsames Verhalten erklären. Also strengte ich mich an, kniff die Augen zusammen, und spulte eine Liste aller möglichen Diagnosen in meinem Kopf ab, aber frustriert musste ich mir eingestehen, was ich instinktiv bereits wusste. Dieser Mann, so merkwürdig er mir erschien, war mehr bei Verstand als die meisten Menschen, die ich kannte. Trotz seiner Warnung betrachtete ich weiterhin sein Gesicht. Er wirkte sehr jung. Gleichzeitig passte er irgendwie in meine Vorstellung von jemandem, der magische Kräfte besaß. In gewisser Weise war er sogar der perfekte Kandidat: geheimnisvoll, unberechenbar, ewig jung und völlig einsam.

Ich hatte den Eindruck, dass die Erfahrung, die er mich soeben hatte machen lassen, auf eine mir unbekannte und unglaublich starke Energie zurückzuführen war, die durch ihn hindurchströmte.

»Und warum? Warum soll ich Sie nicht zu lange anschauen?«

»Das gilt nur für die ersten paar Tage«, erwiderte er. »Danach werden Sie sich daran gewöhnt haben, in meiner Nähe zu sein.« Er hatte offensichtlich keine Lust, auf die Ironie in meiner Frage einzugehen.

»Und wie kommen Sie darauf, dass es diese Tage geben wird, an denen ich mich an die Macht Ihrer Blicke gewöhnen werde?« Ich konnte mich nicht zurückhalten.

»Weil Sie sich erst eingewöhnen müssen, bevor Sie das tun können, weswegen Sie wirklich hier sind.«

»Und das wäre …?«

»Sie wissen es selbst am besten.« Er stand abrupt von seinem Hocker auf, er wirkte müde und irgendwie enttäuscht. Er nahm Geld aus seiner Hosentasche, legte es auf den Tresen und folgte dem Barkeeper mit den Augen, um sich zu vergewissern, dass der es bemerkt hatte. Mir war klar, dass er im nächsten Augenblick gehen würde, ohne ein weiteres Wort zu sagen. Plötzlich fühlte ich mich ganz elend, als hätte ich ihn verletzt, obwohl ich keine Ahnung hatte, was ich falsch gemacht hatte. All die unerwarteten Gefühle, die er in mir ausgelöst hatte, verdeutlichten mir, wie unausgeglichen ich war, und ich fühlte mich unwohl dabei. Ich wollte ihm etwas Nettes sagen, um das Gespräch auf angenehme Weise zu beenden, aber mein Kopf sagte mir, dass ich diesem Mann nicht erlauben durfte, mich noch weiter zu manipulieren.

Er wandte sich zum Gehen, zögerte, drehte sich um und lächelte mich an. Erneut berührte er mein Handgelenk, fasste die Perlenkette an und fragte: »Ihr *Tschotki* gefällt mir, meinen Sie, Sie könnten es mir geben?«

Behutsam, um die dünne Schnur nicht zu zerreißen,

wickelte ich die Perlenkette von meinem Handgelenk. Ich handelte, ohne zu überlegen. Plötzlich war ich hundemüde und wollte diese Begegnung nur noch zu Ende bringen, und zwar angenehm.

Ich reichte ihm die lange Kette, und hatte gleichzeitig das Gefühl, ihm damit meine eigene Sicherheit anzuvertrauen.

Mit einer anmutigen Bewegung legte er sich die Kette um den Hals und bedankte sich bei mir mit einem leichten Kopfnicken.

»Sie können mich morgen Mittag in der *Tschaichana* treffen, im örtlichen Teehaus. Es ist nicht weit von hier, in Fußnähe. Ich werde Ihnen einige Dinge zeigen.«

Dann wandte er sich ab und verließ den Raum, ohne sich noch einmal umzublicken.

Kapitel fünf

Den ganzen Vormittag verbrachte ich in meinem Hotelzimmer. Das Telefon weigerte sich beharrlich zu klingeln, und ich hatte keine Nummer, die ich hätte anrufen können, um der quälenden Stille und meiner Ungewissheit ein Ende zu bereiten.

Irgendwann nahm meine Nervosität überhand, und ich konnte die Anspannung nicht länger ertragen. Es war ermüdend, in diesem kleinen Zimmer auf Gottweiß-was zu warten. Ich brauchte frische Luft, ich musste meine Ängste beschwichtigen.

Ich kann mich nicht mehr genau daran erinnern, was mich veranlasste, die *Tschaichana* aufzusuchen. Vielleicht redete ich mir selbst einen rationalen Grund für dieses irrationale Verhalten ein. Vielleicht folgte ich auch einem spontanen Impuls, der mich die hundert Meter vom Hotel zu dem kleinen einstöckigen Haus aus Lehmziegeln zurücklegen ließ. Der Hotelangestellte hatte mir auf meine Frage nach der *Tschaichana* das weiß gekalkte Haus gezeigt.

Ich weiß noch, wie ich in der Tür stehen blieb, bevor ich in den kleinen Gastraum des Teehauses trat. Daran und an alles, was danach geschah, erinnere ich mich wie an einen Traum, den ich noch immer ungewöhnlich lebendig vor Augen habe. Die winzigen Fenster waren zur Hälfte verhängt mit geblümten Vorhängen, der Raum wirkte dunkel und gemütlich. Massive Holztische standen vor Bänken mit bunten Stoffkissen, auf denen die Gäste sitzen und nach traditioneller Art ihren Tee trinken konnten. Einige alte Usbeken hockten um einen Tisch herum und unterhielten sich leise. Es gab auch eine Reihe moderner Plastiktische mit leichten Stühlen. Dieser Bruch mit der Tradition war vermutlich den häufigen Besuchen von Hotelgästen zu verdanken.

Zu dieser frühen Stunde war das Teehaus fast leer. Der Mann, den ich am Vortag getroffen hatte, saß an einem der modernen Tische, den Blick abgewandt. Als ich mich ihm näherte, drehte er sich langsam zu mir um, und ein Lächeln huschte über sein Gesicht. Er trug ein weißes Baumwollhemd mit langen Ärmeln, die er bis zu den Ellbogen aufgerollt hatte. Er hatte das Hemd bis zur Brust aufgeknöpft, und ich sah, dass Wladimirs *Tschotki* immer noch um seinen Hals hing. Das *Tschotki* erinnerte mich an den Grund meines Kommens, und ich trat selbstbewusst an den Tisch.

Er erhob sich kurz zur Begrüßung, und ich nahm ihm gegenüber Platz. Die Andeutung eines Lächelns spielte um seinen Mund, aber die dunklen Augen betrachteten mich ernst.

»Hallo«, sagte er, und bevor ich seinen Gruß erwidern konnte, fügte er hinzu: »Sie sehen heute merkwürdig aus.«

›Na großartig‹, hörte ich meine innere Stimme, ›der verrückteste Typ, der mir je begegnet ist, erzählt mir, dass ich merkwürdig aussehe.‹

Ich versuchte mir ins Gedächtnis zu rufen, welches Bild ich heute Morgen im Spiegel gesehen hatte. Ein schwarzes, langärmeliges T-Shirt, eine graue Strickhose, ein Geldgürtel, weiche Lederstiefel mit folkloristischer Stickerei, blondes Haar, zu einem Pferdeschwanz zusammengebunden, leicht gebräunte Haut und ein müdes Gesicht. Nichts Merkwürdiges.

Er sah mich an, auf irgendetwas konzentriert. Dann schaute er sich im Raum um, und ich folgte seinem Blick. Plötzlich hatte ich an diesem eigenartigen Ort mit all seinen Anzeichen usbekischer Kultur und dem leisen Gesang einer usbekischen Männerstimme im Hintergrund mein eigenes Bild im Hotelspiegel vor Augen und verstand auf der Stelle, was der Mann mir gegenüber gemeint hatte. Die Männer, die in ihren warmen Steppmänteln auf den geschnitzten Holzbänken saßen, die exotischen Gerüche, der einschläfernde Rhythmus des Liedes, die ungewöhnlich warme Luft zu dieser frühen Stunde – nichts davon war hier fremd. All dies war hier und gehörte hierher, während ich wie ein Fremdkörper wirkte. Ich sah tatsächlich merkwürdig aus, und zwar, weil ich diejenige war, die hier nicht zu Hause war. Aber diese Einsicht verunsicherte mich nicht, sie bewirkte, dass ich das Gefühl hatte, auf festem Boden zu stehen. Ich schüttelte leicht den Kopf und schaute den Mann unverwandt an.

»Ich bin Michael«, sagte er und trank einen Schluck Tee aus einer *Piala*, einer flachen Schale, die er vorsichtig mit beiden Händen hielt. »Und ich weiß, dass Sie Olga heißen«, fügte er hinzu, bevor ich mich vorstellen konnte.

Dass er meinen Namen kannte, rief mir wieder die Frage in Erinnerung, die ich mir am Vorabend gestellt hatte, nachdem er die Bar verlassen hatte. Woher konnte er von meinem Beruf wissen? Was wusste er sonst noch über mich? Das Sinnvollste wäre gewesen, ihn zu fragen, ob er mit Wladimir in Verbindung stand und von diesem Informationen über mich bekommen hatte. Aber irgendwie war mir nicht danach, schon jetzt mit ihm über Wladimir zu sprechen. Mein Gedankenaustausch mit Michael schien sich auf einer Ebene zu entwickeln, die völlig verschieden war von meiner normalen Realität (oder zumindest wollte ich das gerne so sehen). Unbewusst weigerte ich mich, einen Zusammenhang zwischen Michael und Wladimir herzustellen, um den Zauber nicht zu zerstören. Rückblickend glaube ich, dass Michael selbst auch nicht daran interessiert war, mir gegenüber die Art seiner Beziehung zu Wladimir zu enthüllen. Vielmehr ging es ihm wohl darum, meine Beklemmung und Verwirrung zu schüren, um sein Ziel zu erreichen; dieses Ziel war mir zu jener Zeit noch gänzlich unbekannt.

»Wie viel wissen Sie über mich, Michael?«, fragte ich, um einen möglichst beiläufigen Tonfall bemüht.

»Eigentlich nichts, und gleichzeitig fast alles.«

»Wollen Sie mir erklären, was Sie damit meinen?«

»Nein.« Die Sachlichkeit der Antwort ließ sie zwar weniger barsch, aber irgendwie beängstigend klingen.

»Und wenn ich Sie bitten würde, es mir zu erklären, würden Sie es dann tun?«

»Ich könnte es, aber Sie würden es nicht verstehen. Meine Erklärungen bewegen sich nicht in dem Teil der Realität, in dem nur dem äußeren Schein eine Bedeutung zugemessen wird, und Sie würden eine Antwort erwarten, die sich auf diese Realität bezieht.«

»Können Sie mir *Ihre* Art der Antwort geben?«

»Stellen Sie Ihre Frage noch einmal.«

»Erzählen Sie mir bitte mehr davon, was Sie über mich wissen.«

»Zunächst einmal kann ich Ihnen sagen, warum Sie so bestrebt sind, in unserer Begegnung einen Sinn zu sehen. Sie haben das Gefühl, noch nicht alle Teile des Bildes zu kennen, und deshalb können Sie das alles nicht als etwas Angenehmes und Bekanntes einordnen. Solange Sie nicht alle Teile kennen, fühlen Sie sich verunsichert, gestresst, womöglich sogar bedroht. Sie suchen nach den fehlenden Details, um Ihre Ängste und Ihr Unbehagen aufzulösen. Aber das ist genau das Gegenteil von dem, was Sie brauchen. Was Sie gerade durchmachen, während Sie mir zuhören, Ihre zunehmende Beklemmung und Unruhe, all das ist Ihre einzige Hoffnung, aus dem Dilemma herauszukommen. Sie müssen Ihr unangenehmes Gefühl nicht auflösen. Sie müssen es beschleunigen und ihm nachgehen.«

Ich bemerkte, dass mein Bein, das ich über das andere geschlagen hatte, immer schneller und nervöser ausschlug, während wir uns unterhielten. Mir war, als würde sich ein kleines, wütendes, katzenartiges Tier nervös in mir winden, hinter meinem Brustbein von innen an mir kratzen und jeden Augenblick herausspringen, um den Mann, der diese Welle der Verunsicherung hervorrief, zu beißen.

Ich holte tief Luft und versuchte, meine innere Unruhe zu überwinden und Michael zuzuhören, ohne ihn zu unterbrechen. Und wieder spürte ich, dass seinem durchdringenden und konzentrierten Blick keine meiner Reaktionen verborgen blieb. Michael lächelte und fuhr fort.

»Gut so. Sie werden leicht wütend. Das ist gut. Sie müssen es noch stärker empfinden. Denn wenn Sie es nicht tun, dann haben Sie nur die Alternative, wieder in dieses dunkle, stille Loch zurückzufallen, in dem Sie bis zum heutigen Zeitpunkt gehaust haben. Sie dürsten nach Sinn wie ein Erstickender nach Sauerstoff, nur damit Sie etwas haben, womit Sie wieder in Ihren tiefen Brunnen abtauchen können, der gefüllt ist mit Depressionen. Der Brunnen umgibt Sie wie eine Wolke, verschließt Ihre Augen und Ohren und betäubt ihre Gefühle, bis Sie eine ganz bestimmte, grundsätzliche Wahrheit nicht mehr zu erkennen und ein ganz bestimmtes Gefühl nicht mehr zuzulassen brauchen. Mit allen Raffinessen versuchen Sie, dieses Gefühl zu vergraben. Es ist ein ganz einfaches Gefühl: Man nennt es Schuld. Sie wollen sich nicht schuldig fühlen.«

Die dünne Membran, die meine Wut zurückgehalten hatte, zerplatzte. Meine Sicht verdüsterte sich und ich merkte plötzlich, wie unglaublich geladen ich war. Heftig keuchend sprang ich auf. Ich starrte ihn an, wie er da vor mir saß und entspannt lächelnd die *Piala* zwischen seinen Händen hielt. Ich fühlte mich beleidigt und erniedrigt, gleichzeitig war ich überwältigt von der unerwarteten Intensität meiner Reaktion, die dieser Mann ausgelöst hatte. Und ich wusste nicht, was ich als Nächstes tun sollte.

»Setzen Sie sich«, sagte er ganz ruhig. »Ich habe Ihnen noch mehr zu sagen.«

Während ich mich langsam auf die Stuhlkante setzte, bemerkte ich, wie Michael dem Koch des Teehauses etwas signalisierte. Er hatte in der Nähe gestanden und so getan, als würde er unser Gespräch nicht hören. Zum Zeichen, dass er verstanden hatte, neigte er den Kopf und ging in die Küche.

»Hören Sie mir zu. Ich kenne nicht den Grund für Ihre Depression und Ihr Schuldgefühl. Es geht mir nicht um Bedeutung und Inhalt, wenn ich mit Menschen kommuniziere. Ich spüre die Energie. Ich sehe, wie sie fließt, wo sie langsamer wird, wo Hindernisse sind, wo sie sich im Kreis dreht und Knoten in der Dynamik eines Lebens produziert – Knoten, die einen schließlich töten können. Wenn Sie sich Ihrer Depression unterwerfen, verraten Sie Ihre Energie und geben sie auf. Aber es gibt immer Kräfte um Sie herum, die diese Energie benutzen wollen. Wenn Sie sich weigern, den schmerzhaften Kloß mit mir zu erforschen, wird er sich in Ihnen verfestigen und Sie um Ihre wirkliche Gabe bringen – die Gabe zu heilen. Sie werden nicht mehr in der Lage sein, Menschen zu heilen, wenn Sie sich weigern, sich selbst zu heilen. Sie müssen mir vertrauen.«

Seine Worte klangen überzeugend. Ich beruhigte mich allmählich. Zu viele unterschiedliche Impulse stürmten auf mich ein. Ich hatte nicht die Kraft, sie zu ordnen, und war geneigt, die am wenigsten anstrengende Alternative zu wählen und ihm einfach zu vertrauen.

Der Koch, der einen langen, grauen Steppmantel trug und eine weiße Küchenschürze über seinen gewaltigen Bauch gebunden hatte, kam aus der Küche mit zwei tiefen Tellern, gefüllt mit heißem und appetitlich duftendem *Polow*, einer traditionellen Speise aus Fleisch, Reis und Kräutern, die in einem besonderen Topf gekocht wird. Er stellte jedem von uns einen Teller hin.

»Danke, aber ich habe keinen Hunger«, sagte ich.

»Sie sind eingeladen«, sagte der Koch leise, und mir war klar, dass er es als Beleidigung ansehen würde, wenn ich nicht wenigstens probierte.

»Danke«, sagte ich noch einmal und sah mich nach Messer und Gabel um.

»Nein, wir essen es so«, sagte Michael lachend und kopfschüttelnd.

Er legte seine langen, zierlichen Finger zusammen, als setzte er dazu an, ein Musikinstrument zu spielen, und nahm eine Portion Reis mit Fleisch von seinem Teller. Dann formte er daraus mit einer leichten Bewegung seiner Fingerspitzen ein Bällchen, schob es sich genüsslich in den Mund.

Mir blieb nichts anderes übrig, als seinem Beispiel zu folgen. Ich nahm den kleinsten und trockensten Reisklumpen und als ich davon kostete, entfaltete sich ein überwältigendes Aroma. Es war, als hätte ich noch nie zuvor eine Mahlzeit so intensiv genossen.

Michael fuhr beharrlich fort. »Wenn Sie es zulassen, dass Ihre Verletzungen sich in Ihrem Gedächtnis wie ein ungelöster Knoten festsetzen, wird dieser zu einem Brutkasten, in dem ein hungriger böser Dämon sich erneuert und ernährt, ein Dämon, der seit vielen Generationen in der genetischen Gedächtniskette Ihrer Vorfahren nur auf diese Chance wartet. Er wird sich aus dem kollektiven Gedächtnis Ihrer Vorfahren erheben und ein eigenes Leben als Dämon der Angst zu führen beginnen. Er wird Ihr Leben vergiften.«

Die Erwähnung der Dämonen der Angst rief mir Wladimirs Vortrag in Nowosibirsk in Erinnerung. War es möglich, dass Michael zur Gruppe um Wladimir gehörte? Meine gemischten Gefühle verwandelten sich in Erregung und Hoffnung.

»Ich kenne jemanden. Ich habe ihn in Sibirien kennen gelernt. Seinetwegen bin ich hierher gekommen, und von ihm habe ich diese Adresse. Er heißt Wladimir. Er hat mir von den Dämonen des Traumas erzählt. Kennen Sie ihn? Arbeiten Sie mit ihm zusammen?«

»Ich kenne hier niemanden dieses Namens«, war seine enttäuschende Antwort. Michael log nicht. Wladimirs usbekischer Name lautete anders. Nur auf seinen Reisen durch Russland nannte er sich so, in Samarkand kannte ihn niemand als Wladimir. Doch damals wusste ich das natürlich nicht, und ich fühlte mich von neuem verunsichert. »Und ich glaube auch nicht, dass Sie seinetwegen hierher gekommen sind. Aber eins nach dem anderen. Ich will Ihnen noch mehr erzählen.« Die Art, wie er das Gespräch über Wladimir abschloss, ließ mir keine Chance, irgendwelche Anhaltspunkte von ihm zu bekommen. Ich seufzte.

»Es geht um Folgendes. Wenn Sie kein Bewusstsein haben von den Dämonen des Traumas, wie Sie sie nennen, oder Gedächtnisdämonen, wie ich sie nennen werde, gelingt Ihnen eine Heilung nur zufällig, ohne dass Sie verstehen, was Sie tun, oder Sie verschaffen dem Patienten lediglich eine vorübergehende Erleichterung, die nicht lange vorhält. Wenn Sie tatsächlich heilen wollen, müssen Sie begreifen, was jene Dämonen antreibt. Sie müssen lernen, sie zu erkennen und zu jagen, Sie müssen stark genug werden, den Kampf gegen sie zu gewinnen. Ich kann Ihnen all das beibringen. Aber ich werde Sie um eine Gegenleistung bitten.«

Seine tiefe, leise Stimme berührte mich sehr, sie umfasste viele unterschiedliche Schwingungen. Die Art, wie er redete, wie er aß, sich mit seinen dunklen intensiven Augen umsah, war ganz anders als alles, was ich bisher kennen gelernt hatte. Er vermittelte den Eindruck von jemandem, der mit beiden Füßen fest auf dem Boden stand, reich an erdverbundener Erfahrung. Aber gleichzeitig hatte ich das Gefühl, mit jemandem zu reden, der nicht von dieser Welt war, mit jemandem, der umgeben war von starken kosmischen Schwingungen, die ihre Signale durch ihn aussandten – nur leider konnte ich diese Signale nicht verstehen.

Ich fragte mich, um was in aller Welt er mich bitten würde.

»Heilung.« Ich war mir fast sicher, dass er meine unausgesprochene Frage gehört hatte.

»Als Gegenleistung werde ich Sie bitten, an einem Heilungsritual teilzunehmen und jemandem zu helfen, der dringend darauf angewiesen ist. Es dürfte Ihnen nicht schwer fallen.«

»Also gut, ich kann meinen Aufenthalt hier um ein paar Tage verlängern. Vielleicht finde ich ja auch Wladimir.«

Michael lächelte weise, als hätte er jemanden beim Schummeln erwischt.

»Gut. Dann fangen wir an. Gehen wir zum Bazar.«

Dieser Vorschlag kam ziemlich unerwartet, aber ich wusste, dass der Bazar von Samarkand in der Nähe einer der architektonischen Sehenswürdigkeiten der Stadt lag, und ich freute mich darauf, einen einheimischen Führer zu haben. Ich willigte gern in seinen Vorschlag ein.

Von der *Tschaichana* waren es zehn Minuten zu Fuß durch sonnige grüne Straßen zu dem alten Stadtviertel, in dem der Bazar lag. Schon von weitem entdeckte ich die wunderschönen türkisblauen Kuppeln der Bibi-Khanum-Moschee, die vor langer Zeit von Timur erbaut worden war, dem König des »Spiegels der Welt«, wie Samarkand seinerzeit genannt wurde. Timur war einer der großen Herrscher Samarkands, der westlichen Welt als der stolze Tyrann Tamerlan, der Lahme, bekannt.

Ich hielt mich dicht hinter Michael, der mich durch die Menschenmenge zum Eingang des Bazars führte. Ich bemühte mich, mit seinem leichtfüßigen Tempo Schritt zu halten, um ihn nicht zu verlieren. Obwohl ich mir nicht die Zeit nahm, die Schönheit der Moschee zu betrachten, spürte ich ihre machtvolle Ausstrahlung. Ihre leuchtend blauen Kuppeln standen dem strahlenden Blau des Himmels in nichts nach, und die faszinierenden Legenden, die sich um ihren Bau rankten, schienen nicht länger phantastische Märchengeschichten zu sein, sondern Teile einer historischen Wahrheit, die im Umfeld einer solch machtvollen Moschee entstehen.

Khanum, Timurs Lieblingsfrau, einer Überlieferung zufolge eine chinesische Prinzessin, laut einer anderen Tochter des Mongolen-Khan, hatte beschlossen, diese riesige Moschee errichten zu lassen, um ihren Gatten bei der Rückkehr von der Eroberung Indiens zu überraschen. Der geniale Architekt der Moschee, ein junger persischer Sklave, konnte den Bau nicht vollenden, da er der Schönheit Khanums verfiel. Nur ein Kuss der Herrscherin würde ihm die Kraft verleihen, die Moschee rechtzeitig fertig zu stellen. Kurz vor der Rückkehr Timurs musste nur noch ein Bogen gebaut werden, und nur ein Kuss trennte Khanum von ihrem Ziel, ein Kuss, den sie dem Architekten schließlich gewährte. Aber die Leidenschaft dieses Kusses hinterließ auf Khanums schönem Mund eine Narbe, und ihr zornentbrannter Gemahl bestrafte sie in eben dieser Moschee mit dem Tode.

Als wir den Bazar betraten, fielen mir eine Reihe hintereinander hängender schwerer Orientteppiche auf. Michael ging vor mir her und bahnte uns den Weg durch die Teppiche. Mit ihren kunstvollen Mustern erschienen sie mir wie antike Vorhänge, und hinter jedem öffnete sich ein verborgener Raum. Meine Eindrücke des Bazars vermischten sich mit dem Lärm von klirrendem Metall, dem Gackern von Hühnern in rostigen Käfigen und dem Brutzeln von Fleisch in riesigen Bratpfannen. Der beißende Geruch von Kräutern, die in bunte Beutel verpackt waren, die üppige Fülle an Lebensmitteln, die heiße Luft, der entfernte Klang einer Trommel – all das zog mich tiefer in den Bann dieser faszinierenden Welt. Ich gab es auf, Michael im Auge behalten zu wollen. Stattdessen ging ich einfach weiter durch die Reihen der Teppiche und leuchtenden Stoffe, durch ein Meer von Früchten, vorbei an vergnügten Gesichtern. Irgendwann sah ich Michael auf einem kleinen Platz stehen und auf mich warten.

Inmitten der vielen anderen Gesichter und bei Tageslicht sah er auf einmal ganz anders aus. Er wirkte europäischer, schmaler, und ich entdeckte weniger mongolische Merkmale in seinen Zügen. Vielleicht hatte er tadschikisches Blut in seinen Adern. Als Nachfahren indo-europäischer Nomaden, die vor Tausenden von Jahren in das Gebiet von Samarkand eingefallen waren, wiesen die Tadschiken europäische Gesichtszüge auf, die sich nicht mit mongolischen Einflüssen vermischt hatten.

»Sie kennen doch die Geschichte von Bibi Khanum?« Es war eigentlich keine Frage. Irgendwie wusste Michael, dass ich die Geschichte kannte.

»Nicht sie hat die Moschee bauen lassen, sondern Timur selbst«, fuhr er fort. »Aber er errichtete sie nicht für seine Lieblingsfrau, sondern zu einem anderen Zweck. Es ging ihm um Ausgleich. Er wusste, dass die einzige Macht, die auf Dauer aufrechterhalten werden konnte, eine Macht war, die sich im Einklang mit der Erde befand. Und er war besessen davon, seine Macht zu erhalten. Also musste er für seine Macht einen Ausgleich herstellen. Er musste überall dort, wo er mit seinen Eroberungen die Dämonen des Traumas herbeigerufen hatte, über das Medium Erde mit diesen Dämonen arbeiten.

Aber er war nicht der Erste. Es gab zwei weitere Männer, die über die Jahrhunderte mit Samarkand und so auch miteinander verbunden waren: Alexander der Große und Dschingis Khan. Dann kam erst Timur. Dieses Land wurde zum Schlachtfeld nicht nur für deren Soldaten, sondern ebenso für die inneren Dämonen der drei Herrscher. In Samarkand hat jeder von ihnen die wesentliche Transformation durchlaufen, die das Schicksal ihres Lebens nach dem Tod bestimmen sollte. In diesem Land lernten sie ihre Dämonen kennen, und für alle drei kam hier der Wendepunkt in ihrer Geschichte.«

Eine Zeit lang sah Michael mich schweigend an.

»Das ist faszinierend. Erzählen Sie weiter.« Ich konnte es kaum erwarten, dass er mit seiner Geschichte fortfuhr.

»Die Grundvoraussetzung, um Gleichgewicht herzustellen, ist die Fähigkeit, die Beschaffenheit der Umgebung zu erkennen. Jeder Ort hat seine eigene Bestimmung. Das Haus ist ein Ort zum Leben. Das Schlachtfeld ist ein Ort zum Kämpfen. Ein Mausoleum wird gebaut, um als Haus der Toten zu dienen. Wir sind jetzt auf dem Bazar, und ein Bazar ist ein Handelsplatz. Sie können hier kaufen und verkaufen. Aber Sie können hier nicht einfach so Geschichten erzählen.

Wenn Sie möchten, dass ich Ihnen diese Geschichte erzähle, müssen Sie sie mir abkaufen. Und da heute ein guter Tag für den Handel ist, werde ich sie nicht billig verkaufen. Aber wenn Sie warten, bis wir an den Ort kommen, der für das Geschichten Erzählen vorgesehen ist, bekommen Sie sie umsonst.«

»Dann warte ich doch lieber.«

»Das habe ich mir gedacht.« Michael lächelte wieder. »Gehen wir weiter.«

Wir schoben uns noch etwa hundert Meter vorbei an bunten Verkaufsständen, bis wir unvermittelt das Ende des Bazars erreichten und ins Freie auf einen großen Platz gelangten. Dort gab ein Wanderzirkus inmitten einer großen Menschenmenge seine Vorstellung. Zwischen zwei hohen, im Boden verankerten Pfosten war ein dickes Seil gespannt. Auf einer der kleinen Plattformen, die auf den leicht schwankenden Pfosten angebracht waren, warteten zwei Artisten auf einen dritten, der gerade zu ihnen hochkletterte.

Ich schaute den Vorbereitungen für eine gefährliche Darbietung so gebannt zu, dass ich nicht bemerkte, wie ich Michael in der Menge verlor. Es gab kein Netz für die Akrobaten, und die Konstruktion der beiden Pfosten mit dem hoch über dem Boden gespannten Seil wirkte zu unstabil, um drei erwachsene Männer sicher tragen zu können.

Ein paar andere Artisten am Boden unterhielten das Publikum. Sie machten Musik, rissen Possen, erzählten Witze in der Landessprache und machten Ansagen, die ich nicht verstand. Ich fühlte mich an Kindheitserlebnisse erinnert. Zwar hatte ich noch nie einen Wanderzirkus gesehen, doch inmitten der vielen aufgeregten Kinder, die ungeduldig auf den Beginn der

Vorführung warteten, kam ich mir auf einmal selbst wie ein Kind vor.

Ich betrachtete die Gesichter der Erwachsenen um mich herum. Auch sie wirkten sehr kindlich; selbst den alten Usbeken, die auf ihren niedrigen Stühlen saßen und Pfeife rauchten, war hinter ihren blinzelnden Augen die Aufregung anzusehen.

Eine Frau mittleren Alters in einem traditionellen, gestreiften Seidenkleid, die auf der gegenüberliegenden Seite des Platzes stand, winkte mir zu. In der Hand hielt sie ein Tamburin, das sie im Rhythmus der Zirkusmusik schlug. Als ich ihr Lächeln erwiderte, bedeutete sie mir, ich solle näher kommen.

Neugierig darauf, was sie von mir wollte, ging ich zu ihr. Sie bückte sich und holte ein *Nan* aus ihrer Tasche, ein frisch gebackenes, weißes Fladenbrot. Als sie es mir reichte und der Duft mir in die Nase stieg, begriff ich, warum das Aroma von frischem Brot über dem ganzen Bazar lag. Diese Art Brot wurde an jeder Ecke verkauft, und die Luft war erfüllt von seinem appetitlichen Duft.

Ich musste an eine Geschichte denken, die von Timur überliefert ist. Er hatte ständig seine Bäcker gewechselt, um einen zu finden, der in der Lage war, ein Brot zu backen wie das *Nan* aus seinem geliebten Samarkand. Die Bäcker mussten ihn auf seinen Feldzügen begleiten. Irgendwann gab er es jedoch auf, nachdem er begriffen hatte, dass weder die Bäcker das Problem waren noch die Zutaten, die sie benutzten – es war die Luft von Samarkand, die dem Brot seinen unvergesslich köstlichen Geschmack verlieh. Von da an ließ sich Timur das Brot auf dem Schiffsweg direkt aus Samarkand in seine Quartiere schicken.

Und jetzt reichte mir die Frau aus Samarkand wunderschönes weißes *Nan*, und ich konnte weder seinem Duft noch ihrem Lächeln widerstehen.

»Wie viel kostet es?« Ich wollte schon meinen Geldgürtel öffnen, um die Rubel herauszuholen, als sie mich abrupt unterbrach.

»Nein! Nein! Kein Geld. Das Brot ist ein Geschenk für Sie. Sie sind in Begleitung des *Tschiltan*. Der *Tschiltan* ist im Bazar. Heute ist so ein großartiger Tag. So ein guter Tag für den Handel. Nehmen Sie das Brot als Geschenk.«

Verwirrt nahm ich das *Nan* an, dazu eine Plastiktüte, in der ich es tragen konnte.

»Danke.« Aber bevor ich dazu kam, sie zu fragen, was sie damit gemeint hatte, ich sei in Begleitung des *Tschiltan*, verkündeten laute Fanfaren den Beginn der Vorstellung, und alle Köpfe wandten sich gen Himmel.

Ein Mann stand auf dem Drahtseil, auf den Schultern eine lange, schwere Stange, die er mit den Händen in Balance hielt. Die beiden anderen Männer hockten in kleinen Sitzen an den Enden der Stange, die sich leicht auf und ab bewegten, als der Seiltänzer die ersten Schritte weg von seiner Plattform machte. Die Menge erstarrte. Die Kinder hörten auf herumzutollen, alle Gespräche verstummten, nur ein Tamburin und eine Flöte spielten im Rhythmus der Schritte, mit denen sich der Artist hoch über unseren Köpfen immer weiter von seinem sicheren Platz entfernte. Er machte kleine Schritte, seine Last wirkte sehr schwer, und er hatte noch fast das ganze Drahtseil vor sich, bevor er wieder sicheren Boden unter den Füßen haben würde.

Er hatte keine Eile. Ich konnte weder sein Gesicht sehen noch die Gesichter der Männer, die er trug. Ich sah nur seinen entspannten Rücken, sein goldfarbenes Seidenhemd und seine rote *Tubetejka*, eine kunstvoll bestickte Mütze. Von meinem Platz aus wirkte der zweite Pfosten höher als der erste, sodass ich den Eindruck hatte, der Seiltänzer stiege aufwärts, mit kleinen Schritten direkt in den Himmel, der mit den Kuppeln der Moschee um das schönere Blau wetteiferte.

Dieser Akrobat kannte seine Kraft. Er wusste genau, wie viel Energie er in jeden Schritt stecken musste, um das andere Ende des Seils erreichen zu können. Seine Schritte waren so präzise ausbalanciert, dass ich irgendwann das Gefühl verlor, er sei in Gefahr. Er war ein großartiger Artist. Er wusste, wie man über ein Drahtseil geht. Aber als ich meinen Blick den beiden anderen zuwandte, die mit den gleichen goldenen Hemden bekleidet ruhig am Ende der waagerechten Stange saßen, überkam mich wieder die Angst. Ich spürte, dass die Menge fasziniert war von diesen beiden, die keine Möglichkeit hatten, sich zu schützen, und demjenigen, der sie trug, vertrauen mussten. Sie konnten seine Bewegungen nicht sehen. Sie blickten starr geradeaus und warteten darauf, dass er seinen nächsten Schritt tat.

Es verging eine ganze Weile, da er sich langsam bewegte, aber als er schließlich ruhig und entschlossen auf die Plattform am anderen Ende trat, hatte ich das Gefühl, ich sei diejenige, die er sicher über das Seil zum Himmel getragen hatte. Die Menge brach in Beifallsstürme aus. Die Artisten verneigten sich schweigend, kletterten behende die Pfosten hinunter und sprangen einer nach dem anderen auf den Boden. Die Frau mit dem Tamburin stand immer noch in der Nähe. Ich nutzte die Pause, um sie zu fragen.

»Entschuldigen Sie, aber können Sie mir sagen, wer der *Tschiltan* ist?«

Sie sah mich schockiert an, als hätte ich mich in aller Öffentlichkeit für verrückt erklärt.

»Sie sind in Begleitung des *Tschiltan* und wissen nicht, wer er ist?« Sie schien ihren eigenen Worten nicht glauben zu können. »Sie sind vielleicht seltsam«, war das Einzige, was ihr noch einfiel.

Das hatte ich schon einmal gehört. Ich dachte an Michael und überlegte, ob die Worte der Frau etwas mit ihm zu tun haben könnten. Aber mir blieb keine Zeit, ihr noch etwas zu entlocken, denn plötzlich wurde mir klar, dass ich Michael in der Menge verloren hatte. Fieberhaft suchte ich ihn zwischen den vielen Gesichtern. Er war nirgends zu sehen. So sehr ich mich auch bemühte, ich konnte ihn nicht entdecken.

Wahrscheinlich war er gegangen. Er hatte vermutlich bemerkt, dass ich ihm nicht mehr aufmerksam gefolgt war, und war weggegangen. Es wunderte mich, wie traurig dieser Gedanke mich machte. Die Vorbereitungen für die nächste Vorstellung versetzte die Menge schon in Aufregung, aber ich war nicht mehr daran interessiert. Mir tat es Leid, dass ich Michael aus den Augen verloren hatte.

Die Menge applaudierte frenetisch, als ein weiterer Akrobat, ein junger Mann, fast noch ein Kind, den Pfosten hinaufkletterte. Als ich zu ihm hinüberschaute, sah ich Michael umringt von Artisten neben dem Pfosten stehen, einen kleinen Jungen auf den Armen. Er hatte seinen Blick auf mich gerichtet, und da begriff ich, dass er mich die ganze Zeit beobachtet und keinen Moment aus den Augen gelassen hatte. Erleichtert lächelte ich ihn an und blickte wieder nach oben.

Der Junge befand sich schon in der Mitte des Drahtseils, wo er mit einer Leichtigkeit tanzte und sprang, als hätte er festen Boden unter den Füßen.

Die Musik wurde lauter. Die Artisten tanzten unter dem Seil gemeinsam mit dem in der Luft herumspringenden Jungen, der über das Seil zu fliegen schien, von unsichtbaren Händen gehalten. Das Publikum sang und klatschte im Rhythmus der Musik, die Menge jubelte. Dann brach die Musik plötzlich ab. Ein Raunen ging durch die Menge, und schließlich wurden alle still. Schweigend standen die Leute da, die Köpfe nach oben gereckt, den Blick starr auf den Jungen gerichtet, der regungslos auf dem Seil verharrte, das Gesicht dem Publikum unter ihm zugewandt, die Augen geschlossen. Die schmächtige Gestalt in dem goldfarbenen Hemd und der eng anliegenden schwarzen Hose sah aus wie ein in den Himmel gemaltes Bild vor dem strahlend blauen Hintergrund der hohen Kuppeln von Bibi Khanums Moschee.

Der Junge breitete die Arme aus, öffnete die Augen, lächelte den Menschen unter ihm zu, sprang plötzlich mühelos und elegant vom Drahtseil ab und flog mit dem Kopf vornüber nach unten. Die Leute hielten vor Schreck den Atem an. Der Junge flog vorbei an den Kuppeln, vorbei an den Mauern der Moschee, sodass man glauben musste, er würde im nächsten Moment am Boden zerschellen. Doch kurz bevor er mit dem Kopf aufschlug, wurde sein Fall gestoppt; gehalten von langen dünnen Bändern, die um seine hohen Lederstiefel gebunden waren, hing er in der Luft. Die Arme immer noch ausgebreitet, wurde er in einem weiten Bogen um das Hochseil herumgeschleudert. Sein goldenes Hemd glitzerte in der Sonne, als er vor dem

Hintergrund der Moschee und der Kuppeln auf und ab flog. Er hinterließ am Himmel Striche eines Pinsels, von der Hand eines unsichtbaren Malers geführt. Ich bahnte mir den Weg durch die erregte Menge zu Michael. Er hatte das Kind abgesetzt und sprach mit den Akrobaten.

Als ich mich ihm näherte, sah er mich an und sagte ohne Umschweife: »Das ist die Disziplin, die einen lehrt, den Raum zu verwandeln, indem man die Zeit als Verbündeten benutzt. Unsere Ängste sind in Räumen enthalten, die so angeordnet sind, dass wir sie für unbestreitbare Realitäten halten. Wenn die Artisten hier –«, er deutete mit einer Kopfbewegung auf den Jungen, der eben erst unten angekommen war, »über das Hochseil laufen, wird ihr Raum verwandelt. Sie glauben in dem Moment nicht, dass sie auf dem Boden leben; sie glauben, dass sie sich im Himmel bewegen. Sie leben im Himmel und springen auf die Erde, sie kommen aus der Zukunft an den Ort der Vergangenheit. Sie verändern die Vergangenheit der Menschen, die ihnen zuschauen, indem sie ihnen vom Himmel die Energie der Zukunft bringen.«

»Warum erzählst du ihr das alles?« Die Frage kam von dem jungen Artisten, der seine Requisiten einsammelte. Er war offensichtlich ungehalten über meine Anwesenheit und über das Gespräch, das Michael mit mir führte.

»Weil sie es wissen muss«, erwiderte Michael. Seine Antwort war weniger als Erklärung gemeint, sondern vielmehr als Aufforderung, keine weiteren Fragen mehr zu stellen. Er kannte nicht nur alle Artisten, sondern stellte auch eine Autorität für sie dar. Der Junge senkte den Kopf und entfernte sich schnell. So sehr ich auch darauf brannte, Michael noch einmal anzusprechen, um zu verstehen, wovon er redete, blieb mir nichts anderes übrig, als meine Fragen zurückzustellen und schweigend bei ihm stehen zu bleiben, um die anderen Zirkusleute, die sich in unserer Nähe befanden, nicht noch mehr zu verärgern. Während sie ihre Requisiten einsammelten, warfen mir einige im Vorbeigehen unfreundliche Blicke zu, doch niemand sagte ein Wort.

»Wir gehen mit ihnen. Es ist nicht sehr weit von hier. Sie müssen Ihnen etwas in ihrem Lager zeigen.« Michaels Feststellung verursachte bei den Zirkusleuten einiges Unbehagen. Sie versammelten sich etwas abseits und begannen, im Flüsterton miteinander zu reden. Die Aussicht darauf, Männer zu begleiten, die über meine Anwesenheit nicht besonders erfreut waren, begeisterte mich auch nicht sonderlich. Als dann aber zwei junge Frauen auf uns zukamen und in freundlichem Tonfall sagten: »Kommen Sie, wir brechen auf«, war ich erleichtert und beschloss mitzugehen. Mein sechster Sinn sagte mir, ich würde dort etwas Wichtiges erleben.

Wir waren ungefähr fünfzehn Leute, vorwiegend Männer, die den Bazar verließen und durch enge Straßen zu dem Lager gingen. Die Akrobaten, immer noch in ihren goldfarbenen Kostümen, gingen den anderen schwatzend voraus. Ich hielt mich lieber in der Nähe der beiden jungen Frauen, die sehr redselig waren. Sie trugen zwar nicht die hier üblichen langen, gestreiften Gewänder, aber ihre Kleidung wirkte auch nicht modern. Sie hatten weiße Blusen an und lange, fließende, leuchtend bunte Röcke, die von ledernen, mit weißen Fransen verzierten Gürteln gehalten wurden. Die meisten Mitglieder der Truppe trugen ähnliche Gürtel um die Taille.

Wir ließen den belebten Teil der Stadt hinter uns und erreichten nach zehn Minuten den Außenbezirk. Vor uns lag offenes Land mit sandbedeckten Hügeln und gewaltigen Ruinen, die sich bis zum Horizont erstreckten. Zu unserer Rechten, auf einem Hügelkamm, lag eine Kette miteinander verbundener schöner Moscheen. In der Nähe der Ruinen standen mehrere Filzzelte, zwischen denen kleine Kinder umherliefen. Über mehreren Kochstellen hingen große Kessel mit dampfendem Essen. Einige alte Frauen, behängt mit schwerem Goldschmuck, saßen Pfeife rauchend auf niedrigen Stühlen und musterten mich neugierig.

Mir war nicht wohl in meiner Haut. Sie sprachen kein Russisch, und ich konnte ihre Sprache, die usbekisch klang, nicht verstehen. Ich fühlte mich von allen Seiten misstrauisch beäugt. Michael war weit und breit der einzige Mensch, den ich kannte, aber gleichzeitig war er für mich immer noch unberechenbar.

»Sie muss das Bild sehen«, sagte er ein paar Männern, die um ihn herumstanden. Sie wandten sich mir wortlos zu. Sahen mich einfach nur an. Als mir das peinliche Schweigen unerträglich wurde, stellte ich die erste Frage, die mir in den Sinn kam.

»Hat das Bild etwas mit den *Tschiltans* zu tun?«

Meine Frage führte zu einer Veränderung, mit der ich niemals gerechnet hätte. Auf der Stelle entspannten sich die Männer und nickten zustimmend. Ihre Haltung mir gegenüber war von einem Moment auf den anderen umgeschlagen, statt kühler Distanz strahlten sie nun eine große Warmherzigkeit aus. Einer von ihnen, vermutlich der Älteste, öffnete das Zelt an einer Ecke und bat mich einzutreten.

Ich betrat das kleine Zelt. Dort schien niemand zu wohnen, es war ein einfacher, fast leerer Raum. An einer der Zeltwände stand ein niedriger, runder Tisch mit einer dicken, brennenden Kerze auf einem Teller. Außer einem kleinen Fenster im Zeltdach sorgte nur die Kerze für Licht im Zeltinnern. Dem Eingang gegenüber befand sich ein großer behauener Steinquader, dessen polierte Flächen von nahezu perfekter Ebenheit waren. Ein großer, von einem grauen Leinentuch bedeckter Gegenstand lag auf dem Quader. Ein Mann rückte einen Stuhl vor den Stein.

»Setzen Sie sich«, vernahm ich Michaels Stimme hinter mir. Als ich mich umdrehen und ihn ansehen wollte, hinderte er mich daran, legte seine Hand auf meine rechte Schulter und schob mich entschlossen zu dem Stuhl.

Ich setzte mich und bemerkte, dass meine Beine leicht zitterten, obwohl ich mich erstaunlich ruhig fühlte. In der stickigen Luft lag ein ganz bestimmter Geruch, als wären in dem engen Raum Kräuter verbrannt worden.

»Schließen Sie jetzt die Augen«, forderte Michael mich auf. Er stand hinter mir, die Hand immer noch auf meiner Schulter.

Meine Lider wurden schwer, und ich schloss die Augen.

»Wenn ich meine Hand von Ihrer Schulter nehme, öffnen Sie die Augen und schauen geradeaus. Wenden Sie den Blick nicht ab, egal was passiert.«

Ich hielt die Augen geschlossen und wartete auf den Augenblick, in dem Michael die Hand wegnehmen würde und ich die Augen öffnen könnte. Ich wartete lange. Seine Hand lag auf meiner Schulter wie ein schweres Gewicht, und selbst, als eine Ewigkeit vergangen zu sein schien, spürte ich es immer noch. Irgendwann hörte ich auf zu warten. Ich hörte auf, mir Gedanken zu machen. Ich vergaß sogar seine Hand. Und als ich schließlich fühlte, wie mein Körper leicht wurde, so, als würde er fliegen, öffnete ich ganz von selbst die Augen und blickte auf das, was vor mir war.

Es war ein Gesicht aus Stein, das mich anschaute. Seine perfekt geschnittenen Augen befanden sich genau auf der Höhe meiner Augen. Obwohl in Stein gehauen, war das Gesicht irgendwie lebendig und sprach mit mir. Ich wollte mich abwenden, aber es gelang mir nicht. Mein Hals gehorchte mir nicht, und ich konnte nicht verhindern, dass mich dieser steinerne Blick durchdrang. Mir wurde übel.

Das Bild tauchte in mich ein, wurde zu einem untrennbaren Teil von mir, als wäre es mein eigenes Gesicht. Meine Übelkeit wuchs, mein Herz schlug immer schneller, und das Atmen fiel mir schwer. Als diese Symptome ihren Höhepunkt erreichten, stellte ich mit Entsetzen fest, dass mich zwei identische Gesichter anschauten. Zwei Gesichter waren in den Stein gehauen, eins über dem anderen, und beide waren wie mit mir verwachsen, als wäre der Stein eine Fortsetzung meines Körpers. Die Augen des oberen Gesichts waren auf meine Augen gerichtet, während das zweite Augenpaar in mein Herz sah. Das zweite Gesicht war auf der Höhe meines Herzens in den Stein gemeißelt, und es öffnete meine Brust, zog etwas aus meinem Herzen heraus, was mir unerträgliche Schmerzen und zugleich ein tiefes Glücksgefühl bereitete.

»So sehen Magier einander an«, sagte Michael mit einer Stimme, die direkt durch meine Brust in mich einzudringen schien und durch meinen Körper hindurch zu den Augen des zweiten Gesichts sprach.

»Für jede Art von Magie braucht man zwei Gesichter. Unsere Stadt Samarkand wurde früher ›Spiegel der Welt‹ genannt. Die meisten Menschen glauben, dass dieser Name auf Timurs Wunsch zurückgeht, in seinem Land die schönsten Gebäude zu errichten, die er auf seinen Feldzügen sah, um Samarkand zum ›Spiegel der Welt‹ zu machen. Aber der Name hat noch eine andere Bedeutung.

Früher stellte diese Stadt eins von den zwei Gesichtern der Erde dar, wovon das eine das Spiegelbild des anderen war. Samarkand war eines davon. Diese Spiegelverbindung bescherte der Erde über Tausende von Jahren magische Kräfte, vor allem zu Zeiten, in denen diese gebraucht wurden. Heute weiß man kaum noch von dieser Verbindung, aber früher war sie in den Köpfen der Menschen lebendig und von großem Einfluss. Viele wichtige Dinge wurden durch sie bewirkt.

In der Geschichte hat es ruhige und auch sehr bewegte Zeiten gegeben. Dass Sie aus dem weit entfernten Norden hierher gekommen sind, scheint wieder eine bewegte Zeit anzukündigen. Also muss die Arbeit wieder aufgenommen werden, die Arbeit mit dem zweiten Gesicht, dem Gesicht des Todes. Es ist der Tod, mit dem wir uns als Nächstes auseinander setzen müssen.«

»Wo ist das zweite Gesicht der Erde?« Ich war froh, dass wenigstens meine Stimme nicht ihren Dienst versagte.

»An einem Ort mit gleichem Namen. In dem Land, das uns in geographischer Hinsicht widerspiegelt. Dieses Land liegt ebenso wie unser Land zwischen zwei Flüssen, und mit seinen Einwohnern teilen wir das

Reich der Magie seit der Zeit, als es noch keine Geschichtsschreibung gab.«

»Ein Ort mit dem gleichen Namen?« Ich konnte mir auf seine Antwort keinen Reim machen. Meine Augen waren auf den steinernen Blick vor mir fixiert, mein Kopf schien den Dienst zu versagen. Dann konzentrierte sich meine Aufmerksamkeit auf meine Brust, und ich begann, durch die Augen meines Herzens zu sehen. Und plötzlich, ganz leicht und deutlich, wuchs das Verstehen in mir genau dort, wo mein Herz zu dem zweiten Gesicht der Skulptur Verbindung aufgenommen hatte. Aus diesem Verstehen wurde ein Gedanke geboren: »Sumer.«

Natürlich, es war der gleiche Name, nur mit einer etwas anderen Aussprache. Samarkand, dessen zweiter Teil, das Suffix *kand*, »Stadt« bedeutet, hat den gleichen Namen wie Sumer, dessen Reich Tausende von Jahren zwischen den beiden Flüssen Euphrat und Tigris existierte. Ich spürte, wie mich das uralte Mysterium nahezu körperlich berührte.

»Ich denke, für heute reicht Ihnen das«, sagte Michael und legte erneut seine Hand auf meine Schulter. Als er seine Hand wegnahm, schloss ich langsam die Augen, und als ich sie öffnete, war die Steinskulptur wieder von dem Leinentuch bedeckt. Ich stand auf und verließ das Zelt, um frische Luft einzuatmen, und meine Übelkeit verflog.

»Ich begleite Sie zur Bushaltestelle«, sagte Michael, als er nach mir aus dem Zelt trat. Und ohne mir Gelegenheit zu geben, noch mit den Leuten im Lager zu sprechen, ging er voraus. Ich verabschiedete mich schnell von den Männern und Frauen und folgte Michael zur Haltestelle.

»Nehmen Sie morgen den gleichen Bus und kommen Sie um zehn Uhr hierher.«

Ich stellte ihm noch eine Frage: »Diese Zirkusartisten sind doch Zigeuner, nicht wahr? Das sind doch keine Usbeken, oder?«

»Sie sind usbekische Zigeuner, *Liuli*, vom Volk der Traumleute. Wir gehen morgen zu dem Ort, wo Geschichten erzählt werden, und dort werden Sie mehr erfahren. Seien Sie um zehn Uhr hier.«

Durch das große Heckfenster des Busses, der mich aus dieser verlassenen Gegend in das überfüllte Stadtzentrum brachte, sah ich Michael weggehen. Auch wenn seine schlanke Silhouette immer kleiner wurde, konnte ich noch ausmachen, dass er die Richtung der verlassenen Ruinen und der langen Kette der Kuppeln auf der anderen Seite des Hügels einschlug. Ich wusste, dass ich am nächsten Tag um zehn Uhr dort sein würde, auch wenn ich keine rationale Erklärung dafür hatte, warum Michael mit mir in ständigem Kontakt bleiben wollte.

Damals wusste ich noch nicht, dass Michael, Wladimir und einige andere kurz zuvor hier in der Nähe von Samarkand an den Ruinen der antiken Stätte von Afrasiab zusammengekommen waren und beschlossen hatten, gezielt mit dem Westen zusammenzuarbeiten. Ebenso wenig wusste ich, dass Wladimir im Anschluss an diese Zusammenkunft nach Nowosibirsk gefahren war, zu einem der russischen Zentren für Metaphysik, das für seine einzigartige Kombination aus überlieferten okkulten Traditionen und fortschrittlicher Wissenschaft bekannt war. Ziel seiner Reise war es gewesen, den passendsten Kandidaten auszusuchen, der hierher kommen, ihre Arbeit kennen lernen und sie im

Westen bekannt machen sollte. Ich ahnte nicht, dass ich diese Kandidatin war, dass ich bereits in jene Wirklichkeit eingetaucht war, die sie für mich vorbereitet hatten, und dass es keinen Weg zurück gab. Sie wollten nicht, dass ich zu diesem Zeitpunkt etwas von all dem erfuhr, und heute bin ich froh, dass ich nicht Bescheid wusste.

Stattdessen hatten mich meine unmittelbaren Erfahrungen in ihren Bann gezogen, sie verwirrten und überwältigten mich, und ich gab mir alle Mühe, einen Grund für meine Reaktionen zu finden. Michael war unbestreitbar ein ungewöhnlicher Mensch, aber warum machten mich selbst seine einfachsten Bemerkungen und Handlungen derart nervös und verlegen? Ich hatte schon öfter mit ungewöhnlichen Leuten zu tun gehabt. Und ich war früher in der Lage gewesen, mich relativ mühelos mit meinen tiefsten Ängsten zu konfrontieren. Was wollte Michael mir über mich selbst enthüllen und warum sträubte ich mich so sehr dagegen?

Ich spürte, dass er Zugang zu einem bisher verborgenen Teil meiner Erinnerungen hatte, nach dem ich suchte und den ich gleichzeitig von meinem Bewusstsein fern zu halten trachtete. Ich spürte, dass er den Schlüssel zu dieser Erinnerung hatte, dass mir gar keine andere Wahl blieb, als am nächsten Tag um zehn an dem vereinbarten Ort zu sein. Dann nahm der Bus eine Kurve, und ich verlor Michael aus den Augen.

Kapitel 6

Die Nacht hatte sich über die Stadt gesenkt, als ich ins Hotel zurückkam. Tagsüber war es drückend heiß gewesen, jetzt kühlte allmählich die Luft ab. In meinem kleinen Zimmer gab es keine Klimaanlage, deshalb öffnete ich das Fenster, bevor ich zu Bett ging. Die typischen Großstadtgeräusche drangen herein: menschliche Stimmen, das Hupen der Taxis, Reifenquietschen und das unvermeidlich darauf folgende Gezeter. Während ich diesen normalen und vertrauten Geräuschen lauschte, konnte ich mich allmählich wieder entspannen. Und dennoch entstand tief in meinem Innern ein neues Gefühl, das mich mit Sicherheit nicht mehr verlassen würde.

Es war das Gefühl, in ein Mysterium eingetaucht zu sein, die intensive Gewissheit, dass mir ein rätselhaftes Reich der Magie eröffnet worden war, in einer Stadt, die man den »Spiegel der Welt« nannte. Die Stadt spiegelte für mich die normale Welt wider, die ich weit hinter mir gelassen hatte. Sie spiegelte sie als eine weit entfernte Illusion, und sie begann, mir diejenigen Seiten meiner Realität zu zeigen, die ich bisher nicht hatte wahrnehmen können.

Aber ich spürte auch, dass diese Seiten der Realität eine Gefahr bargen, und allmählich begann sich hinter meiner Aufregung und Erwartung wieder Angst zu regen. Je tiefer ich in den Schlaf fiel, desto stärker wurde sie. Mein ganzer Körper war wie ein Boot, das in den Wellen eines unbekannten Ozeans trieb. Dann kam der Moment, in dem eine riesige Traumwelle mich überspülte, dieses Boot meines Körpers mit in die Tiefe riss und alle Sicherheitsleinen kappte.

Ich tauchte in den Traum hinein und versuchte, daran zu denken, dass alles, was mir jetzt geschah, nur ein Traum war und ich mir keinerlei Sorgen zu machen brauchte, dass ich mich ausruhen und entspannen konnte. Die heiße Luft in meinem Zimmer dehnte sich aus, als verwandelte sich das Zimmer zuerst in ein Rohr und dann in einen langen Tunnel, der verbunden war mit dem Raum jenseits der Hotelmauer. Überraschenderweise flog ich mit Leichtigkeit durch diesen Tunnel und ließ mein Zimmer hinter mir zurück. Ich flog durch die Luft und stellte fest, dass ich träumte und mir dennoch meiner selbst bewusst war. Solche Träume hatte ich schon früher gehabt, aber diesmal war die Qualität meiner Bewegung eine andere, als würde meine Fluggeschwindigkeit von den unsichtbaren Händen einer anderen Person gesteuert. Jemand stützte mein Bewusstsein innerhalb des Traums und half mir, die Geschwindigkeit meines Fluges zu regulieren.

Dieser unsichtbare Jemand brachte mich zu der Erkenntnis, dass ich ein ganz bestimmtes Tempo einhalten musste, um meine Konzentration aufrechtzuerhalten und weiterzufliegen. Wenn ich zu langsam flöge, würde mich die Luft nicht tragen und ich würde in den Schlaf zurückfallen. Wenn ich zu schnell flöge, würde die Wirklichkeit um mich herum zerplatzen, und ich würde mein Traumbewusstsein verlieren.

Einen Moment lang versuchte ich, meine Umgebung wahrzunehmen, und auf der Stelle wurde mein Traumbewusstsein schwächer, beinahe hätte ich es in diesem Moment verloren. Aber die unsichtbare Kraft lenkte meine Aufmerksamkeit wieder auf meinen Körper, und ich begriff, dass ich, um weiterfliegen zu können, Bewegungen mit den Händen und dem Körper machen musste. Als ich mich daran hielt, stellte sich meine Konzentration von selbst wieder ein, gestützt von den vielfältigen Wahrnehmungen meines Körpers.

Plötzlich sah ich die blaue Bergspitze. Die Farben meiner Traumbilder waren so leuchtend, dass ich mich anstrengen musste, sie einfach nur wahrzunehmen, ohne Vergleiche anzustellen oder Schlüsse aus diesem Anblick zu ziehen. Ein riesiger, prächtiger Adler flog auf, als ich mich der Spitze näherte. Er flog in einem Kreis und betrachtete mich mit fast menschlicher Aufmerksamkeit. Auf den braunen Felsen gab es nur vereinzelt Schnee und Eis, weder Bäume noch Häuser. Niemand war zu sehen. Nur der Adler zog seine Kreise über mir, als ich schließlich Boden unter den Füßen hatte. Der Schwung meiner Flugbewegung hatte mich bis an den Rand eines Steilhangs getragen. Ich blickte in ein grünes, von Flüssen und Schluchten durchzogenes Tal hinab. Die Weite, die sich vor mir auftat, übte einen starken Sog aus, und durch meinen Körper pulsierte noch immer der Drang zu fliegen. Aber um weiterzufliegen, musste ich in den Abgrund springen. Ich musste mich vom festen Boden abstoßen und mich fallen lassen.

Angst schnürte mir den Magen zu und ließ mich nicht mehr los. Ich versuchte, sie zu überwinden und mich auf das beim Fliegen empfundene ekstatische

Gefühl zu besinnen, aber mein Körper fühlte sich auf einmal ganz schwer an. Jetzt spürte ich, dass ich abstürzen könnte. »Das ist doch nur ein Traum«, sagte ich mir, und dieser Gedanke schnitt wie eine scharfe Klinge durch mein Bewusstsein, zertrennte es wieder in eine linke und eine rechte Hälfte, und ich begriff, dass sich gleich alles in Luft auflösen würde.

Das Letzte, was ich wahrnahm, bevor sich alles verflüchtigte, war die offene Linse einer kleinen Videokamera, die zu meiner Rechten auf einem Metallstativ befestigt war. Als ich mich umdrehte, entdeckte ich auf der Oberfläche der Linse die Spiegelung meines Gesichts, das eine weitere Person gleichzeitig auf der anderen Seite der Kamera durch den Sucher betrachtete. Irgendetwas zog mich zurück, mein Traum verschwand und ich fiel in tiefen Schlaf.

Am nächsten Morgen war ich um halb zehn an der Bushaltestelle, die zugleich Endstation und Wendepunkt der Buslinie war. Ich war der eizige Fahrgast, sodass der Fahrer mir erlaubte, im Bus sitzen zu bleiben, bis er wieder zurückfahren musste. Es war ein Usbeke, Ende fünfzig mit wettergegerbtem Gesicht. Er hatte die traurigen, klugen Augen eines Mannes, der zu viel in seinem Leben gearbeitet und dafür zu wenig materiellen Gegenwert erhalten hatte. Aber er hatte Einsichten gewonnen – die er für sich behielt – zum Beispiel, warum das Schicksal sich manchen Menschen gegenüber mehr, und anderen gegenüber weniger wohlgesonnen erwies.

»Dieser Ort …« Mit einer ausladenden Geste deutete er auf eine Reihe von Moscheen weit hinten am Rande der Ruinen, »… diese Ruinen waren einmal die Stadt Afrasiab. Die Moschee heißt Shakh-i-Zindeh.

Wir nennen sie den Ort des Lebenden Königs. Der Legende nach betete der König vor langer Zeit in der Moschee zu Gott, als plötzlich die feindliche Armee in die Stadt eindrang und begann, alle Einwohner zu töten. Er beschloss – seltsamerweise, muss ich sagen –, seine Gebete fortzusetzen, obwohl mittlerweile auch sein eigenes Leben in Gefahr war. Er war ein frommer König. Niemand wunderte sich, als die Feinde auch ihn töteten. Mit einem Hieb trennten sie ihm den Kopf ab, und er starb. So glaubte man jedenfalls.

Aber da er ein frommer König war, unterbrach er seine Gebete selbst im Angesicht des Todes nicht. Sein Gott machte ihn wieder lebendig und brachte ihn an einen Ort unter der Erde, unter der Moschee, damit er seine Gebete fortsetzen konnte. Es heißt, dass er immer noch unter der Erde lebt und man ihn um etwas bitten kann, und dass er diese Bitte manchmal sogar erfüllt.«

»Wie lange ist das alles her?«, fragte ich den Busfahrer.

»Ach ... wer weiß? Legende ist Legende. Vielleicht Jahrhunderte, vielleicht Jahrtausende. Niemand weiß es.«

»Zu welchem Gott hat er denn gebetet?«

»Zu seinem obersten Gott, an den er geglaubt hat, nehme ich an.« Der Fahrer lächelte stillvergnügt, zündete seine Pfeife an und betrachtete nachdenklich die Moschee.

Ich schaute mich um, konnte aber von der Haltestelle aus keinerlei Anzeichen des Zigeunerlagers entdecken. Ich wusste nicht, ob ich es nicht sehen konnte, weil es hinter einem der Hügel lag, oder weil die Zigeuner in der Zwischenzeit ihre Zelte abgebrochen hatten. Vielleicht gab es sie ja auch gar nicht, und alle Ereignisse des gestrigen Tages, mein Treffen mit Michael eingeschlossen, waren nur ein merkwürdiger Traum gewesen, der sich jetzt in Luft auflöste. Dieser Gedanke verwirrte mich, obwohl er nicht ganz ernst gemeint war, und ich schob ihn beiseite.

»Seien Sie vorsichtig«, sagte der Fahrer zu mir. Ich hatte allmählich den Eindruck, dass er absichtlich die Abfahrt hinausschob, um sich zu vergewissern, dass der Mann, mit dem ich verabredet war, keine Gefahr für mich bedeutete. Wahrscheinlich fühlte sich der Usbeke verantwortlich für mich, eine Ausländerin, die zu so früher Stunde eine gottverlassene Gegend aufsuchte.

»Hallo.« Ich hörte Michaels Stimme hinter mir. In der Erwartung, dass er aus der Richtung der Moscheen kommen würde, wohin er tags zuvor verschwunden war, hatte ich die ganze Zeit über dort nach ihm Ausschau gehalten.

»Na, dann wünsche ich Ihnen einen schönen Tag«, sagte der Fahrer, der es plötzlich eilig hatte, wieder auf seinem Sitz Platz zu nehmen. Er schien nun davon überzeugt, dass ich in Sicherheit war und er beruhigt losfahren konnte. Mir war aufgefallen, dass ein Anflug von Überraschung über sein ansonsten unbewegtes Gesicht gehuscht war, als er Michael erblickt hatte.

»Hallo. Ich warte schon eine ganze Weile auf Sie«, sagte ich. Ich hatte keine Ahnung, warum ich das sagte, denn er kam ja nicht zu spät.

»Sie wollten schon früher hier sein. Ich nehme an, dass Warten Ihnen etwas bedeutet, stimmt's?«, erwiderte Michael. Er wirkte älter heute. Er war immer noch ein junger Mann, aber seine Erscheinung strahlte nicht die jugendliche Energie aus, die er noch einen

Tag zuvor versprüht hatte. Er sah aus, als hätte er sich auf eine wichtige Aufgabe vorbereitet. Sein offenes schwarzes Haar fiel ihm über die Schultern. Er trug eine Art Anzug mit einer weiten Hose und einer übergroßen Jacke aus schwerem schwarzen Leinen und darunter ein weißes T-Shirt.

Mir war nicht danach, ihm Fragen zu stellen. In Michaels Gesellschaft fühlte ich mich wohl und sicher, und seine Bemerkungen dämpften meinen Eifer, mit dem ich ständig alles analysierte.

Schweigend gingen wir auf die Hügel zu. Der morgendlichen Landschaft haftete etwas Surreales an. Die sanft geschwungenen braunen Hügel, dazwischen die Ruinen der antiken Gebäude von Afrasiab, hoben sich kontrastreich ab gegen die Industriestadt mit ihren Schornsteinen und Hochhäusern. Hier draußen war es sehr ruhig. Die Erde war bedeckt von einer Staubschicht, und ich stellte mir vor, dass dieser Staub wohl schon seit Tausenden von Jahren dort unberührt lag.

Michaels Bewegungen waren entschlossen und dennoch anmutig. Sie erinnerten an die Bewegungen eines Tiers, eines geschmeidigen Tigers, der weiß, wie er seine Kräfte auf dem Weg die Hügel hinauf und hinunter einteilen muss.

»Wie haben Sie letzte Nacht geschlafen?« Mit dieser Frage brach Michael schließlich das Schweigen.

»Gut. Danke.« Ich wusste nicht, was ich sonst sagen sollte.

»Und wie fanden Sie die Zirkusvorstellung gestern?«, fragte er als Nächstes, während wir den Hügel erklommen.

»Aufregend. Erstaunlich, dass sie ohne Netz arbeiten. Haben die Artisten denn keine Angst?«

»Man kann nicht über das Hochseil gehen, wenn man Angst hat.« Michael erreichte den Gipfel des Hügels und blieb stehen. Von hier oben hatte man einen guten Ausblick auf die Ruinen von Afrasiab. Auf verschiedenen Ebenen zwischen den Hügeln lagen die rechteckigen Fundamente der Ruinen vor uns. Sie schienen mehr zu enthüllen, als intakte Gebäude es vermocht hätten. Die verbliebenen Mauern zu ebener Erde gaben die Eingänge und früheren Räume zur Betrachtung frei, es gab keine Aufbauten, die die Privatheit der Häuser hätten schützen können. Auch wenn in diesen Ruinen schon seit Ewigkeiten niemand mehr wohnte, hatte ich das Gefühl, in die private Sphäre von Menschen einzudringen. Ihre Häuser waren gewaltsam allen Blicken ausgesetzt worden, als man sie zerstört hatte.

»Die gestrige Vorstellung gehört zu meinen Lieblingsdarbietungen«, sagte Michael, der sich zu mir umdrehte und mir direkt in die Augen sah. »Wenn ich zusehe, wie sie auf diese Weise über das Seil balancieren, muss ich daran denken, dass wir auf die gleiche Weise unsere Lebenserfahrungen organisieren. Und sie tun es ganz bewusst. Deshalb habe ich Ihnen erzählt, dass die Akrobaten eine besondere Disziplin praktizieren. Ihren Handlungen liegt eine umfassende Philosophie zugrunde, und wenn sie sich diese erst einmal zu Eigen gemacht haben, wird sie zum wirkungsvollsten Sicherheitsnetz, das sie haben können. Keine Angst zu haben ist die Voraussetzung dafür, nicht von dem Seil abzustürzen. Das trifft für alle drei von ihnen zu, sowohl für diejenigen, die auf der Stange sitzen, als auch für den, der sie über das Seil trägt. Keiner von ihnen darf Angst haben. Genauso muss unser Bewusstsein organisiert werden, um sein volles Potential entwickeln zu können. Die rechte und die linke Seite unseres Gehirns müssen ausgeglichen sein, wenn sie vom mittleren Teil des Gehirns zu einer anderen Erfahrung getragen werden, die notwendig ist.«

»Wenn Sie das Bild der Artisten als Metapher für die Funktionsweise des Gehirns benutzen, welcher Bereich entspricht dann dem dritten Mann, dem, der über das Seil geht?« Ich spürte, dass Michael kurz davor stand, mir etwas Wichtiges mitzuteilen.

»Sie sind die Wissenschaftlerin. Sie sollten die Antwort kennen. Ich vermute, dass es der Teil ist, der verantwortlich für das Gleichgewicht ist.« Michael sah mich ohne jede Spur von Ironie an, und seine Antwort veranlasste mich, über das nachzudenken, was er sagte. Um nicht abgelenkt zu werden, bedeckte ich meine Augen mit den Händen und stand eine Weile so da, während mir die Gedanken durch den Kopf schossen. Natürlich hatte er Recht. Wahrscheinlich ohne es zu wissen, hatte Michael mir gerade einen Schlüssel in die Hand gegeben, mit dem sich viele meiner früheren Gedanken und Vorstellungen in einen Zusammenhang bringen ließen.

Die Asymmetrie zwischen den Funktionen der rechten und der linken Gehirnhälfte wurde überwunden durch das Vorhandensein einer dritten Kraft, die in der Lage war, ihre Beziehung und Kommunikation miteinander zu koordinieren. Ich dachte über die Anatomie des Gehirns nach und über ein ganz spezielles Organ, das mich seit dem Medizinstudium fasziniert hatte. Plötzlich gewann dieses Organ eine enorme Bedeutung: das Kleinhirn. Zwar laufen in diesem Teil des Gehirns die meisten Nervenenden zusammen, dennoch wird das Kleinhirn von der Schulmedizin lediglich als ein Organ für die Koordination des Bewegungsapparats betrachtet.

Ich nahm die Hände vom Gesicht, atmete tief durch und hätte fast gelacht vor Glück darüber, dass Michael mit seiner Metapher alles in die richtige Ordnung gerückt hatte. Natürlich ist das Kleinhirn zuständig für den äußeren Bewegungsapparat, aber ebenso ist es beteiligt an der Organisation innerer Prozesse. Und das beinhaltet auch die Vorstellungskraft, die Träume, die Erinnerungen. Ich musste an herumwirbelnde Derwische denken, die sich stundenlang drehten, um eine andere Bewusstseinsebene zu erreichen. Sie wussten offenbar, wie sie ihr Kleinhirn zu voller Leistung bringen konnten.

Michael betrachtete mich mit einem angedeuteten Lächeln und wartete darauf, dass ich meine Gedanken zu Ende dachte. Als er sah, dass ich seinen Blick erwiderte, hockte er sich hin und legte ein dünnes Seil in einer geraden Linie auf den Boden.

»Versuchen Sie, darauf zu laufen, als wäre es ein Drahtseil hoch in der Luft. Stellen Sie sich vor, Sie wären einer der gestrigen Akrobaten und müssten über das Seil gehen.«

Es klang albern, und ich musste lachen. Er stimmte in mein Gelächter ein, forderte mich jedoch mit einer Kopfbewegung in Richtung Seil auf, mich auf das Spiel einzulassen. Ich setzte den rechten Fuß auf das Seil, spürte es aber nicht, da es aus weichem und flexiblem Material bestand. Ich breitete die Arme aus und stellte mir vor, ich balancierte eine Stange aus, an deren Ende schwere Sitze befestigt waren. Ich setzte den linken Fuß vor den rechten. Plötzlich verlor ich das

Gleichgewicht. Ich musste meinen Körper von rechts nach links schwingen, um die Balance wieder zu finden. Jetzt stand ich aufrecht mit beiden Füßen auf dem Seil und traute mich nicht, den nächsten Schritt zu machen.

Mehrere Gedanken gingen mir durch den Kopf. Ich sagte mir, dass das Seil auf dem Boden lag und ich nirgendwo hinfallen konnte. Gleichzeitig versuchte ich, mir das Bild von der Stange mit den schweren Sitzen am Ende vorzustellen, als trüge ich sie tatsächlich über das Seil. Außerdem wusste ich, dass Michael mich beobachtete, und kam mir albern vor, weil ich nicht weitergehen konnte.

Schließlich zwang ich mich, den nächsten Schritt zu machen, und alle möglichen Gedanken schossen mir durch den Kopf, vor und zurück zwischen Selbstgespräch und Bildern, zwischen der linken und der rechten Seite meines Gehirns. Durch dieses heftige Durcheinander von Gedanken geriet mein Körper erneut aus dem Gleichgewicht. Ich konnte auf dem imaginären Seil weder aufrecht stehen noch gehen und musste eine Weile innehalten, um das Gleichgewicht wieder zu finden. Dann verlagerte ich einfach, ohne nachzudenken, meine Aufmerksamkeit in den Hinterkopf, dorthin, wo das Kleinhirn seinen Sitz hat, und versuchte, es als das Zentrum meines Bewusstseins wahrzunehmen. Dann passierte etwas Faszinierendes mit meiner Wahrnehmung.

In dem Moment, als mir die Konzentration auf das Kleinhirn gelang, wurde ein Bewegungsimpuls in mir ausgelöst, als hätte ich einen Motor gefunden, der nur darauf wartete, dass ich ihn einschaltete. Ein starker Impuls von meinem Hinterkopf her drängte mich, vorwärts zu gehen, ohne nachzudenken. Dieser Impuls war so überwältigend, dass ich ihm nicht widerstehen konnte. Mit ausgebreiteten Armen ging ich mühelos bis zum Ende des Seils. Meine Bewegungen waren so exakt und selbstverständlich, dass ich begriff, wie man hoch in der Luft über ein Seil gehen konnte und dabei keine Angst hatte. Ich sprang vom Seil, hob es auf und reichte es Michael, der mich erfreut anschaute.

»Sie haben es geschafft«, sagte er vergnügt. Er hatte den inneren Prozess, den ich durchlaufen hatte, um die von ihm gestellte Aufgabe lösen zu können, genau verfolgt. Noch immer verspürte ich einen starken Drang nach Bewegung, und so war es ganz leicht, Michael durch die Ruinenstadt Afrasiab zu folgen.

»Wenn man erst einmal das tiefere Verständnis einer unmittelbaren Erfahrung gewonnen hat«, fuhr er im Weitergehen fort, »erscheint sie einem plötzlich so einfach, dass man sich wundert, es nicht eher erkannt zu haben.« Ich nickte zustimmend.

»Nachdem Sie also jetzt den Unterschied erfahren haben zwischen einer reinen Bewegung und einer Bewegung, die durch die Last der Erinnerung kompliziert wird, wird es Ihnen leichter fallen, unsere Herangehensweise zu verstehen. Bei reinen Bewegungen steht Ihnen die notwendige Energie frei zur Verfügung. Bei komplizierten Bewegungen schleppen Sie außer Ihrem Körper ein enormes Gewicht an mentalen Konstrukten mit sich herum. Deshalb sind manche Erfahrungen schwer zu meistern. Sie kommen immer wieder zu einem zurück, weil man die Bewegung aufgrund der mit ihr verbundenen Last der Erinnerung nicht vollenden kann.

Im Falle der traumatischen Erfahrung, die einen

Erinnerungsdämon erzeugt hat, wird das Gewicht der Erinnerung zu einem aktiven Hindernis, nicht nur zu einer schrecklichen Last. Es wird zu einer merkwürdigen Kraft in Ihrem Körper, die sich Ihnen in den Weg stellt, wenn Sie durch die Erfahrung hindurchgehen und versuchen, sie zu Ende zu führen. Diese Kraft lebt in Ihnen und sorgt immer wieder für schmerzhafte Zustände. Sie zwingt Sie, diesen Schmerz zu umkreisen, anstatt einfach wegzugehen und ihn hinter sich zu lassen. Es ist beinahe so, als lebte in Ihnen ein zweites Selbst, dessen Sie sich nicht bewusst sind.«

Ich hörte ihm aufmerksam zu. Es war leicht, ihm zu folgen. Aber Michaels letzte Bemerkung erinnerte mich plötzlich an Smirnows Labor, an den Computermonitor mit den pulsierenden Sternen, und an Mascha, deren Erlebnisse von den Sternen dargestellt wurden. Was hatte sie damals gesehen und empfunden? Wie kam es, dass der Computer verschiedene Selbst-Zustände bei ihr registrierte? Unvermittelt wurde ich sehr traurig, ohne zu wissen, warum. Natürlich war mir nicht bekannt, dass fast zum selben Zeitpunkt, als ich mit Michael in Afrasiab sprach, Mascha in einer Zwangsjacke aus ihrem Appartement geholt wurde. Nach einem Trinkgelage, das nicht dazu beigetragen hatte, ihren aufgewühlten Zustand zu beenden, fand man sie völlig erschöpft und voll gepumpt mit Beruhigungsmitteln. Man wies sie in die psychiatrische Klinik ein, wo sie unfreiwillig Patientin auf meiner Frauenstation wurde.

»Sie sind traurig«, sagte Michael, der mich ansah. »Wissen Sie, warum?«

»Nein, ich habe wirklich keine Ahnung. Und wissen Sie was, Michael, in den letzten Tagen ist mir ganz seltsam zumute. Ich fühle mich unausgeglichen mit all diesen Gefühlen, die aus dem Nichts auf mich einstürmen. Normalerweise habe ich viel mehr Kontrolle über mich und kenne mich ganz gut, und es beunruhigt mich, dass ich überhaupt nicht verstehe, was mit mir zurzeit los ist.«

Er blieb stehen und sah mich aufmerksam an. Dann sagte er ruhig: »Genau das ist es, was Sie durchstehen *müssen*. Das habe ich Ihnen gestern schon gesagt. Es ist Ihre einzige Chance. Sie müssen mir vertrauen und da hindurchgehen. Sie sind schon bis hierher gekommen. Sie sind diesen Weg gegangen. Jetzt müssen Sie Ihre Angst und Ihre Depression verstärken, sie auf die Spitze treiben, um davon geheilt werden zu können. Ihre Gefühle zeigen, dass Sie begonnen haben, wirklich durch Ihre Erinnerungsräume zu gehen und die Analogie der Bewegung für die Verarbeitung Ihrer Erinnerungen zu benutzen. Und jetzt sagen Sie mir, warum fühlen Sie sich deprimiert? An was haben Sie sich erinnert?«

»An nichts Wichtiges. Es waren nur ein paar Bilder.«

»Hören Sie mir zu, Olga. Es gibt in unserer Erinnerung keine wichtigen oder unwichtigen Bilder. Sie haben unterschiedliche Bedeutungen, die unser Gedächtnis ihnen verleiht, nicht zuletzt, um uns in die Irre zu führen. Das Bild ist der Schlüssel zu einem bestimmten Raum Ihrer Erinnerung, der jeweils mit einem anderen Raum in Verbindung steht. Wir tragen Erinnerungsräume in uns, so wie Ihre russischen Matrioschka-Puppen viele kleine Puppen in sich bergen. Womöglich sind einige Räume in Ihnen infiziert von einem Erinnerungsdämon, der gelernt hat, sich hinter verschiedenen Bildern in Ihrem Gedächtnis zu verstecken, um Sie ständig verletzen zu können. Also, was haben Sie gesehen?«

»Ich hatte plötzlich den Computermonitor aus einem der Labore, die ich kürzlich besucht habe, vor Augen. Der Bildschirm zeigte die Vermessung der Gehirnaktivität einer jungen Frau, die dort arbeitet.«

»Also hat das Bild eines Computermonitors Sie traurig gemacht?«

»Nein.« Ich war mir meiner Antwort sicher.

»Und was hat Sie dann traurig gestimmt? Welches Bild war es?«

»Es war die junge Frau.« Ich war den Tränen nahe. Das Bild von Mascha machte mich todtraurig.

»Sind Sie mit ihr befreundet? Seit wann kennen Sie sie?«

»Ich kenne sie erst seit kurzem. Sie sollte eigentlich mit mir zusammen hierher fahren, aber dann ... sie hat es einfach nicht geschafft.«

Michael musterte mich eindringlich, während ich auf seine Fragen antwortete.

»Sie sind nicht wegen der Frau traurig, Olga. Und das wissen Sie. Sie stellt lediglich eine der oberflächlichen Schichten dar, die Ihren Raum des Schmerzes überlagern. Sie verkörpert etwas, das als Schlüssel zu diesem Raum in Ihrer Erinnerung dient, dem Raum, in dem Ihre Traurigkeit entstanden ist. Es ist nicht die Frau, die Sie traurig macht.«

Plötzlich löste seine Bemerkung eine Welle der Angst in mir aus. Sie überdeckte die Traurigkeit sofort, und auf einmal ging mir Michael mit seinen Versuchen, mich zu analysieren, fürchterlich auf die Nerven. Mein Stimmungswechsel blieb ihm natürlich nicht verborgen.

»Es gibt zwei Möglichkeiten, auf ein Trauma zu reagieren«, fuhr Michael fort, ohne meiner Angst Beachtung zu schenken, und das beruhigte mich ein wenig. »Sie werden häufig gleichzeitig erfahren, aber tatsächlich repräsentieren sie gegensätzliche Prozesse. Der eine ist die Depression, der andere die Angst. Es gibt zwei verschiedene Typen von Erinnerungsdämonen, die hinter diesen gegensätzlichen Gefühlen stehen, und sie erfordern zwei verschiedene Arten der Heilung.

Wenn man diese beiden Gefühle gleichzeitig erlebt, ist eines davon dominant, und es ist wichtig zu erkennen, um welches es sich handelt. In Ihrem Fall stellt die Angst, die Sie in letzter Zeit erleben, Ihren Versuch dar, Heilung für etwas zu finden, das Sie sehr traurig macht. Die Angst ist also jetzt Ihr Verbündeter, da sie Ihre Wachsamkeit schult für das, was in Ihnen vorgeht.

Diese Gefühle repräsentieren deswegen verschiedene Prozesse, weil sie sich im Ursprung ihrer Entstehung unterscheiden. Wir haben es mit zwei grundsätzlichen psychologischen Prozessen zu tun, die all unsere Erfahrungen bestimmen. Jede Erfahrung, die wir machen, setzt sich zusammen aus den Elementen Handlung und Wahrnehmung. Wenn ich Handlung sage, meine ich nicht nur körperliche Bewegungen, sondern ebenso innere Bewegung – Gedanken, Vorstellungen, Absichten. Wahrnehmung ist sowohl ein äußerer als auch ein innerer Vorgang. Beide Prozesse wirken ständig aufeinander ein und rufen durch ihre Kombination unsere persönlichen Erfahrungen ins Leben. Wenn wir verletzt werden, wird einer der beiden Prozesse ausgelöst. Wenn unsere Wahrnehmung verletzt wird, empfinden wir Angst. Das hängt sehr damit zusammen, wie wir von anderen wahrgenommen werden, und damit, was uns andere zufügen. Depressionen resultieren aus verletzenden Handlungen und entwickeln sich, weil wir annehmen, dass unsere imaginären oder tatsächlichen Handlungen oder Nichthandlungen falsch waren.

Es lässt sich einfach beschreiben, und wenn Sie Ihr Augenmerk darauf lenken, werden Sie verstehen, wie diese Prozesse aufeinander einwirken. Sie haben gerade erlebt, was eine reine Handlung ist. Und kurz darauf stellte sich Ihre Traurigkeit wieder ein. Ich sage Ihnen, der Schmerz, den Sie mit sich herumtragen, wird verursacht durch Ihre Annahme, dass irgendetwas, das Sie getan oder unterlassen haben, falsch war, und deshalb fühlen Sie sich schuldig.«

»Aber im Moment ist ein ganz anderes Gefühl vordergründig, und zwar das Gefühl, dass Sie mich irritieren und dass mich die ganze Situation völlig verunsichert.« Ich bemühte mich, ihm gegenüber ehrlich zu sein.

»Und das ist genau das richtige Gefühl«, erwiderte er. »Sie sind irritiert und verunsichert, weil ich Ihre Wahrnehmung auf etwas lenke, das Sie vergessen wollen. Meine Fragen führen zur Heilung. Was wirklich zählt, sind Ihre Traurigkeit und Ihre Schuldgefühle.«

Ich hatte nicht das Bedürfnis, weiter darüber zu sprechen, auch wenn ich spürte, dass seine Worte ein gut Teil Wahrheit enthielten. Ich hätte mich mit ihm über viele Punkte streiten können. Aber ich war mir sicher, dass er meine Argumente mit Leichtigkeit wegwischen und ich genau dort landen würde, wo er mich haben wollte – im Konflikt mit meinen unklaren, verwirrenden Gefühlen, die ich zu verdrängen trachtete.

Nachdem wir den Gipfel des Hügels erreicht hatten, hatte ich das Bedürfnis, Rast zu machen, bevor wir weitergingen. Der Boden war trocken und von der Sonne erwärmt, und ich setzte mich in das vertrocknete Gras vom Vorjahr und blickte hinab in das Tal unter uns.

Michael setzte sich neben mich und schaute eine Weile vor sich hin. Dann sagte er sanft: »Sie haben gerade erlebt, was eine reine Handlung sein kann. Jetzt können Sie versuchen zu erleben, was reine Wahrnehmung ist. Dazu müssen Sie die Augen schließen.«

Kaum hatte er die Worte ausgesprochen, fielen mir die Augen zu. Ich sagte mir, ich sollte vorsichtiger damit sein, ihm so viel Einfluss über mich einzuräumen. Doch während er weiter sanft auf mich einredete, schwanden meine Bedenken.

»Sie müssen fast das Gleiche tun wie vorhin, als Sie über das Seil gegangen sind. Sie müssen sich darauf konzentrieren, Ihr Selbst anders zu erfahren. Erinnern Sie sich an die Akrobaten? Man ist völlig ausgeliefert, wenn man derjenige auf dem Sitz ist und ein anderer einen da oben durch die Luft trägt.

Kontrolle hat nur, wer selbst über das Seil geht. Die anderen sind die anderen. Vom Sitz aus kann man nicht einfach auf das Seil springen. Sie brauchten sich nur in die Person hineinzuversetzen, die über das Seil geht. Sie haben es gut gemacht. Jetzt müssen Sie sich in denjenigen versetzen, der in der wahrnehmenden Rolle ist. Richten Sie Ihr Augenmerk jetzt nicht auf Ihren Hinterkopf, sondern auf Ihr Gesicht. Das Zentrum Ihrer Wahrnehmung befindet sich auf Ihrer Augenhöhe, und wenn Sie sich darauf konzentrieren und darauf achten, dass Ihre Aufmerksamkeit nicht wieder auf den Hinterkopf zurückspringt, können Sie vielleicht reine Wahrnehmung erfahren, ohne sich in Ihren Räumen der Erinnerung zu verirren. Versuchen Sie's.«

Während ich mit geschlossenen Augen dasaß, stürmten tausend Gedanken, Assoziationen und Fragen auf mein Bewusstsein ein. Mit enormer Anstrengung lenkte ich meine Aufmerksamkeit auf mein Gesicht, bis ich den Bereich meiner Augen mit großer Intensität wahrnahm. Als es mir gelang, diese Konzentration aufrechtzuerhalten, erlebte ich mein Selbst ganz anders als gewohnt. Ich war die Zuschauerin, das Wesen, das immer in meinen Augen lebt. Ich war mir meiner Umgebung bewusst und nahm alles so deutlich wahr, als wären meine Augen offen und als sähe ich alles um mich herum. Nichts blieb meiner Wahrnehmung verborgen.

»Gut, Sie sind sehr gut«, hörte ich Michael sagen, aber meine Reaktion auf seine Worte zerstörte das Gleichgewicht. Ich fiel zurück in meine übliche Selbstwahrnehmung. Ich öffnete die Augen und blickte in das Tal vor mir. Mir war, als hätte sich meine Sehkraft erheblich verbessert. Auf einem weit entfernten Hügel sah ich eine Schafherde, konnte sogar die kleinsten Einzelheiten der grauen, dicken Tiere erkennen, die sich beharrlich durch das Gras bewegten. Meine Augen kamen mir vor wie die Linse einer Videokamera, die endlich, nachdem sie jahrelang nicht richtig funktioniert hatte, scharf eingestellt worden war, sodass ich jetzt alles deutlich sehen konnte.

»Wenn Sie Traurigkeit erleben, ist das ein sicheres Anzeichen dafür, dass Ihr Trauma auf einem verletzenden Handeln oder Nichthandeln basiert. Um davon geheilt zu werden, müssen Sie den gegenteiligen Prozess aktivieren. Sie müssen diese Erinnerung dadurch heilen, dass Sie mit der Wahrnehmung arbeiten. Versuchen Sie jetzt noch einmal, Ihre Traurigkeit wiederherzustellen.«

Ich blieb auf dem Boden sitzen und betrachtete das Tal vor mir. Die Landschaft war friedlich und, nachdem ich den Betrachter in mir erlebt hatte, fühlte ich mich so gelöst, dass ich gar nicht auf seine Forderung reagieren konnte. So sehr ich mich auch bemühte, es gelang mir nicht. Ich schloss die Augen und versuchte, die Traurigkeit zurückzuholen, aber sie kam nicht wieder. Dann sagte Michael: »Benutzen Sie das Bild jenes Mädchens als Schlüssel zu diesem Raum. Erinnern Sie sich zuerst an sie, um Ihre Traurigkeit wieder zu finden.«

Maschas lebhaftes, schönes Gesicht erschien vor meinen geschlossenen Augen. Ich musste daran denken, wie sie in meinem Büro gesessen und mich dazu überredet hatte, sie zu Wladimirs Vortrag zu begleiten. Diese Erinnerung war mit einem warmen Gefühl verbunden. Ich spürte, dass ich nicht mehr wütend auf sie war, im Gegenteil, als ich ihr Bild vor mir sah, musste ich lächeln. Ich lächelte mit geschlossenen Augen, und dann hörte ich Michael mit sanfter Stimme sagen: »Versuchen Sie, sich das Mädchen in einer anderen Situation vorzustellen. Was hatte sie mit den Computern zu tun? Befindet sie sich im selben Zimmer wie diese? Kann sie da, wo sie ist, tun und lassen, was sie will? Kann sie jederzeit gehen, oder muss sie bleiben, bis man ihr erlaubt zu gehen? Was passiert dort mit ihr?«

Seine Fragen riefen erneut Angst in mir hervor. Meine Erinnerung konzentrierte sich jetzt auf den Computerraum in Smirnows Haus. Ich stellte mir vor, wie Mascha in Trance auf den beiden Stühlen lag, mit Kabeln an ihrem Körper, die alle äußeren und inneren Bewegungen aufzeichneten. Sie kann ihre Augenlider nicht bewegen. Ihr Körper ist gelähmt, aber ihr Geist ist wach. Ihre Wahrnehmung ist sensibilisiert, und ihre Erinnerung holt sie unausweichlich an den Ort und in die Zeit ihrer Vergewaltigung.

Unter meinen geschlossenen Lidern füllten sich meine Augen mit Tränen, und das Gefühl überwältigender Traurigkeit kehrte zurück. Ich wagte nicht, die Augen zu öffnen und den Tränen freien Lauf zu lassen.

»Jetzt«, hörte ich Michael mit sanfter Stimme sagen, »bewahren Sie dieses Gefühl der Traurigkeit und versuchen Sie, Ihr Bewusstsein auf die Höhe Ihrer Augen zu heben. Verlassen Sie den Raum Ihres Gedächtnisses, in dem Sie das Mädchen sehen, und werden Sie wieder die Betrachterin.«

Es fiel mir leicht, seinen Anweisungen Folge zu leisten. Ich gab mir Mühe und wurde wieder zu dem Wesen, das seinen Sitz in meinen Augen hat, dem Wesen, das alles wahrnimmt. Meine Traurigkeit begann nachzulassen, aber bevor sie völlig verschwand, sorgte Michaels Stimme dafür, dass sie blieb. »Lassen Sie nicht zu, dass die Traurigkeit verfliegt. Seien Sie Beobachterin und fühlen Sie gleichzeitig die Traurigkeit in Ihrem Herzen. Beachten Sie sie, so wie Sie alles andere wahrnehmen, aber ohne in sie zurückzufallen.«

Ich spürte, wie seine Worte meine inneren Abläufe beeinflussten. Er half mir, konzentriert zu bleiben und dieses gleichzeitige Erleben aufrechtzuerhalten. Das Erleben und mein Bewusstsein von Michaels Anwesenheit wurden intensiver. Ich spürte nun seinen Einfluss auf mich, ohne ihn zu hören, ohne ihn anzusehen. Allmählich überkam mich eine so intensive Traurigkeit, dass ich kaum noch Luft bekam. Ich spürte genau, wie sie zunahm. Mein Kopf senkte sich, als würde ich auf den Boden schauen. Meine Augen waren immer noch geschlossen. Und in dem Moment, als die Traurigkeit mich völlig überwältigte, sah ich den staubigen, unebenen Boden, ohne die Augen zu öffnen. Die dünnen gelben Grashalme aus dem Vorjahr peitschten mir ins Gesicht, und ich spürte einen Schmerz, als wäre ich auf den Boden geworfen worden.

Ich stöhnte. Das Bild des staubigen, trockenen Bodens kam in mein Blickfeld und erstarrte vor meinen geschlossenen Augen. Ich konnte nicht umhin, es zu sehen. Ich wusste, dass sich meine Position nicht geändert hatte. Ich saß immer noch mit geschlossenen Augen auf dem Boden. Aber das Bild vor meinen Augen erzeugte jetzt einen unbeschreiblichen Schmerz. Ich spürte Schmerzen in den Händen; sie brannten vor Schmerz, und ich spürte Schmerzen in den Lippen, und meine Zunge schmeckte salziges Blut, Blut, das sich mit meinen Tränen vermischte.

»Was sehen Sie jetzt?«, hörte ich Michaels Stimme ganz aus der Nähe.

Meine Lippen bewegten sich nur langsam, als ich ihm antwortete. »Ich habe eine lebhafte Erinnerung. Es ist eine weit zurückliegende Erinnerung an meine Kindheit. Ich war vielleicht fünf Jahre alt, aber ich erinnere mich ganz deutlich.« Ich verstummte, als die Erinnerung intensiver wurde.

Der Boden vor meinen geschlossenen Augen schwankte, als irgendjemandes Hände mir zu helfen versuchten. Mein Körper fühlte sich schwer an, als ich mich auf den Boden fallen ließ und mich dort festklammerte. Ich wollte nicht, dass mich jemand aufhob. Ich sah die Oberfläche des Bodens mit ungewohnter Deutlichkeit vor mir. Die Struktur jedes einzelnen Steins vor meinen Augen nahm ich wahr. Ich wünschte, ich hätte mich in eins der Sandkörner verwandeln und mich unter dem Gras verbergen können, damit niemand mich fand und in diese grausame Welt zurückbrachte.

»Mein Gott, Olga. Es war bloß eine Katze. Stell dich nicht so an.« Ich höre die Stimme meiner Großmutter. Mein Körper wird ganz weich vor Schwäche, meine Muskeln können keinen Widerstand mehr leisten. Meine Großmutter hebt mich vom Boden auf. Ich bedecke meine Augen mit den Händen, weil Leute um mich herumstehen. Ich spüre, wie sie mich anstarren, und ich will ihre Gesichter nicht sehen. Als meine Großmutter mich ins Haus bringt, halte ich mir die Augen zu.

Jetzt spüre ich, dass ich mit Michael sprechen kann.

»Ich war fünf Jahre alt und verbrachte die Sommermonate bei meiner Großmutter in einer kleinen Stadt namens Kursk in Zentralrussland. Zum Haus gehörte ein Garten. Dort wuchsen Blumen und nahe am Zaun Himbeer- und Stachelbeersträucher. Ein paar hundert Meter vom Haus entfernt gab es einen Fluss, an dessen gegenüberliegendem Ufer ein dichter, dunkler Wald lag. All das hatte ich in mein Herz geschlossen. Es war voller Leben und Magie.

Unsere Nachbarn hatten Hühner, jedermann hatte einen Hund, und ich hatte eine Katze, einen schwarzen Kater mit weißer Brust. Er war groß und hatte glänzendes Fell, er war wild und unabhängig. Für mich war er so etwas wie eine Bezugsperson und nur mir gegenüber zeigte er sich zutraulich. Nachts streunte er meistens herum und kam morgens nach Hause, um zu fressen, dann war er wieder weg, manchmal tagelang.

Einige unserer Nachbarn, die auf die andere Seite des Flusses zum Pilzesammeln in den Wald gingen, sahen den Kater kilometerweit weg von zu Hause, wie er durch die Büsche schlich. Aber er kam immer wieder zurück. Ich machte mir nie Sorgen um ihn. Ich wusste, dass er über magische Kräfte verfügte und sich immer zu schützen wusste. Ich war die Einzige, von der er sich streicheln ließ. Er verstand mich, wenn ich mit ihm sprach, und ich hatte das Gefühl, dass er mir antwortete. Er war mein Freund, mein Vertrauter, meine Verbindung zur Welt der Magie. Ich machte mir keine Sorgen, wenn die Nachbarn zu uns kamen und sich bei meiner Großmutter beschwerten, unser ›schrecklicher‹ Kater hätte Hühner gestohlen und gefressen. Es war schon früher passiert, und es würde wieder geschehen.

Er war ein wildes Tier. Er musste jagen. Die Nachbarn versuchten, ihre Hühner zu schützen, aber er überlistete sie jedes Mal, bis die Nachbarn immer wütender auf ihn wurden. Sie kamen zu meiner Großmutter und beschwerten sich über ihn, als wäre er ein gefährlicher Verbrecher. Ich spürte, dass er sie auf seine eigene Katzenart auslachte, und er jagte weiter ihre Hühner. Mehrmals erklärte sich meine Großmutter einverstanden damit, ihn wegzugeben. Dann sperrten die Nachbarn ihn in ein Auto und brachten ihn kilometerweit weg von zu Hause auf die andere Seite des Waldes. Einige Tage später verschwand wieder ein Huhn aus dem Hühnerstall der Nachbarn; daran erkannte ich, dass mein Kater wieder da war. Ich stellte eine Schüssel mit Milch unter einen Fliederbaum, der nah am Haus stand. Am nächsten Morgen war die Milch verschwunden, und am Abend kam der Kater zu unserem geheimen Platz im Garten und ließ sich von mir streicheln. Dieser Vorgang wiederholte sich einige Male. Die Nachbarn packten ihn wieder ins Auto und brachten ihn weg, und er kam wieder zurück. Manchmal dauerte es einige Tage, manchmal länger als eine Woche. Aber er kam immer zurück. Ich machte mir überhaupt keine Sorgen um ihn.

Ich nahm es meiner Großmutter nicht übel, dass sie den Nachbarn erlaubte, den Kater wegzubringen. Ich hatte begriffen, dass er ein wildes Tier war. Meine Großmutter musste etwas unternehmen, um die Nachbarn zu beruhigen. Einmal verschwand er für ziemlich lange Zeit. Ich wartete Tag und Nacht auf ihn, aber er kam nicht zurück. Ich war traurig, aber ich dachte mir, dass es seine Entscheidung war, wenn er im Wald leben und nicht zurückkommen wollte. Er war ein freies Wesen. Dennoch stellte ich jede Nacht eine kleine Schüssel mit Milch unter den Fliederbaum.

Eines Morgens sah die Nachbarin, die ihn am meisten hasste, wie ich die Milch in den Garten trug. Sie stand auf der anderen Seite des Gartenzauns und rief mir über den Zaun hinweg zu, die Hände in die Hüften gestemmt: ›Für wen ist die Milch, die du jeden Tag dahin stellst?‹

›Für meinen Kater.‹ Ich hatte nicht das Gefühl, es ihr verheimlichen zu müssen.

›Du hast keinen Kater mehr.‹ Sie lachte breit.

›Doch. Er kommt immer wieder‹, beharrte ich, weil ich wusste, dass es die Wahrheit war.

›Ach, wirklich? Du meinst doch nicht etwa das

schwarze, mordlüsterne Vieh, das deine Großmutter hatte, oder?‹ Sie trat näher an den Zaun heran, um mein Gesicht besser sehen zu können.

›Er kommt wieder‹, sagte ich und versuchte, nicht vor ihren Augen zu weinen, weil ich spürte, dass es genau das war, was sie wollte.

›Nein, das wird er nicht. Er kommt nicht zurück, höchstens in deinen Träumen, Herzchen. Iwan, erzähl ihr, was du mit ihrer Katze gemacht hast‹, rief sie ihrem Mann zu.

Der Mann trat aus dem Hühnerstall, blieb in der Tür stehen, um zu sehen, was sie von ihm wollte. Als er verstanden hatte, lachte auch er und rief: ›Mit dem Bastard? Ich habe ihn mit dieser Axt hier in zwei Hälften zerlegt.‹ Er hielt die Axt hoch, mit der er normalerweise den Hühnern den Kopf abhackte. ›Ich hab ihn mir geschnappt, ihn in zwei Hälften zerteilt und in den Müll geworfen.‹

Ich erinnere mich, wie die Milch langsam auf den Boden tropfte, weil meine Hand die Schüssel nicht mehr halten konnte. Wie von weit her hörte ich mich schreien: ›Nein!‹ Ich erinnere mich, dass ich wie in Zeitlupe, wie in einem Traum über den schmalen Weg, durch hohes Gras und Büsche zu unserem Haus lief. Meine Beine gaben nach. Ich wollte schneller laufen, aber sie gehorchten mir nicht. Der lange Ast eines Busches versperrte mir den Weg; ich stolperte darüber und stürzte mit dem Gesicht vornüber zu Boden. Meine Hände brannten von dem Sturz. Auf meinen Lippen schmeckte ich salziges Blut, ich hatte mir auf die Zunge gebissen. Mein Gesicht schlug auf dem staubigen, rauen Boden mit seinem dürren und gelben Gras vom letzten Jahr auf, und ich hatte nur den einen

Wunsch, dass mich niemand von hier jemals wegholen sollte.«

Ich schwieg eine Weile, und als ich meine Augen öffnete, sah ich Michael vor mir stehen. Einen Moment war sein Gesicht voller Mitgefühl, wie ich es zuvor noch bei niemand gesehen hatte. Aber sein Gesichtsausdruck änderte sich sehr schnell wieder, er wirkte wieder entspannt und lächelte mich an. Schweigend reichte er mir die Hand, um mir beim Aufstehen zu helfen. Er sagte nichts, und wir setzten unseren Weg durch die Ruinen von Afrasiab fort.

Kapitel sieben

Bald erreichten wir den Rand des Tals, und ich sah ein Haus auf dem Hügel. Es war ein typisch usbekisches Haus aus weiß gekalkten Ziegelsteinen, umgeben von schlanken Pappeln. Ein einfaches Hinweisschild mit der Aufschrift: »Museum« hing an der geschlossenen Tür. Michael suchte sich einen runden weißen Stein in der Nähe einer Pappel und setzte sich darauf.

»Dies ist ein Ort, an dem man Geschichten erzählt«, sagte er. »Sie haben angefangen, mir Ihre Geschichten zu erzählen, und jetzt werde ich Ihnen, wie versprochen, meine Geschichten erzählen.«

Ich schaute mich um, doch es gab keinen weiteren Stein, der zum Sitzen geeignet war. Dann entdeckte ich in der Nähe der Museumstür eine kleine Holzbank und setzte mich darauf, knapp zwei Meter von Michael entfernt. Die Entfernung war für ein Gespräch nicht sehr angenehm, aber da ich nichts daran ändern konnte, beschloss ich, mich nicht weiter daran zu stören.

»Die Geschichte, die Sie mir gerade erzählt haben, liegt wie eine Schicht über Ihrer Trauer. Sie sind tiefer in den Raum eingedrungen, aus dem Ihr trauriges Gefühl entspringt, und haben diese Erinnerung wiedergewonnen. Das war sehr wichtig, und Sie haben es gut gemacht. Es ist nicht die Geschichte eines Kindes über den Verlust einer Katze. Sie glauben, sich schuldig gemacht zu haben, weil Sie Ihre Katze nicht gerettet haben. Sie glauben, Sie hätten anders handeln können, und dann wäre die Katze gerettet worden. Heute wissen Sie wahrscheinlich, dass ein fünfjähriges Kind in einer solchen Situation wenig ausrichten kann, aber das spielt sich in Ihrem Kopf ab. Ihr Gefühl sagt Ihnen, dass Sie schuldig sind.«

Ich nickte zustimmend.

»Die Tatsache, dass das Trauma irreversibel ist, macht es noch schmerzlicher«, fuhr Michael fort. »Die Unumkehrbarkeit gibt Ihnen ein Gefühl der Machtlosigkeit. Es tut so weh, weil Sie sich die Schuld daran geben, den Tod nicht verhindert zu haben, und weil Sie den Tod nicht rückgängig machen können. Das ist der Faden, der zu etwas führt, das im Kern Ihres Traumes liegt und an das Sie sich als Nächstes erinnern müssen.«

Seine Worte machten mich nervös, doch ich hörte ihm zu, ohne ihn zu unterbrechen.

»Ich möchte Ihnen etwas sagen. Das Trauma ist nicht so irreversibel, wie Ihr Kopf es annimmt. Das Gefühl der Unumkehrbarkeit resultiert aus Ihrem begrenzten Verständnis von der Bedeutung des Todes. Hier brauchen Sie keine Angst vor dem Tod zu haben, obwohl dieser Ort viel mit dem Tod zu tun hat. Dieser Ort gehört zu den wenigen, wo Menschen bewusst mit dem Tod arbeiten, und sie haben im Laufe der Zeit eine Menge Erfahrungen gesammelt. Diese Menschen wissen, dass das Wesen von Traum und Tod ein und dasselbe ist, dass der Unterschied nur in der Intensität liegt. Sie haben hier vor allem mit Träumen gearbeitet, weil sie dadurch lernten, den Tod zu kontrollieren.«

»Die Menschen können den Tod nicht kontrollieren. Der Tod ist nicht kontrollierbar«, sagte ich.

»Natürlich können sie das. Der Tod ist eine subjektive Erfahrung. Wenn man Angst vor dem Tod hat, ist das nicht die Angst davor, dass einem etwas wehtut. Man fürchtet sich davor, wie man das empfindet, was man Tod nennt. Das ist eine rein subjektive Erfahrung, und subjektive Erfahrung ist etwas, das man durchaus kontrollieren kann, wenn man es gelernt hat. Dasselbe gilt für Träume. Sie glauben, Sie können sie nicht kontrollieren. Aber wissen Sie, wie man das macht? Wissen Sie, was das Wesen von Träumen ist? Wenn Sie das wüssten, würden Sie sehr schnell lernen, wie das möglich ist. Die Menschen an diesem Ort hier waren sehr erfahren darin. Sie wussten, wie man mit Träumen arbeitet. Sie verfügten über dieses Wissen.«

Michael schwieg und blickte eine Zeit lang ins Leere, als würde er in die Vergangenheit schauen. Dann schloss er die Augen. Er hob den Kopf gegen die Sonne. Seine Augen bewegten sich unter seinen Lidern, als würde er irgendwelche Bilder sehen, während sein Gesicht vollkommen reglos und entspannt blieb. Ich dachte schon, er hätte mich vergessen. Dann öffnete er die Augen und schaute direkt in die Sonne, und plötzlich wurde mir bewusst, dass bereits mehrere Stunden vergangen sein mussten, seit wir uns am Morgen getroffen hatten.

»Die einzige Möglichkeit, an diesem Ort Wissen zu erlangen, besteht im Austausch. Man muss seine ganze Persönlichkeit einsetzen. Wissen kann man nicht erlangen, indem man beschließt, es zu erwerben. Sie müssen Ihre Geschichte dafür eintauschen. Und Sie müssen die Geschichten dieses Ortes und der Menschen, die in diesem Land gelebt haben, erfahren. Das wird für Sie hier ein Teil des Austauschs sein.

Die Geschichten der Menschen, die hier transformiert wurden, müssen jetzt wieder erzählt werden, um ihre Erfahrungen zu neuem Leben zu erwecken, ihre Transformation zu Ende zu bringen und den Transformationsprozess derjenigen, die die Geschichten hören, zu beschleunigen. Dieses Land möchte die Geschichten Menschen in anderen Ländern erzählen, damit sie aus ihnen Wissen gewinnen. Die Seelen unserer Urahnen müssen wieder erweckt werden, um die Erinnerungen der heute Lebenden zu verändern.

Die Traumata vergangener Generationen leben in ihren Nachkommen fort, auch wenn die meisten Menschen sich dessen nicht bewusst sind. Die alten Geschichten zu erzählen wird dabei helfen, diese Traumata zu heilen und im Leben vieler Menschen von heute etwas Entscheidendes zu ändern. Sie müssen also diese Geschichten, nachdem Sie sie von mir gehört haben, weitererzählen, wenn Sie nach Hause zurückkehren.«

Er sah mich an, und als er an meinem Gesichtsausdruck erkannte, dass ich mich lieber zu nichts verpflichten wollte, fügte er hinzu: »Es ist eher eine Frage der Verantwortung als der Entscheidung. Ich arbeite oft für diesen Ort, auch dann, wenn ich eigentlich keine Lust dazu habe. Es ist, als würde diese Ruinenstadt mich dazu drängen. Aber ich weiß, dass ich zu den wenigen Menschen gehöre, die die Geschichten dieses Ortes erzählen können, und ich muss es tun. Für Orte ist es schwieriger, ihre Geschichten weiterzugeben, denn nur Menschen können Geschichten erfinden und erzählen, deswegen brauchen Orte uns, damit wir ihre Geschichte erzählen.«

Er ließ einen Augenblick verstreichen. »Dieser Ort ist sehr alt. Seine Geschichte besteht aus vielen Schichten. Diese Schichten sind miteinander verbunden, sie beeinflussen einander und bleiben lebendig, stehen mit uns in Kontakt durch direkte Kraftlinien. Ich stehe mit dem ältesten Gesicht dieser Stadt in Verbindung, mit dem Ursprung dessen, was man heute Afrasiab nennt. Wissen Sie, wer das ist, Afrasiab?«

»Ich weiß, dass diese Ruinenstadt so heißt. Ist es auch der Name eines Menschen?«

»Ja, es ist der Name eines Menschen. Es gibt eine alte Legende, die von ihm erzählt. Einige Teile davon gingen verloren, einige wurden absichtlich aus dem Gedächtnis der Menschen gelöscht, aber die Legende ist immer noch lebendig. Ich werde sie Ihnen so erzählen, wie ich sie gehört habe. Und auch wenn Ihnen einiges davon seltsam und verwirrend erscheinen mag, muss sie auf diese Weise erzählt werden. Es heißt, Afrasiab sei so furchtlos gewesen wie ein Tiger. Er war Herrscher dieser Stadt während der Goldenen Zeit, der Zeit, als die Welt noch eine Einheit war. Er diente seinem Gott treu und ergeben, und als Gegenleistung erhielt er große Macht.«

Michael verfiel in Schweigen; er schien zu überlegen, was er sagen konnte und was nicht.

»Wer war damals sein Gott? Das ist sehr lange her, nicht wahr?«

»Sein Gott war ein Gott der Sonne und der Lebenszeit, Herrscher über den Himmel und Herr des Donners. Sein Gott ließ heiliges Lebenswasser von der Spitze des Weltbergs fließen, das alles zum Leben erweckte.

Sein Gott war eine Frau, die Große Mutter Anachita, und Afrasiab diente ihr wie ein Tiger. Er war seiner Göttin treu und ergeben, denn er vertraute auf ihre Liebe. Frauen und Männer waren damals gleichberechtigt, und die Macht war gerecht unter ihnen aufgeteilt. Es gab sowohl männliche als auch weibliche Priester, die Anachita dienten. Afrasiab war kein Priester, aber er ließ in seinem ganzen Königreich Anachita zu Ehren Feuertempel errichten, und er sorgte für den Schutz dieser Tempel. Sie hießen *Sufa*, und man kann heute noch im Osten dieser Ruinenstadt Überreste von einigen von ihnen finden.

In den *Sufa* bewahrten die Menschen die Goldene Zeit, bis der Neid alles zerstörte. Zwei Brüder waren die höchsten Priester der Anachita. Einer von ihnen, Zarataschta, kam irgendwann zu der Überzeugung, dass er mächtiger sein sollte als sein Bruder. Er wurde zum Feind seines Bruders und zum Feind der Leben spendenden Göttin. Als er Pläne schmiedete, ihren geheimen Schatz zu stehlen, erfuhr sie von seinen Absichten und verschwand mit dem Schatz. Er verfolgte sie. Als er sie fast eingeholt hatte, riss sie sich die Kette vom Hals, die den geheimen Schatz enthielt, und warf sie auf den Grund eines versteckten Sees am Fuß des Berges. Sie ließ Milch in den See regnen, um den Schatz zu verbergen.

Machtlos und wütend schwor Zarataschta Rache.

Die Göttin verließ diese Welt, denn sie wusste, dass der Neid sich bereits in ihr eingenistet hatte. Sie versteckte sich auf dem Stern Sirius, wo sie zuvor gelebt hatte. Von dort aus herrschte sie weiterhin über die Welt. Als Afrasiab von all dem erfuhr, machte er sich auf den Weg und wanderte viele Meilen weit, ohne zu essen und zu schlafen, bis er schließlich den geheimen See fand. Mitten in dem See lag eine Insel, auf der ein *Haoma*-Baum wuchs. Dieser enthielt den Saft, mit dem Anachita die Erde mit den Sternen verband.

Afrasiab ließ sich in der Nähe des *Haoma*-Baums nieder und erfuhr alles über den See. Er erfuhr, dass der Schatz auf dem Grund des Sees verborgen lag, an den tiefsten Wurzeln des Baums. Vom weißen Vogel, der auf dem Baum lebte, lernte er, wie man die Samen des *Haoma*-Baums sammelt. Er warf die Samen in den heiligen Feuerkreis des Tempels, den er auf Weisung des Vogels auf der Insel errichtet hatte. Der Rauch des Feuers, den er einatmete, verlieh ihm Kraft.

Afrasiab legte alle Kleider ab und tauchte dreimal in den See, und beim dritten Mal erreichte er den Schatz am Grund des Sees. Der Schatz war der Schlüssel zur Unsterblichkeit. Als die Göttin Anachita das sah, war sie erfreut über seinen Mut. Von ihrer Heimat auf dem Stern Sirius schickte sie vierzig schöne Männer und Frauen, vierzig altehrwürdige Geister, die Afrasiab zu Diensten sein sollten.

Nach zweitausend Erdenjahren beschloss Afrasiab, die Erde zu verlassen. Auf Anachitas Geheiß errichtete er einen geheimnisvollen Bau: eine Tempelfestung aus glänzendem Metall, in Form einer sphärischen Kugel und hermetisch verschlossen. In diesem Tempel versteckte er sich. Drinnen gab es künstliche Sterne, eine Sonne und einen Mond. Ihr Licht beleuchtete einen wundersamen Garten. In diesem Tempel hatte Afrasiab alles, was er wollte. Da seine zweitausend Erdenjahre fast vorüber waren, war Afrasiab bereit, seinen Tempel auf den Gipfel des höchsten Berges zu versetzen, den Anachita mehrmals im Jahr aufsuchte.

Um bei diesen Besuchen in ihrer Nähe sein zu können, schuf er sieben leuchtende Säulen, die den Tempel zum Gipfel hinauf heben sollten.

Aber als er am letzten Tag seiner zweitausend Jahre durch seinen Garten ging, entdeckte er einen dunkelhäutigen Mann, dessen Gesicht er nicht erkennen konnte. Vorsichtig näherte er sich dem Mann, und als er ihn ansah, bemerkte er, dass es sein eigener Schatten war, der durch den Garten schlenderte, als wäre er ein eigenständiges Wesen.

Dies geschah, weil Zarataschtas Neid all die Jahre überdauert hatte und Zarataschta das Ende der Goldenen Zeit auf der Erde abwartete, um endlich Rache zu nehmen. Sein Gift erreichte Afrasiabs Tempel, und dadurch sah Afrasiab seinen eigenen Schatten. Doch all dies geschah nach dem Willen der großen Göttin Anachita. Sie wusste, dass sich die Goldene Zeit ihrem Ende näherte und dass eine Zeit der Rivalität folgen würde, in der die Menschen das Wissen der Göttin vergessen würden. Sie beschloss, Afrasiab das Schicksal des Opfers aufzuerlegen und ihn zum lebenden König der Toten zu machen. Denn er allein besaß den Schatz der Unsterblichkeit und konnte daher in der herannahenden Zeit, in der die Liebe der Göttin in Vergessenheit geraten würde, den Menschen bei ihrem Übergang vom Leben in den Zustand nach dem Tod helfen.

Afrasiabs sphärisches Tempelschiff erreichte nie den Gipfel des höchsten Berges. Es verschwand von unserer Welt in die Welt unserer Ahnen, wo Afrasiab der erste menschliche König der Toten wurde.

Seit jener Zeit erscheint Afrasiabs Tempelfestung als leuchtendes sphärisches Schiff über den Bergen, wenn es zwischen der Welt unserer Ahnen und Anachitas

Königreich hin und her fliegt. Afrasiab rettet diejenigen, die gestorben sind, vor dem zweiten Tod.«

Eine ganze Weile blickte Michael schweigend in den Himmel, dann, bevor ich dazu kam, ihn zu fragen, was er mit dem zweiten Tod meinte, sagte er leise: »Das war der Beginn des Kampfes. Wir tragen seine Folgen in unserem Gedächtnis, in der gleichen Art, wie wir Erfahrungen verarbeiten. Der Kampf hat sowohl das Gedächtnis jedes Einzelnen als auch das kollektive Gedächtnis verletzt. Das Gedächtnis wurde gespalten, und es entstanden viele Schatten.

Als Zarataschta Rache schwor, wusste er, dass er nicht eigenhändig Vergeltung üben würde. Er wartete auf eine andere Möglichkeit. Seine von Zorn und Angst erfüllten Erinnerungen flossen wie ein Strom durch die Erinnerungen von Generationen seiner Nachkommen, auf der Suche nach einem Ort, wo sie sich einnisten konnten. Schließlich erreichten sie einen Jungen, der immer bei allem der Zweitbeste war. Es schmerzte, nicht der Beste zu sein. Sein älterer Bruder diente Anachita als Priester, während der Junge nur ihrem Sohn, Akhura Mazda, dienen durfte. Im Leben des Jungen gab es keine Liebe. Anachitas Sohn zu dienen konnte die schmerzliche Eifersucht auf seinen Bruder nicht heilen, und so wurde er schließlich besessen von dem Streben danach, *der Erste* zu werden. Er sagte sich von seiner Tradition los, von seiner Familie und seinem Zuhause und reiste in andere Länder, um dort seinen eigenen Glauben zu predigen und der oberste aller Priester zu werden. Der Name des Jungen war Zoroaster.

Er ließ Anachitas Tempel zerstören, damit der Glaube seines Bruders nicht über seinem stand, damit sein

Bruder nicht der Erste blieb. Er würde in Zukunft der Erste sein. Um etwas anderes zu schaffen, musste Zoroaster die Tradition in ihr Gegenteil verkehren. An die Stelle der Einheit trat Spaltung. Alles wurde in zwei gespalten: schwarz und weiß, gut und schlecht, zuerst und zuletzt. Das war das Ende der Goldenen Zeit.

Zoroaster war der Erste, der neue Gesetze einführte. Um ihnen Geltung zu verschaffen, musste er das Gedächtnis der Kultur ändern. In seinen Predigten machte er Afrasiab für alle Sünden verantwortlich und sorgte dafür, dass dieser in den Augen seines Volkes als Feind dastand. Zoroaster verdunkelte Afrasiabs Namen, aber das gelang ihm nur an der Oberfläche, denn ›im Untergrund‹ ist Afrasiab immer noch der lebende König, und vierzig uralte Geister sind ihm auf Geheiß der Göttin Anachita zu Diensten.

Sie, Olga, wissen nicht viel über Zoroaster und seine Lehre, aber Ihre Psyche funktioniert nach den Regeln der Spaltung, die er eingeführt hat. Das Bewusstsein wurde aus dem Zentrum des Seins entfernt, indem alles in schwarz und weiß aufgespalten wurde, sodass auf beiden Seiten viele Schatten entstanden. Es gibt verschiedene Möglichkeiten, die Spaltung zu überwinden und die Schatten zu umgehen. Dies hier ist etwas, das Ihnen dabei helfen kann.«

Michael nahm eine kleine Scherbe von einem uralten Tontopf aus seiner Tasche und reichte sie mir. Ähnliche Scherben hatte ich auf den staubigen Wegen liegen sehen, als wir durch die Hügel von Afrasiab gewandert waren. Auf der Scherbe, die Michael mir gab, war eine simple Swastika abgebildet, sie sah genauso aus wie die anderen Zeichnungen der Swastika, die ich gestern an den Wänden der Ruinen gesehen hatte.

»Dies ist ein sehr mächtiges Symbol, das die Spaltung unserer Psyche aufheben kann«, sagte Michael, während ich die kleine Scherbe betrachtete, die gut in meine Handfläche passte. »Seine vier Arme verbinden die linke und die rechte Hälfte unseres Gehirns und stellen dadurch eine Verbindung zwischen Gegenwart und Vergangenheit her. Außerdem verbinden die Arme das Handeln und die Wahrnehmung auf eine Weise, die sich von unserer normalen Erfahrung unterscheidet, sodass im Zentrum des Symbols ein Gefühl von Einheit entsteht. Diese Erfahrung zerfällt nicht in verschiedene Erinnerungsräume, sondern dient als Tor zur Goldenen Zeit, als die Zeit noch ungeteilt war.

Das Symbol der Swastika spielt eine wichtige Rolle für die Arbeit in unserer Tradition der Traumheilung. Ihre Arme verbinden Gegenwart und Vergangenheit, Handeln und Wahrnehmung auf eine ganz besondere Weise, und ihr Zentrum steht in direktem Zusammenhang mit allen Erinnerungsebenen. Wenn man es versteht, dieses Symbol zu aktivieren und damit zu arbeiten, dient das Zentrum des Symbols als Tor zum Raum der Träume. In diesem Raum sind alle Erinnerungen, die je gespeichert wurden, miteinander verbunden, und in diesem Raum kann man sie erreichen und umwandeln. Im Zentrum existieren keine Schatten. Es steht mit jeder im Gedächtnis gespeicherten Erfahrung in direktem Kontakt.

Das Zentrum dieses Symbols ist das Tor zum Raum der Träume, und wenn man es versteht, damit zu arbeiten, ermöglicht es eine bestimmte Art von Träumen: *luzide* Träume, in denen Handeln und Wahrnehmung auf eine Weise eins sind, die sich völlig von unserer normalen Erfahrung unterscheidet. Im normalen

Leben gibt es nur eine Erfahrung, bei der Handeln und Wahrnehmung, Vergangenheit und Gegenwart eins sind wie in luziden Träumen. Das ist die Erfahrung des Orgasmus. Seine Einheit kann auch benutzt werden, um die Erinnerungsdämonen zu heilen, aber das ist nicht die Art und Weise, wie wir arbeiten. Wir arbeiten mit Träumen, und zur Heilung benutzen wir den Raum der Träume.

Luzide Träume sind die am engsten mit dem Tod verwandte Erfahrung, die man machen kann, solange man am Leben ist. Ich gehöre der Tradition von Heilern an, die Erinnerungsdämonen heilen, um Menschen vom letzten Trauma zu heilen, dem Trauma des Todes. Wie ich Ihnen schon sagte, besteht der einzige Unterschied zwischen dem Tod und dem Traumerleben in der Intensität unserer Wahrnehmung. Durch den Tod wird das, was wir subjektives Erleben nennen, vollkommen objektiviert. Luzide Träume sind eine Möglichkeit, sich darauf vorzubereiten, indem man mit der flüchtigen Traumsubstanz arbeitet und heilende Veränderungen herbeiführt, bevor die Erinnerungsdämonen sich einnisten und nach dem Tod ihr zerstörerisches Werk tun können. Luzide Träume schützen vor dem Schmerz, den uns die Erinnerungsdämonen zufügen, und in luziden Träumen kann man die nötige Kraft entwickeln, um die Dämonen zu besiegen.

Im normalen Leben gewinnen die Erinnerungsdämonen Macht über uns, indem sie Bilder aus der Erinnerung einsetzen, die Depressionen und Ängste auslösen. In luziden Träumen gibt es keine Depressionen und auch keine Ängste. Wenn das geschähe, wäre der Traum sofort vorbei. Nehmen Sie dieses Symbol mit, es wird Ihnen heute Nacht helfen.«

Ich hielt die Scherbe mit der Swastika immer noch in der Hand, doch ich war mir nicht sicher, ob ich sie mitnehmen sollte. Michael verstand meine Zweifel.

»Die Swastika wurde tausende von Jahren vor den Nazis benutzt, und zwar ausschließlich zum Zweck der Heilung und des Ausgleichs, niemals zum Schaden oder zur Zerstörung. Die Nazis haben sie missbraucht, weil es unter ihnen Menschen gab, die Verkörperungen von Erinnerungsdämonen waren. Sie waren Ausgeburten der Dämonen, und sie versuchten, die stärkste Waffe, mit der man sie hätte bekämpfen können, unschädlich zu machen. Deswegen haben sie das Symbol der Swastika umgedreht und daraus ihr Hakenkreuz gemacht, um sich vor ihrer heilenden Wirkung zu schützen. Aber sie sind unterlegen. Sie werden immer unterliegen.

Es ist nur eine Frage der Zeit, bis vollständige Heilung eintritt, aber früher oder später werden die Erinnerungsdämonen geheilt. Sie kommen jedoch immer wieder zurück, vermehren sich im Laufe der Geschichte mit Hilfe der unterschiedlichsten Persönlichkeiten und beschädigen immer wieder das kollektive Gedächtnis. Zurzeit bedarf es großer Anstrengung, um sie zu heilen. Also nehmen Sie dieses Symbol mit in Ihr Hotel und haben Sie keine Angst davor. Kommen Sie morgen gegen Mittag wieder hierher. Und machen Sie sich keine Gedanken darüber, was Sie morgen sagen sollen.

Lassen Sie es vor sich im Raum stehen, wo Ihre Gedanken es noch nicht erreichen und es nicht verändern können. Lassen Sie es zu, dass sich der Prozess, der in Ihnen begonnen hat, heute Nacht in Ihren Träumen fortsetzt. Die Swastika wird Ihnen helfen. Denken Sie nur an das, was Sie um sich herum sehen, dann werden Sie sicher zurückkehren. Wir sehen uns hier morgen Mittag wieder. Bringen Sie ein Tuch mit, um Ihren Kopf zu bedecken. Es wird ein heißer Tag.«

Kapitel acht

Ich ging allein zurück durch die sanfte Hügellandschaft von Afrasiab. Zu meiner Rechten erstreckte sich die Kuppelreihe der Shakh-i-Zindeh-Moschee. Ich erinnere mich noch gut an das Gefühl, das ich auf diesem Weg hatte – es war nicht Nachdenken und auch kein logisches Abwägen, sondern ein tiefes, umfassendes Gefühl, das meinen ganzen Körper durchdrang. Heute würde ich es beschreiben als eine Mischung aus archaischen Energien, die aus einer vergangenen Zeit herrührten, und intensiven kosmischen Kräften, die von weit her kamen. Damals hatte ich gar keine Bezeichnung dafür. Ich spürte nur, dass ich eine staubige Straße entlangging und wusste, dass ich am nächsten Tag zurückkommen würde. Nicht dass ich mich darauf gefreut hätte, es erschien mir einfach unvermeidlich.

Als ich wieder in Samarkand eintraf, war es noch nicht so spät, wie ich vermutet hatte. Hier hatte Zeit eine andere Qualität und pulsierte in einem anderen Rhythmus als an allen anderen Orten, die ich bisher besucht hatte.

Der Bazar war zu dieser späten Nachmittagsstunde voller Menschen, die nach der Arbeit einkaufen gingen. Ich fand einen kleinen Laden, über dessen Eingang ein hölzernes Reklameschild mit der Aufschrift

»Stoffe« hing. Es war ein wenig kühl in dem Laden, der aus einem winzigen abgedunkelten Raum bestand. Auf einem schmalen Tresen stapelten sich Seidenstoffe, und an den Wänden hingen Schals in verschiedenen Größen und Farben.

Mein Blick fiel auf ein schönes weißes Schultertuch aus Seide. Es wirkte schlicht und schien nicht besonders teuer. Ich bat darum, es mir ansehen zu dürfen, und ein junges Mädchen, das seinem Vater half und gerade mit einem anderen Kunden sprach, reichte es mir. Das Tuch fühlte sich so weich an wie die Haut eines Babys und war, als ich es näher ans Licht hielt, eher cremefarben als weiß. Ich kaufte es, ohne lange nachzudenken.

»Morgen wird ein heißer Tag.« Ich erinnerte mich an Michaels Worte. Dabei fiel mir auf, dass für mich alles, was er sagte, immer mehr an Autorität gewann, und es immer schwieriger wurde, mir die Frage zu stellen, warum ich ihm eigentlich vertrauen sollte. Ich tat es einfach und hatte keine Lust mehr, mir Gedanken zu machen, warum es so war.

Michael hatte die Lasten nicht von meiner Schulter genommen. Er hatte sie mir eher noch bewusster gemacht. Aber seine Gegenwart war von einer besonderen Qualität. Ich empfand ihn mehr als eine Traumgestalt denn als ein gewöhnliches menschliches Wesen. Seine Gegenwart brachte meine Erfahrung in Samarkand in die Nähe einer Traumrealität, und Michael war das Bindeglied zu dieser Traumebene – der wahre Meister der Träume, wie ich später erfahren sollte.

Immer noch war ich von dieser untergründigen Angst erfüllt, besonders als ich mein Hotelzimmer betrat. In meiner Abwesenheit war es gereinigt worden, und meine Sachen lagen in einer Ecke, als hätte ich hier nichts zu suchen. Sie wirkten fremd, als gehörten sie zu einer anderen Welt – der modernen Welt, in der die Menschen nach ihren Regeln und Gesetzen lebten und glaubten, sie könnten die Zukunft vorhersehen. Mir war klar, dass ich diese Welt hinter mir gelassen hatte, obwohl ich immer noch ihr Zeuge sein konnte, indem ich fernsah, den Inhalt meiner Taschen untersuchte oder telefonierte. Es war so einfach, eine Nummer zu wählen und mich mit irgendeinem dieser »modernen« Menschen verbinden zu lassen. Aber ich hatte keinerlei Bedürfnis danach.

Ich richtete mich gerade auf die Rolle des Beobachters in dieser Welt ein. Es war beängstigend, aber ich spürte, dass es für mich genau das Richtige war. Den Schutz, den mir die moderne Welt bot, aufzugeben und Michael voll zu vertrauen: Das war die richtige Entscheidung.

Als ich an jenem Abend in das Hotel zurückkehrte, erkundigte ich mich an der Rezeption, ob Nachrichten für mich hinterlassen worden seien. Es waren keine da, und als ich am nächsten Tag und in den folgenden Tagen nachfragte, bekam ich dieselbe Antwort. Es berührte mich nicht mehr, irgendwie waren mir Nachrichten mittlerweile gleichgültig. Was mir mit Michael widerfuhr, ließ mich Wladimir vergessen, und ich gab es auf, noch länger auf ihn zu warten.

Sehr schnell brach die Nacht über die Stadt herein. Müde von den Ereignissen des Tages ging ich zu Bett, schob das Swastika-Symbol unter mein Kopfkissen und fiel sofort in tiefen Schlaf. Ich hatte einen merkwürdigen Traum: Ich bin wieder in Russland. Ich überquere den Roten Platz in Moskau, auf dem sich zu dieser Stunde der Abenddämmerung kein Mensch befindet. Es ist kalt, und der Wind bläst mir den Schnee ins Gesicht. Ich drehe mich um und sehe ein schwarzes Auto näher kommen. Es hält zu meiner Linken an, damit ich einsteigen kann. Sobald ich auf dem Beifahrersitz Platz genommen habe, fährt es langsam an, als nähme es an irgendeiner feierlichen Prozession teil. Ich sehe das Gesicht des Fahrers nicht, aber spüre seine Anwesenheit, und ich empfinde etwas sehr Merkwürdiges, etwas äußerst Unerklärliches an seiner Anwesenheit. Ich habe das Gefühl, dass hinter mir auf der Rückbank Menschen sitzen, aber ich kann auch sie nicht sehen.

Ich betrachte das dunkle, alte Ziegelpflaster des Platzes, über den wir langsam dahinfahren.

Ich sehe eine Gruppe von Leuten, die zu der rechten Ecke des Platzes gehen. Es sind alles Kinder, die in perfekt geschlossenen Reihen nebeneinander herlaufen. Ihre Anführer schlagen Trommeln und geben den Rhythmus der Bewegung an. Ihre Gesichter sind ernst und konzentriert. Sie tragen flatternde scharlachrote Seidenschals um den Hals. Die Gruppe marschiert direkt auf unser Auto zu. Die Kinder kommen immer näher, und ich kann ihre Gesichter unterscheiden. Ich erkenne kein einziges dieser Gesichter, aber alle zusammen erwecken in mir den Eindruck, sie vor sehr langer Zeit schon einmal gesehen zu haben. Sie bemerken mich nicht und sehen auch das Auto nicht. Wir bewegen uns langsam, aber unausweichlich aufeinander zu.

Sie befinden sich jetzt direkt vor mir, nur wenige Meter entfernt. Weder das Auto noch die Kinder verlangsamen die Geschwindigkeit. Ich kann meinen Kopf noch immer nicht zum Fahrer hin drehen, um ihn zu fragen, was hier geschieht. Also sitze ich einfach da, unbeweglich, und sehe zu, wie die Kinder unerbittlich näher kommen.

Meine Unfähigkeit, an der Situation etwas zu ändern, löst Panik in mir aus. Ich bin gelähmt vor Angst, denn es ist abzusehen, dass etwas Furchtbares geschehen wird. Der schwere schwarze Wagen wird die Kinder im nächsten Augenblick erreichen, aber sie nehmen ihn immer noch nicht wahr. Nichts wird das tragische Zermalmen der Körper aufhalten. Ich versuche zu schreien, aber es geht nicht. Als ich die Augen zumachen will, um nicht Zeuge dieser blutigen Szene zu werden, habe ich keine Kontrolle mehr über meine Augenlider. Mit weit geöffneten Augen muss ich zuschauen, wie sich dieses schreckliche Szenario vor mir entwickelt. Als ich die Gesichter der Kinder in den vorderen Reihen direkt vor mir sehe, erreicht meine Panik ihren Höhepunkt.

Im nächsten Augenblick löst sich mein angehaltener Atem in einem Schrei. Zuerst sind es die Hände der Trommler, dann die Halstücher, schließlich die Körper und die Gesichter der Kinder, die ungehindert durch die Wagenfront, durch die Sitze und auch durch mich hindurchgehen. Meine Angst lässt nach, aber der Schreck sitzt mir in den Gliedern. Die Kinder bestehen aus anderer Materie als das Auto. Sie spüren meine Berührung nicht; sie können meinen Schrei nicht hören; sie marschieren stolz weiter, als wäre absolut nichts geschehen. Sie gehen durch mich und das Auto hindurch und verschwinden irgendwo hinter mir. Ich kann jetzt meinen Kopf wenden und alles erkennen.

Ich sehe den Fahrer, einen jungen Mann in einer schwarzen Wolljacke mit einem runden Gesicht und ebenmäßigen Profil. Sein Schädel ist rasiert, und sein Blick aus den hellblauen Augen ist wie gebannt auf die Straße gerichtet. Ich wende mich zum Rücksitz um. Ich weiß, dass etwas Ungewöhnliches mit mir geschieht, und ich weiß auch, dass die Personen auf dem Rücksitz wissen, was dies ist. Ich erkenne zwei kleine menschliche Figuren, die nebeneinander sitzen, die Hände auf den Knien. Sie betrachten mich und verstehen genau, was in mir vorgeht. Wieder werde ich von Panik erfasst.

Diese Figuren sind Menschen mit Vogelköpfen, mit großen befiederten Köpfen und langen Schnäbeln, und aus ihren schwarzen Vogelaugen sehen sie mich an. Die nicht zu leugnende Wirklichkeit ihrer Anwesenheit, die ich deutlich empfinde, sagt mir, dass etwas Schreckliches und Irreparables mit mir geschehen ist.

»Ist schon etwas mit mir geschehen?«, wage ich sie zu fragen, denn ich weiß, dass sie meine Worte und meine tiefsten Gefühle verstehen.

Da sie keinen Mund haben und deshalb auch nicht sprechen können, bestätigen sie meinen Verdacht durch Kopfnicken. Als sie ihre Vogelköpfe langsam bewegen, dringt die Erkenntnis in mein Bewusstsein, und ich formuliere sie, beinahe gegen meinen Willen, in meiner nächsten Frage: »Bin ich schon gestorben?«

Noch bevor sie ihre Kopfbewegung wiederholen, kenne ich die Antwort. Tiefe Traurigkeit und Melancholie erfüllen mich. Die Türen zu der einzigen Existenzform, die ich kannte, die Türen zu meinem physischen Leben, haben sich geschlossen. Ich habe nicht den Schlüssel, um sie erneut zu öffnen. Der Eingang ist mir verwehrt. Ich bin zurückgelassen worden in einer Welt, in der Menschen mit Vogelköpfen herrschen, und ich verfüge über keinerlei Schutz oder Wissen, das mir helfen könnte.

Plötzlich erwachte ich, überwältigt von Traurigkeit. Dieser Traum ergab überhaupt keinen Sinn, aber seine Bilder waren so überzeugend und ganzheitlich, dass ich die Angst nicht mehr brauchte, die mir dazu verholfen hatte, den Grund für meine Traurigkeit nicht sehen zu müssen. Der Traum eröffnete mir den Raum meines tiefsten Traumas, er zeigte mir die verdeckten Räume meiner Erinnerung, denen ich auszuweichen versuchte. Und ich begriff, dass ich mich jetzt damit auseinander setzen musste, dass ich von nun an meiner Schuld und Traurigkeit nicht mehr würde entfliehen können.

Die Halstücher der Kinder spukten immer noch in meinem Kopf. Unbewusst fasste ich mir an die Kehle und versuchte, mein Seidentuch zu lockern, als läge es nach wie vor um meinen Hals und drohte mich zu ersticken. Der Traum hatte etwas Befreiendes, und ich wusste, dass ich jetzt in der Lage sein würde, Michael zu erzählen, was mich so bedrückte.

Am nächsten Vormittag hatte ich noch etwas Zeit, ich verließ das Hotel nach dem Frühstück und machte mich auf den Weg in eine Buchhandlung. Vor dem Zusammenbruch der Sowjetunion waren auch in Usbekistan viele Bücher auf Russisch geschrieben worden, in der damaligen Amtssprache. Auf der Suche nach der Beschreibung der Tradition, die Michael lehrte, blätterte ich einige Bücher durch, konnte aber keinerlei Hinweise finden. Bücher über Sufismus kamen dem, wonach ich suchte, am nächsten, doch sie hatten andere Schwerpunkte. Ich fand nichts Spezifisches zur Tradition der Traumheiler. Bevor ich den Buchladen verließ, entdeckte ich ein umfangreiches Werk mit dem Titel »Mythologisches Wörterbuch« und schlug unter »tsch« nach. Auf der Seite gab es eine kurze Beschreibung des Wortes »*Tschiltan*«:

»Der Begriff *Tschiltan* stammt aus dem Persischen und bedeutet ›vierzig Menschen‹. In zentralasiatischen Traditionen werden sie beschrieben als vierzig unsichtbare mächtige Geister, die die Welt regieren. Ein *Tschiltan* ist meist für Menschen nicht sichtbar, aber er kann auch ein normales Leben unter Menschen führen. Nach usbekischer Legende leben *Tschiltans* auf abgelegenen Inseln, die für Menschen unerreichbar sind. Gelegentlich versammeln sie sich an geheimen Orten in der Nähe von Begräbnisstätten oder von antiken Stätten. Einige usbekische Gruppen vertreten die Ansicht, *Tschiltans* seien die ersten Schamanen und Lehrer von Schamanen gewesen. Manchmal erscheinen sie als vierzig schöne junge Männer und Frauen, die nachts tanzen.«

Aus dieser dürftigen Beschreibung konnte ich keinen Zusammenhang zu dem ableiten, was mir die Frau am Vortag im Bazar gesagt hatte. Ich klappte das Buch zu, konnte die darin enthaltenen Informationen nicht zu meiner Erlebniswelt in Beziehung setzen, und machte mich auf den Weg nach Afrasiab, um Michael zu treffen.

Er war schon vor mir dort. Ich sah ihn aus der Ferne, wie er über tiefe Spalten zwischen den Hügeln sprang. Sein Körper wirkte schwerelos. Offensichtlich war er so gut trainiert, dass ihm die Sprünge keinerlei Mühe bereiteten. Als ich näher kam, begrüßte er mich mit einem kurzen »Hallo« und sprang mit einem

Satz auf die andere Seite des tiefen Brunnens, den man in diesen antiken Grund gebohrt hatte. Die Breite des Brunnens betrug nicht viel mehr als eine normale Schrittlänge, aber er war so tief, dass ich nur die glatten, runden Wände sehen konnte, die in die Erde führten, nicht aber den Grund. Michael stand auf der anderen Seite des Brunnens, und als ich zu ihm hingehen wollte, hielt er mich auf. »Nein. Gehen Sie nicht. Springen Sie einfach.«

Ich blickte noch einmal in den Brunnen. Er wirkte wie ein dunkler Tunnel ohne Ende, und er war breit genug, dass mein Körper bis auf den Boden fallen würde, wenn ich den Sprung nicht schaffte. »Danke, aber mir ist nicht danach«, sagte ich so ruhig wie möglich, in der Hoffnung, er würde nicht darauf bestehen.

»Warum nicht?« Offenbar hatte er nicht vor, das Thema fallen zu lassen.

»Weil es nicht viel Sinn ergibt, und ich habe schlicht keine Lust dazu.«

»Haben Sie Angst davor?« Er musterte mich aufmerksam.

»Vielleicht ja, vielleicht auch nicht. Ich habe nicht einmal Lust herauszufinden, warum ich nicht über diesen dämlichen Brunnen springen will.«

»Aha, Sie regen sich ja richtig auf. Warum, Olga? Sie sind so eine nette Frau. Warum sträuben Sie sich so gegen meinen Vorschlag?«

»So wie Sie das fragen, hört es sich an, als wüssten Sie bereits, warum es mir widerstrebt. Was glauben Sie denn, warum ich es nicht tun will?«

»Ganz einfach. Weil es bedeuten würde, dass Sie von Fixierungsmustern abweichen müssten. Fixierung ist ein Mechanismus, mit dessen Hilfe die Psyche ihre

Spaltung aufrechterhält, und es ist der Mechanismus, den die Erinnerungsdämonen benutzen, um innerhalb verschiedener Erinnerungsbereiche weiter existieren zu können. Wenn Ihre Energie fließt, wenn Ihr Körper geschmeidig ist, wenn Sie leicht über einen Abgrund springen können, dann arbeitet Ihre Psyche auf andere Weise, und Ihr Gedächtnis kann alle abgetrennten und verborgenen Räume loslassen – damit Sie eins werden mit dem Rest Ihrer Psyche. Außerdem macht es Spaß, über einen Brunnen zu springen.«

Bei seinen letzten Worten sah Michael aus wie ein kleiner Junge, dem es tatsächlich Spaß macht, über Brunnen zu springen, und ich spürte, wie mein Ärger verflog. Ich schaute noch einmal in den Brunnen hinunter, aber seine Tiefe machte mich nervös.

»Ich habe einfach Angst, drüber zu springen«, sagte ich freundlich in der Hoffnung, er würde jetzt wirklich nicht weiter darauf beharren, nachdem ich meine Angst eingestanden hatte. Er lachte vergnügt. ›Nichts von dem, was in meinem Innern vorgeht, bleibt ihm verborgen‹, dachte ich.

»Sie können es als Übung betrachten«, meinte er. »Die höchste Kunst, die man sich selbst beibringen kann, ist die Kunst, die Perspektiven zu wechseln, die Position Ihres Subjekts zu verändern. Genau das haben Sie gestern mit dem Seil auf dem Boden gemacht. Während Sie über Ihr Handeln nachdenken, bleibt Ihr Gedächtnis aktiv, drängt Sie von einem Fixierungspunkt zum nächsten, und das macht Ihre Bewegungen kompliziert. Wenn Sie in diesen Brunnen schauen, gehen Ihnen zahllose Assoziationen durch den Kopf. Wenn Sie in diesem Zustand zu springen versuchen, könnten Sie tatsächlich in den Brunnen fallen, obwohl das, rein technisch gesehen, höchst unwahrscheinlich ist. Aber vermutlich würden Sie hineinfallen, weil Ihre Angst so aktiv ist, dass sie Sie zum Fallen drängen würde. Dass das passiert, möchte ich natürlich nicht. Aber ich möchte, dass Sie versuchen, Ihre Aufmerksamkeit so auszurichten, dass sie für Ihre angsterfüllte Erinnerung unerreichbar ist, und dass Sie dann mit Lust springen. Benutzen Sie so viel Raum, wie Sie brauchen, um Ihre Perspektive zu ändern. Betrachten Sie sich von hoch oben. Erfahren Sie Ihren Körper aus der Entfernung. Das könnte Ihnen helfen, auch Ihre Ängste aus der Entfernung zu erleben, als würden sie nicht zu Ihnen gehören.«

Während er redete, änderte sich meine Wahrnehmung, und ich fühlte mich wie ein Punkt, der hoch über meinem Körper schwebte, aber durch ein starkes Band mit ihm verbunden war. Dieses Band war stabil und sicher, und es kostete mich keine Mühe, hochzuspringen und meinen Körper über den Brunnen fliegen zu lassen. Es war ganz einfach, und es machte Spaß.

Nachdem ich weich auf der anderen Seite gelandet war, schaute ich Michael an und sagte: »Danke.«

»Gern geschehen«, erwiderte er lächelnd. Wir nahmen denselben Weg zum Museum wie am Vortag. Michael stellte mir keine Fragen, und ich hatte nicht das Gefühl, dass es an der Zeit war, ihm meine Geschichte zu erzählen. Er begann, seine Erzählung wieder aufzunehmen, und ich hörte ihm aufmerksam zu, als wir uns dem Museum näherten.

»Nachdem die Göttin Anachita Afrasiab hier zum Lebenden König der Toten gemacht hatte, wurde dieser Ort zu einem Schlachtfeld. Die Abspaltung des Traumas vom Bewusstsein im menschlichen Gedächtnis wurde hier eingeleitet, und aus diesem Grund birgt dieser Ort das höchste Potential für die Heilung. Über die Jahrhunderte hat Samarkand eine starke Anziehungskraft auf die Menschen ausgeübt, weil es ihnen hier leichter fällt, die endgültige Entscheidung zu treffen, ob sie geheilt und transformiert werden wollen, oder ob sie sich den Erinnerungsdämonen, die in diesem Gebiet hier besonders aktiv sind, vollständig ausliefern wollen. Dieser Ort hat viel Schmerz gesehen seit den Zeiten von Afrasiab. Menschen fügen anderen Schmerz zu, wenn sie Angst haben. Das ist das Gesetz. Je mehr ein Mensch andere verletzt, umso größer ist die Angst, die er im Innern empfindet.

Angst entsteht vor allem dann, wenn man seine Selbstbestimmung aufgibt. Das tun die Leute nicht freiwillig, aber sie tun es jedes Mal, wenn sie verletzt wurden. Wenn sie den Schmerz nicht als Teil ihrer persönlichen Erinnerung akzeptieren, lehnen sie die traumatische Erfahrung insgesamt ab. Sie akzeptieren sie nicht als vollständigen Teil ihres Selbst, und dann kommt ein Dämon, schnappt sie sich und sagt: ›Das gehört mir‹. Der Dämon bekommt die Energie, dem Selbst geht sie verloren.

Und schon ist eine Lücke im Gedächtnis entstanden, die von diesem Augenblick an immer als Angst empfunden wird. Wenn wir Angst empfinden, spüren wir die Lücke zwischen dem, was wir als unsere akzeptierte Erinnerung kennen, und dem, was zu einem dunklen Bereich in uns gehört. Die Angst kommt immer wieder und fügt uns Schmerz zu. Durch uns fügt sie anderen Schmerz zu, und dadurch nährt sie ihr geheimes Gedächtnis.

Es gab noch einen Jungen, dessen Schicksal mit dieser Stadt verbunden war. Ich werde Ihnen jetzt seine Geschichte erzählen, weil sie erzählt werden muss. Sie werden sie mitnehmen und anderen Menschen erzählen, und dadurch wird Heilung verbreitet werden. Der Name des Jungen wird den Menschen, die seinen Namen kennen, Heilung bringen. Wenn sie seine Geschichte von Ihnen hören, werden sie an der Heilung seiner Vergangenheit und an der Heilung ihrer eigenen Gegenwart mitwirken. In der Erinnerung der Menschen existieren viele Geschichten über den Jungen, aber ich werde Ihnen meine Version aus einer anderen Perspektive erzählen, aus einer Perspektive des Schmerzes, der Angst und der Transformation.

Der Junge hatte verschiedene Namen, hier in Samarkand hieß er anders als in seiner Heimat. Sein Volk erinnert sich an ihn als »den Großen«. Unser Volk erinnert sich an ihn als »den Schrecklichen«. Alexander der Große. Iskander der Schreckliche. Jungen wachsen heran und werden zu mächtigen Führern, wenn sich ihre persönlichen Gedächtnislücken und Ängste tief mit denen ihres Volks verbinden. Der misshandelte Junge, der in ein misshandeltes Volk hineingeboren wird, kann die Macht seines Traumas ausnutzen, um die Geschichte seines Volkes zu verändern. Aber wenn er keine Heilung erfährt, entwickelt er sich am Ende vom Opfer zu einem brutalen Gewaltmenschen, und er schafft mehr Angst und Leid, als er ursprünglich tilgen wollte. Diese Transformation vom Opfer zum Verwüster ist mit Alexander hier in Samarkand geschehen, als er diese Stadt erreichte.

Er stand an einem Wendepunkt seines Lebens, an dem er die Wahl gehabt hätte, innezuhalten und die Narben seiner Kindheit zu heilen. Er hätte seinem

Vater und seinem Großvater helfen können, sich von den Auswirkungen ihres frühen, gewaltsamen Todes zu befreien, sodass sie endlich Frieden gefunden hätten. Aber als er Samarkand, oder Maracanda, wie die Griechen es nannten, erreichte, hatten sich die Erinnerungsdämonen bereits bei ihm eingenistet.

Die Dämonen hatten von ihm Besitz ergriffen seit seiner Zeit in Ägypten, wo er den Glauben angenommen hatte, er sei ein Pharao, kein menschliches, sondern ein göttliches Wesen. Von Gott geboren, brauchte er seinen irdischen Vater nicht mehr. In Ägypten sagte er sich von seinem Vater und von allen Erinnerungen an ihn los. Dadurch verlor er die Chance, von seinen Kindheitstraumata geheilt zu werden und ein großer Herrscher zu werden. Nach diesem Wendepunkt war es nicht Alexander, nicht sein Ich, das die Herrschaft übernahm, es waren vielmehr die Erinnerungsdämonen, und Alexander der Große wurde zu Iskander dem Schrecklichen.

Er zerstörte Samarkand, das sich ihm friedlich unterworfen hätte, um sich zu retten. Seine Leute mordeten, brandschatzten und vergewaltigten hier in diesen Straßen. Er bebte vor Angst, die aus den Tiefen seiner Erinnerung kam. Er gab seine Selbstbestimmung auf und ersetzte sie durch eine Angst, die ihn nie wieder losließ. Die Angst aus seiner Vergangenheit folgte ihm wie ein Schatten.

Er lief zu den Priestern, zu den Wahrsagern, aber die Angst zeigte ihre Fratze in jedem Opfer, das sie für ihn darbrachten, in jedem Orakel, das sie für ihn erstellten. Denken Sie daran, wenn Menschen Angst empfinden, fügen sie anderen Schmerz zu. Alexander begann, wie ein Verrückter zu wüten.

Als seine Armee den Oxus überquerte und in unser Land einmarschierte, lief ihm eine große Menschenmenge aus der Stadt entgegen, um ihn willkommen zu heißen. Es waren schmutzige, wilde, zerlumpte Männer, Frauen und Kinder, die laut schrien und mit grünen Zweigen winkten. Als Nachkommen hellenistischer Sklaven, die Xerxes als Arbeiter an die östliche Grenze seines Reiches verschleppt hatte, sprachen sie ein veraltetes Griechisch. Sie begrüßten ihn überschwänglich, doch er stand nur stirnrunzelnd da, und dann plötzlich befahl er seinen Soldaten, sie alle zu töten. Keiner hatte Zeit zu fliehen, keiner überlebte. Aristoteles hörte von Alexanders Seelenqual und schickte seinen Schüler Kallisthenes her, um ihm beizustehen. Aber Alexander sperrte den Philosophen in einen Käfig und ließ ihn als Verschwörer hängen. Jeder kam ihm inzwischen verdächtig vor, jeder schien etwas gegen ihn im Schilde zu führen und verdiente den Tod. Seine besten Freunde, seine tapferen Krieger – sie alle fielen nacheinander seiner Angst zum Opfer.

Die letzte Chance wurde ihm hier durch Roxane gewährt. Er hatte ihren Vater getötet, trotzdem heiratete sie ihn. Sie kannte Anachitas Weisheit, und sie gab sich Alexander hin, um ihn zu heilen. Sie beruhigte ihn. Bei ihr erinnerte er sich an sich selbst. Manchmal, wenn sie seine Ängste zerstreute, so wie Anachita es sie gelehrt hatte, erlebte er glückliche Momente. Sie bereitete ihn auf den Tod vor. Manche Leute behaupten, unsere Magier hätten sich mit babylonischen Zauberern durch den Spiegel der Welt, den sie zwischen einander hochhielten, in Verbindung gesetzt und Alexanders Vernichtung beschlossen, sodass er bereits todgeweiht war, als er von hier nach Indien aufbrach.

Ich behaupte, nicht irgendeine Hexerei, sondern seine eigenen Dämonen haben ihn getötet. Sie waren seine eigenen Geschöpfe, und sie erschufen seine Ängste.

Es stimmt, dass ein Mensch, wenn er von Ängsten erfüllt ist, leicht zum Opfer jeder Art psychischer Beeinflussung wird; er verliert in diesem Moment die Verbindung zu sich selbst, die sein einziger Schutz ist. Aber Roxane hat Alexander geschützt, sie vermittelte ihm geheimes Wissen über den Tod und das, was jenseits des Todes liegt, damit er sich endlich von seinen Dämonen befreien konnte. Er war bereit zu sterben, als seine Ängste seinen Körper in Höllenqualen stürzten, als sie seinen Verstand umnachteten und er sich vor Schmerzen krümmte. Er kotzte seine Ängste aus, befreite sich von ihren Ketten. Mit Hilfe der Liebe ließ er sie los, zusammen mit seinem von Schmerzen geplagten Körper, so wie Roxane es ihn gelehrt hatte. Endlich, am Ende seines Lebens, fand er den Frieden, den er sein Leben lang gesucht hatte. Roxane starb kurz nach ihm, zusammen mit ihrem gemeinsamen Sohn.«

Als Michael seine Geschichte beendet hatte, war ich wieder traurig. Er hatte über den Tod gesprochen, und dessen Unwiderruflichkeit tat mir weh. Ich musste an seine Worte vom Vortag denken, als er gesagt hatte, man könne den Tod kontrollieren, doch es gelang mir nicht, dies zu akzeptieren. Es gab eine Lücke in meiner Wahrnehmung, einen Widerspruch zwischen dem Wunsch, ihm zu glauben, und meiner tiefen Traurigkeit über die Endgültigkeit des Todes.

»Michael, warum glauben Sie, dass die Menschen den Tod kontrollieren können?«

»Ich glaube es nicht, ich weiß es.« Er sah mich aufmerksam an. »Warum fragen Sie? Haben Sie den Kern Ihres Traumas gefunden?« Obwohl er mich freundlich fragte, wusste ich nicht, wie ich es ihm sagen sollte. Mir war klar, was er von mir hören wollte. »Erzählen Sie mir von dem Traum, den Sie letzte Nacht hatten«, sagte er.

Michael versuchte beharrlich, mich zum Sprechen zu bringen. Ich setzte mich auf die Bank, die gegenüber von dem Eingang zum Museum stand, und erzählte ihm meinen Traum, ohne ihn anzusehen. Ich berichtete ihm von einem alten, schwarzen Auto, von Reihen von Kindern und von Menschen mit Vogelköpfen. Ich interpretierte nichts, beschrieb ihm nur die Bilder.

Michael hörte aufmerksam zu. Als ich geendet hatte, erhob er sich von seinem Stein und ging vor meiner Bank auf und ab. Dann blieb er vor mir stehen, beugte sich vor, schaute mir in die Augen und sagte: »Wenn Sie sich im Traum als jemanden sehen, der gestorben ist, während Sie noch leben, dann sehen Sie jemanden, der gestorben ist, aber *in Ihnen* weiterlebt, der weiterhin ein Teil Ihrer Erinnerung ist. Das ist die nächste Ebene Ihrer Erinnerung, sie wurde im Traum aufgedeckt durch die Geschichte über den Tod Ihrer Katze, die Sie gestern erzählt haben.

Sie sind in Ihrer Erinnerung der Landkarte gefolgt, die ich Ihnen an die Hand gegeben habe, und mit Hilfe von Erinnerungsräumen als Schlüssel sind Sie an diesen Kern gelangt. Aufgrund des Weges, den Sie durch Ihre Erinnerungsräume bis zu diesem Punkt zurückgelegt haben, kann ich Ihnen jetzt sagen, was ich für den Kern Ihres Traumas halte, und ich kann Ihnen helfen, darüber zu sprechen. Ich kann Ihnen sagen, dass jemand, den Sie geliebt haben, gestorben ist, sehr wahrscheinlich eines gewaltsamen Todes. Sie fühlen sich schuldig, weil Sie nichts getan haben, um seinen Tod zu verhindern. Sie fühlen sich schuldig, weil er auf diese Weise gestorben ist, und Sie empfinden tiefe Trauer wegen der Endgültigkeit und Unumkehrbarkeit dessen, was diesem Menschen zugestoßen ist.«

Ich nickte.

»Und Sie glauben, dass Sie, weil Sie bei diesem Menschen versagt haben, niemandem helfen und deswegen niemanden mehr heilen können. Das ist genau der Punkt, an dem der Erinnerungsdämon versucht, die Macht über Sie zu gewinnen und Sie wehrlos zu machen, damit Sie weiterhin diesen Gefühlen und Überzeugungen verhaftet bleiben und Sie am Ende wirklich niemandem mehr helfen können. Sagen Sie mir, Olga, wer ist dieser Mensch? Wie lautet sein Name?«

»Ihr Name.«

Ich hatte das Gefühl, dass ich jetzt endlich in der Lage war, Michael die Geschichte zu erzählen.

Kapitel neun

Ich dachte, ich wäre jetzt bereit. Aber erst später begriff ich in vollem Maße, wie schwierig und oft sogar unmöglich es ist, darüber zu sprechen oder auch nur daran zu denken, was einem irgendwann Qualen bereitet hat. Jede Rückkehr zu dieser Erinnerung macht den Schmerz wieder lebendig und genauso unerträglich, wie er es vor Monaten oder Jahren einmal gewesen ist. Michael wusste das natürlich. Und ich glaube, dass er in mir und an dem, was in mir vorging, genau ablesen konnte, wie er den Prozess meiner Heilung lenken konnte, sodass ich genügend Kraft haben würde, ihn zu Ende zu bringen, so wie ein Chirurg eine Krankheit und die Möglichkeiten, diese zu beseitigen, in dem Körper erkennt, an dem er operiert.

Anstatt mich dazu zu drängen, mit meiner Geschichte fortzufahren, sagte er ganz unerwartet: »Wissen Sie was? Gönnen Sie sich doch eine kleine Pause, bevor Sie weitersprechen, und hören Sie mir noch ein bisschen zu. Ich werde Ihnen jetzt erzählen, was in Samarkand Jahrhunderte nach Alexander geschah. Ich werde Ihnen diese Geschichte erzählen, nicht um Sie zu unterbrechen, sondern um Ihnen zu helfen, tiefer in den Wirkungskreis ihrer Heilung einzudringen. Sie werden es brauchen. Es wird Sie außerdem dabei unterstützen, die Heilungsenergie des intensiven Prozesses, den Sie durchlaufen, zu nutzen. Sie werden dann in der Lage sein, diese Energie den Menschen der Vergangenheit und deren Nachkommen zu bringen, und ihnen so zur Heilung zu verhelfen. Sehen Sie mich nicht so an. Sie wissen, dass ich mir sicher bin, dass der Tod nicht endgültig ist. Mittlerweile sollten Sie auch wissen, dass ich ein ganz anderes Verständnis habe sowohl von der Zeit als auch davon, wie Vergangenheit, Gegenwart und Zukunft miteinander verbunden sind. Für die Heilung ist es nie zu spät.

Jahrhunderte nach Alexander wurde ein anderer Junge geboren. Er war das Licht und er wurde aus Licht geboren, wie seine Eltern glaubten, aus einem kleinen Lichtball, der durch den Willen des Großen Schamanen auf die Erde geschickt wurde. Sein Haar war blond, seine Augen waren blassgrün, er hatte helle Haut und einen feurigen Geist. Schamanen beschützten ihn als ein besonderes Kind, da er in einer vornehmen Familie geboren wurde und alles darauf hindeutete, dass ihm ein bemerkenswertes Schicksal bevorstünde.

Aber eines Tages versagte die Macht der Schamanen. Der Vater des Jungen wurde als Erster getötet. Nun war die Familie des Jungen ohne männlichen Schutz. Seine Mutter war zwar eine sehr starke Frau, aber nicht stark genug, um sich und ihren Sohn vor den marodierenden Nomaden zu schützen. Eines Tages zertrampelten die Pferde der Feinde die Trümmer des Elternhauses des Jungen. Es brannte bis auf die Grundmauern nieder. Und er, ein seltsamer bleicher Junge, der so anders war als alle anderen, geriet in Sklaverei. Seine Feinde banden ihm die Beine fest, damit er nicht weglaufen konnte. Nicht einmal gehen konnte er so. Er lebte wie ein Hund, wuchs auf wie ein Hund, wurde draußen angekettet und bekam verdorbenes Essen, fror in Winternächten und wünschte sich den Tod. Doch der verschonte ihn. Er überlebte.

Als ihm schließlich die Flucht gelang, hatte sich sein Charakter verändert. Von jetzt an würde sein Name sein Schlachtruf sein, und er würde Angst und Schrecken über jeden bringen, der es wagte, ihm nicht zu gehorchen. Er war dazu bestimmt, sein Volk zu retten und ihm die Würde zurückzugeben, die es verdiente. Wenn sein Name ausgesprochen wurde, dröhnte er wie Donnerhall über ganz Asien. Menschen hörten seinen Namen und kamen, um ihm zu dienen. ›Menschen mit zähem Willen‹ nannten sie sich, und der Name des Jungen kontrollierte und leitete ihren Willen. Alle kennen seinen Namen noch heute – Dschingis Khan.

Sein Name hallte als Schlachtruf auch über unser Land, lange nach Alexander. Er war ein großer Krieger und kannte keine Furcht. Ein alter Schamane, der ihm zur Seite stand, leitete ihn durch seine Visionen. Aber Gesetz ist Gesetz. Wenn Ihre Erinnerungslücken nicht geheilt werden, wenn Sie Ihre Vergangenheit ablehnen, nisten sich die Dämonen des Traumas ein. Früher oder später, gleichgültig wie erfolgreich Sie sind, kommen sie, um Sie zu quälen und andere durch Ihr Handeln zu quälen.

Dschingis Khans Schamane war weise. Er kannte das Gesetz. Er sah die Transformation Khans und die davon ausgehende Bedrohung kommen. Er warnte den Jungen, der mittlerweile der größte lebende Führer war, der Herrscher über die Welt auf dem Höhepunkt seiner Macht. Aber der Schamane wusste auch, dass in dem Mann immer noch der verängstigte, hilflose

Junge steckte. Es war eine gefährliche Situation, und die Warnungen des Schamanen verfehlten ihr Ziel. Die Angst hatte sich schon in Dschingis Khans Herz ausgebreitet, als der alte Mann zu ihm sprach. Angst bestimmte seine Entscheidungen. Eine Entscheidung bestand darin, alles aus der Welt zu schaffen, das sich der Angst in den Weg stellte. So tötete Dschingis Khan seinen Lehrer.

Als er nach Samarkand kam, zerstörten seine Leute die Stadt. Sie töteten fast alle Einwohner, kaum einer überlebte. Aber er glaubte an Magie, daher sprach er mit den Priestern und ließ sie am Leben, weil er das Gefühl hatte, dieser Ort könnte ihm eine Magie offenbaren, die er nie zuvor kennen gelernt hatte. Die zoroastrischen Priester wurden gerettet. Wahrscheinlich machten sie ihn auch ein wenig mit Magie vertraut; aber sie konnten ihn nicht von den Dämonen befreien, die ihn quälten. Und dennoch erhielt er – ebenso wie Alexander – noch eine Chance.

Er erblickte eine Frau, eine der wenigen, die überlebt hatten. Sie war noch jung und saß vor Entsetzen gelähmt auf dem Boden. Ihre Familie war getötet worden, ihr Haus war abgebrannt. Ihre goldene Stadt existierte nicht mehr. Aber der Tod verschonte sie noch. Sie war verstört und ahnte nicht, welches Schicksal ihr bevorstand.

Ihr wunderschönes Gesicht war von ungewöhnlichem Aussehen: Sie hatte blassgrüne Augen und helle Haut. Sie hockte schweigend auf dem Boden. Als er ihr Gesicht betrachtete, fiel ihm auf, dass sie so ähnlich aussah wie seine Mutter, bevor man diese gefoltert hatte. Der kleine Junge in ihm weinte, hörte die Schreie seines Vaters. Das Geräusch von klirrendem

Metall hallte in seinen Ohren wider. Bilder von Flammen verdunkelten seine Sicht, und er erinnerte sich daran, wie die Flammen ihm die Lippen versengt hatten. Jener Junge war immer noch am Leben und konnte nicht aufhören, Tränen zu weinen, von denen er geglaubt hatte, sie seien längst Vergangenheit und würden gar nicht mehr zu ihm gehören. Aber sie kamen wieder, zerrissen ihm die Lunge, ließen sein Blut sieden und machten ihm Angst.

Die Stimme in seinem Kopf, die ihn schon zuvor beschwichtigt hatte, die ihm zugeflüstert hatte: ›Töte den Schamanen‹, sprach wieder zu ihm und überzeugte ihn davon, dass der Junge gestorben war. ›Zerstöre einfach alles, was sich dir in den Weg stellt, und die Erinnerung an ihn wird dich nicht mehr heimsuchen. Ich werde mich darum kümmern.‹

Dschingis Khan ergriff die Frau an ihren langen Haaren und warf ihren Körper zu Boden. Sie war so biegsam wie eine Puppe. Sie leistete keinerlei Widerstand. Sie hatte ihre Augen geöffnet und schaute auf zum Himmel. Da sie jetzt ihr Schicksal kannte, fühlte sie sich besser. Der Himmel war klar und wolkenlos, die Sonne stand hoch. Er zerriss ihr Seidenkleid. Ihre Brüste waren warm und ihr Körper duftete nach Milch. Die Stimme des Jungen ertönte in seinem Kopf, brach ihm fast das Herz, und die ganze Welt erbebte bei seinem Schrei.

Unbändige Wut überkam Dschingis Khan aus den Tiefen seiner Seele und verwandelte ihn in ein wildes Tier, das nicht spürte, wie er die Frau vergewaltigte und misshandelte; wie er seine ganze Wut an ihr ausließ, damit sie endlich aufhörte zu existieren. Sie sah die Sonne und den Himmel über ihrem geschundenen

Körper. Ihre Liebe fand nicht den Weg zu ihm und konnte seine Ängste nicht auflösen.

Die Große Mutter Anachita holte die junge Frau zu sich, nachdem Dschingis Khans Angst die Liebe in ihr Gegenteil verkehrt hatte und er seine Chance, gerettet zu werden, verspielt hatte. Als die Frau tot war, nahm er das weiße Seidentuch von ihrem Kopf und bedeckte damit ihren misshandelten Körper, auf dass die Sonnenstrahlen sie nicht verbrannten. Er entfernte sich sehr langsam, da seine unerträglichen Kopfschmerzen mit jedem Schritt schlimmer wurden. Er musste häufig stehen bleiben, bevor sie nachließen und er wieder normal gehen konnte. Wahrscheinlich ging er die gleiche Straße entlang, auf der wir heute Morgen gekommen sind. Die Stadt befand sich, bevor Dschingis Khan sie dem Erdboden gleichmachte, an dem Ort, wo man jetzt die Ruinen von Afrasiab sieht. Hier stand einst Samarkand. Aber das ist eine andere Geschichte.«

»Warum wird es dann immer noch Afrasiab genannt, wenn es doch Samarkand war?«

»Weil Afrasiab immer noch in dieser Stadt lebt«, erwiderte Michael. »Ich glaube sogar, dass er daran interessiert ist, Ihre Geschichte zu erfahren.« Wie schon zuvor fiel es mir schwer zu unterscheiden, was er ernst und was er ironisch meinte. Aber seine Worte klangen plötzlich so leicht und unbeschwert nach der Geschichte, die er soeben erzählt hatte, dass auch ich jetzt das Gefühl hatte, ebenso leicht und unbeschwert über alles reden zu können, selbst über schlimme, unangenehme Dinge.

»Der Name meiner Freundin war Lara. Sie starb eines gewaltsamen Todes, und Sie hatten völlig Recht, als sie meinten, dass ich nichts unternommen hätte, um ihren Tod zu verhindern. Ich glaube, dass ich deswegen nicht mehr in der Lage bin, irgendjemandem zu helfen.«

»Warten Sie einen Moment«, unterbrach Michael mich. »Sprache ist ein zu mächtiges Instrument, man darf nicht leichtfertig mit ihr umgehen. Ich habe nicht gesagt, dass Sie nichts unternommen hätten, um ihren Tod zu verhindern. Ich habe gesagt, *Sie glauben*, Sie hätten nichts unternommen. Das ist ein gewaltiger Unterschied. Wenn Sie sprechen, überlegen Sie, was Sie sagen. Warum glauben Sie, haben Sie ihr nicht geholfen?«

»Weil mich Lara, als ich sie das letzte Mal sah, um Hilfe bat und ich sie ihr verweigerte. Sie war immer so strahlend schön gewesen, aber an jenem Tag war sie schon sehr erschöpft durch ihre Depression. Ich hatte sie eine Zeit lang nicht gesehen und erschrak, wie sehr sie sich verändert hatte. Ich kannte sie seit vielen Jahren – wir waren von der ersten Klasse an zehn Jahre lang gemeinsam zur Schule gegangen –, aber ich hatte sie nie zuvor so ausgelaugt und niedergeschlagen gesehen. Wir begegneten uns zufällig auf der Straße. Nach einigen oberflächlichen Floskeln sagte sie frei heraus, dass sie gerne mit mir zusammenarbeiten würde. Sie war immer eine sehr bescheidene und feinfühlige Frau gewesen, und wenn sie je um etwas bat, geschah dies nur in Fällen extremer Not. Und sie brauchte tatsächlich Hilfe. Wahrscheinlich war ihr längst klar, dass sie ihre Depressionen nicht aus eigener Kraft überwinden konnte, und deshalb bat sie mich um Hilfe.

Sie war ein wichtiger Mensch in meinem Leben. Wir waren uns immer nah, auch wenn wir uns nur selten gesehen hatten. Ich hielt große Stücke auf sie und dachte immer, ich würde alles für sie tun, wenn sie es bräuchte. Aber zu jener Zeit war ich zu sehr mit meinen eigenen Problemen beschäftigt. Ich hatte im Ausland zu tun und sagte ihr höflich und freundlich, dass ich bald abreisen würde, dass ich mich aber nach meiner Rückkehr glücklich schätzen würde, ihr zu helfen, so gut ich könne. Aber tief in meinem Innern wusste ich, dass das eine Lüge war. Irgendwie spürte ich, dass sie nicht genügend Kraft haben würde, mit ihrer Depression fertig zu werden, und dass es das letzte Mal sein würde, dass ich sie sah.«

»Glauben Sie, dass Vergewaltigung die Ursache für ihre Depressionen war? Und dass es ein Fehler war, sie nicht direkt danach zu fragen?«

Michaels Frage traf mich wie ein Schlag. Damit hatte ich mich nie wirklich ernsthaft beschäftigt, aber für ihn schien die ganze Situation offensichtlich zu sein, als würde er die verborgenen Tatsachen dieser Geschichte bis in alle Einzelheiten kennen. Er lag mit seiner Frage genau richtig, und im Grunde hatte sie mich seit meiner letzten Begegnung mit Lara ständig beschäftigt.

Ich war ihr begegnet, als die Depressionen schon ihr Leben bestimmten; es war abzusehen, dass das, was sie durchmachte, sie bald zerstören würde, wenn sie nicht irgendwoher Hilfe bekam. Und doch hatte ich sie weder auf ihre Depression noch auf deren Ursachen angesprochen, obwohl mir schon Gerüchte zu Ohren gekommen waren, dass sie eines Nachts von einem Fremden vergewaltigt worden war. Michael stellte keine Vermutungen an. Er wusste genau, wonach er fragte. Ich wusste nicht, was ich ihm antworten sollte, weil ich die Antwort nicht kannte.

Ihm die Geschichte zu erzählen war schwierig, weil sie einen Teil meiner inneren Realität darstellte; und während vieler schlafloser Nächte hatten sich die Tatsachen, die Umstände, meine Überlegungen dazu und die Dinge, die ich von anderen darüber gehört hatte, zu einem einzigen quälenden Schmerz gebündelt, den ich von mir fern zu halten suchte. Ich vertraute Michael mittlerweile mehr als irgendjemandem sonst. Aber ich wusste ebenso, dass es mich große Anstrengung kosten würde, ihm den Rest der Geschichte zu erzählen, vielleicht mehr, als ich aushalten konnte. Ich schwieg, weil ich einfach nicht wusste, wie ich die Frage beantworten sollte.

»Also, warum haben Sie sie nicht nach der Vergewaltigung gefragt?«, wiederholte Michael. Ich konnte ihm in die Augen sehen; stattdessen stand ich von der Bank auf, ging ein paar Schritte und blickte in den Himmel.

Ich spürte, wie meine Beine taub wurden. Vielleicht lag es am langen Fußweg durch die Hügel zu den Ruinen. Ich hockte mich auf den feuchten und kühlen Boden, um einen festen Halt zu spüren und nicht über die Frage nachdenken zu müssen.

»Michael, ich glaube, ich muss ins Hotel zurück. Ich weiß es zu schätzen, dass Sie mir zuhören. Aber ich fühle mich im Moment merkwürdig müde, fast krank. Sie sind wahrscheinlich auch schon vom Zuhören müde. Ich denke, ich sollte jetzt gehen.«

»Ich denke, Sie sollten bleiben. Und jetzt werde ich Sie nicht länger mit meinen Geschichten behelligen. Sie müssen die Ihre zu Ende bringen, auch wenn es noch so mühsam ist, und Sie müssen dabei ehrlich sein.

Die Lücke in der Erinnerung, von der ich Ihnen

erzählt habe, ist der Ort, wo ein Erinnerungsdämon sich einnistet und wächst. Er ist ein Parasit, der unaufhörlich dazu verleitet, ihn als einen Teil Ihrer selbst zu betrachten, während er Ihnen gleichzeitig Energie abzapft und Sie dazu bringt, ihn mit weiteren Ängsten zu nähren. Jedes Mal, wenn etwas Traumatisches geschieht und die betroffene Persönlichkeit nicht stark genug ist, die Erfahrung als Teil ihrer selbst zu akzeptieren, entsteht eine solche Lücke. Die Psyche nimmt sie als etwas ihr Fremdes wahr. Wenn sich solche Erfahrungen häufen, werden sie zu einem nahrhaften Substrat für ein anderes Subjekt. Und weil dieses Subjekt durch Traumata entsteht, kann man es den Dämon eines Traumas nennen. Jeder ist von einem solchen Dämon besessen.

Mehr oder weniger tragen wir alle solche abgespaltenen Erinnerungen in uns, die von Dämonen besetzt werden. Wir erben sie als Ängste und Traumata von unseren Eltern und Vorfahren. Und die Dämonen erzeugen weitere traumatische Erfahrungen, immer und immer wieder. Sie geben den Menschen Vorwände an die Hand, mit deren Hilfe sie es vermeiden können, sich diese Erfahrungen genau anzusehen. Sie sorgen dafür, dass Menschen plötzlich müde oder desinteressiert werden, das Thema wechseln wollen, bevor das Trauma erkannt ist. So wie Sie jetzt unbedingt ins Hotel zurückwollen.«

»Sie wollen mir also sagen, dass mir meine Entscheidungen von den Dämonen meines Traumas diktiert werden und dass diese Dämonen mich gleichzeitig daran hindern, es zu erkennen?«

»Ich denke, Sie sind erfahren genug, um das selbst zu erkennen. Denken Sie an Ihre Patienten, an jene, die bereit sind, alles zu tun, um wirkliche Heilung zu vermeiden. Im Augenblick verhalten Sie sich kaum anders. Und noch etwas. Ich habe mit Ihnen über Eifersucht gesprochen und darüber, wie gefährlich diese sein kann. Erinnerungsdämonen sind durch und durch eifersüchtig. Sie kämpfen um Ihre Aufmerksamkeit und wetteifern mit jeder Begabung, die ein Mensch besitzt. Sie versuchen, diese zu zerstören, damit die Person sich nur noch mit den Ängsten beschäftigt, die die Geister erzeugen. In Ihrem Fall will das Trauma Ihre Fähigkeit zu heilen stehlen und zerstören, damit Sie sich weigern, sich um Menschen zu kümmern, die Ihre Hilfe brauchen. Das ist das Ziel Ihres Dämons, und Sie würden ihm zuarbeiten, wenn Sie jetzt von hier weggingen.«

Michael stand vor der untergehenden Sonne, hinter ihm der rote Himmel und die Hügel von Afrasiab. Ich fand ihn unglaublich schön, und dennoch fühlte ich mich von ihm als Mann nicht im Geringsten angezogen. Sein Gesicht lag im Schatten, doch eine kaum merkliche Veränderung seiner Haltung sagte mir, dass er lächelte. Dann hörte ich ihn lachen, und sein Lachen war so ansteckend, dass auch ich lächeln musste.

»Alles, was abgespalten ist, vergrößert mit Sicherheit die Lücke und nährt die Erinnerungsdämonen. Da Sie gerade an Sex denken, kann ich Ihnen sagen, dass abgespaltener Sex, Sex ohne Beziehung und Verständnis, dies mehr als alles andere tut.« Voller Unbehagen wurde mir klar, dass er meine Gedanken las und auf sie reagierte.

»Deswegen fühlen sich viele Menschen nach dem Sex traumatisiert. Sie suchen nach Liebe, um ihre schmerzlichen Lücken zu füllen, aber stattdessen bekommen sie nur unvollständigen Sex, der, selbst wenn er körperliche Befriedigung verschafft, letztlich den Schmerz verschlimmert. Sie fühlen sich von mir als Mann nicht angezogen, weil ich eine andere Art von Liebe praktiziere. Aber darüber wollen Sie eigentlich gar nicht reden. Schwarz und Weiß haben wieder die Oberhand, Olga. Sie fangen an, über liebevollen Sex nachzudenken, um sich vor dem Gegenteil zu verstecken. Das Gegenteil ist Vergewaltigung, und das ist es doch, worüber Sie sprechen wollen. Lassen Sie uns keine Zeit vergeuden, Olga.«

»Also gut. Ich war mir nicht sicher bei Lara. Es hatte Gerüchte gegeben, sie sei vergewaltigt worden, aber niemand wusste Genaues. Sie blieb einfach eines Abends im Spätherbst auf dem Heimweg von der Spätschicht ein paar Stunden lang verschwunden. Als sie nach Hause kam, hatte sie ein paar blaue Flecken, und ihre Kleider waren ein bisschen zerrissen. Sie sagte nicht, ihr sei etwas Schlimmes zugestoßen, sie hat überhaupt nie ein Drama daraus gemacht. Aber es gab diese Gerüchte. Niemand glaubte so richtig daran, ihr Mann nicht und ihr Vater auch nicht.«

»Warum fürchten Sie sich so sehr davor zu akzeptieren, dass sie vergewaltigt wurde?«

»Weil ich nicht daran denken möchte, dass sie das durchmachen musste.«

»Warum wollen Sie sich das nicht vorstellen?«

»Weil ich nicht wollte, immer noch nicht akzeptieren will, dass sie gelitten hat.«

»Haben Sie mir nicht eben erzählt, dass Sie gesehen haben, wie sehr sie litt, und dass Sie sich schuldig fühlten, ihr nicht geholfen zu haben, als sie Sie darum gebeten hat?«

»Doch.«

»Sie erinnern sich also daran, dass sie gelitten hat, aber Sie weigern sich zu akzeptieren, dass sie in jener Nacht vergewaltigt wurde? Sie sind ein Profi und wahrscheinlich ziemlich gut in Ihrem Metier. Versuchen Sie nicht, mir weiszumachen, Sie könnten ein Vergewaltigungstrauma nicht erkennen. Ich wette, Sie erkennen es während der ersten Minuten eines Gesprächs mit einer Patientin. Und Sie haben es bei Lara erkannt. Ich wette, Sie haben es erkannt, aber haben sich geweigert, es zu akzeptieren, haben es in einen Bereich Ihres Gedächtnisses geschoben, von dem Sie glauben, er gehöre nicht zu Ihnen. Lara war zu gut, um vergewaltigt zu werden. So etwas passiert einer guten Frau nicht. Das ist Ihre erste Lücke, genauso wie es Laras Lücke war. Konfrontieren Sie sich jetzt damit.

Ich sehe Lara beinahe vor mir, so wie Sie sie in Erinnerung haben: eine ideale, zarte Frau, schön, frei von Schmutz. Sie lebt in Ihnen. Ihr Bild lebt in Ihrem Gedächtnis, genährt von den Jahren, in denen Sie gemeinsam aufgewachsen sind. Sie erscheint Ihnen wie eine Ikone, rein und stark, eine, an die Sie sich wenden können, wenn Sie verwirrt sind. Sie empfinden es als große Erleichterung, dass das Ideal existiert und Ihnen helfen kann, die Realität zu begreifen, wann immer Sie das brauchen. Sie therapieren sich selbst, indem Sie an diesem Ideal festhalten. Sie halten daran fest, selbst wenn es bedeutet, dass die betreffende Person leidet. Sie verschließen die Augen und Ohren vor der hässlichen Vergewaltigung. Sie tilgen sie aus Laras Geschichte. Das ist Heuchelei, Olga, eine riesige Lücke, die Sie heilen müssen. Lara war eine wirkliche Person, und ihr Leiden ist nicht symbolisch, sondern real. Sie müssen ihr helfen.«

Heiße Tränen liefen mir über die Wangen. Ich konnte nicht aussprechen, was ich sagen wollte, und nickte nur. Ich hatte kein Taschentuch, um die Tränen wegzuwischen, und so liefen sie mir in den Mund und befreiten mich von einer schweren Last, die mich krank machte. Ich fühlte mich nicht verletzt durch Michaels harte Worte. Ich spürte, dass seine Strenge sich mehr gegen etwas in mir richtete, dass nicht ich war, etwas von dem ich mich befreien wollte. Mit seinen harten, aber wahren Worten half er mir, diese Unwahrheit loszuwerden.

Als ich ihn anschaute, war die Strenge aus seinem Gesicht verschwunden und tiefem Mitgefühl gewichen. Er sah mich aufmerksam und verständnisvoll an.

»Erinnern Sie sich an unser Gespräch über die Metapher physischer Bewegung und darüber, wie man sich durch seine Erinnerung bewegt?«, fragte er.

Ich nickte.

»Die Vorstellung von reiner Bewegung und von Bewegung, die durch das Gewicht gedanklicher Konstrukte kompliziert wird, gilt auch für die Bewegung durch Erinnerungsräume. Um frei durch die Räume Ihres Gedächtnisses zu gehen, müssen Ihre Bewegungen so einfach wie möglich sein. Sie müssen frei sein von Angst, Ärger und Frustration, um die Stelle in Ihrer Erinnerung zu erreichen, die transformiert werden soll. Im Moment müssen Sie auf dem Weg durch Ihre Geschichte noch eine Menge Frustrationen überwinden. Sagen Sie mir, was Sie wirklich irritiert, bevor Sie mit Laras Geschichte fortfahren.«

Ich spürte so deutlich, wie sehr er mir helfen wollte, dass ich sofort verstand, was er meinte.

»Ich möchte nicht an diese Leute denken«, sagte ich.

Michael fragte mich nicht, wen ich meinte, sondern wartete darauf, dass ich fortfuhr.

»Es beunruhigt mich zutiefst zu wissen, dass diese Leute immer noch frei herumlaufen. Ich kann nicht akzeptieren, dass sie tot ist, und jemand, der ihren Tod auf dem Gewissen hat, immer noch lebt. Ich kann es einfach nicht akzeptieren.«

»Sie meinen Leute, die vergewaltigen, nicht wahr? Die Erinnerungen dieser Menschen wurden bestimmt durch die Verletzungen, die sie selbst in der Vergangenheit durch die Hand anderer Menschen erlitten haben. Diese Erinnerungen können über lange Zeit hinweg unbewusst aktiv bleiben und dann, an einem bestimmten Punkt, werden sie stark genug, um die Identität der Menschen zu prägen. Dann werden diese Menschen zu Verkörperungen von Erinnerungsdämonen und fangen an, anderen Menschen Schmerz zuzufügen. Solche Menschen hören auf, Menschen zu sein, und werden zu Repräsentanten des Traumas. Deswegen nehmen so viele von ihnen Drogen. Sie brauchen sie, um die Lücken in ihrer Erinnerung zu schließen, um ein Gefühl des Selbst zu rekonstruieren.

Dasselbe gilt für viele andere Menschen, die Drogenmissbrauch betreiben. Sie versuchen, die Lücken in ihrer Erinnerung zu füllen, um die Identität, die durch die Verletzung beschädigt wurde, wiederherzustellen. Aber mit Drogen können sie das nicht erreichen, und deswegen empfinden sie Angst. Wenn sie Angst empfinden, kann es sein, dass sie anfangen, andere zu verletzen.

Ich habe Ihnen von den Nazis erzählt. Dasselbe hat sich in anderen totalitären Gesellschaften abgespielt. In diesen Gesellschaften gab es Leute, deren Identität schließlich mit der ihrer Erinnerungsdämonen übereinstimmte. Dasselbe gilt für viele Serienmörder und Vergewaltiger. Ihr Verhalten wird entweder dauerhaft oder zumindest in dem Augenblick, in dem sie das Verbrechen verüben, von Erinnerungsdämonen bestimmt. In diesem Augenblicken *sind* sie Erinnerungsdämonen, und diese Erinnerungsdämonen gewinnen dadurch, dass sie anderen Schmerz zufügen.

Ich verstehe, wie Sie sich fühlen. Ich verstehe Ihre Frustration. Es gibt Möglichkeiten, diese Erinnerungsdämonen zu transformieren. Die Gesellschaft hat ihre eigenen Methoden, um sich vor solchen Menschen zu schützen. Die Magie hat andere Methoden entwickelt, aber die Magie kann nicht neben Zorn und Frustration existieren, denn diese führen weg von der Magie. Um die Erinnerungsdämonen mit Hilfe von Magie zu bekämpfen, muss man zuerst seine inneren Räume von Dämonen befreien, damit die Erinnerung vor ihren Angriffen geschützt ist. Das ist eine extrem schwere Aufgabe.

Die Arbeit mit Träumen kann dabei sehr hilfreich sein. Luzide Träume können helfen, innere Räume sehr schnell zu reinigen, da Bewegung ein wesentlicher Teil der Träume ist. Ich habe Ihnen eine Swastika mitgegeben, um mit ihr zu arbeiten. Die Gestalt der Swastika beschleunigt die Bewegung durch die Räume der Erinnerung und begünstigt luzides Träumen. Dann sind Sie auf den magischen Kampf besser vorbereitet. Das Gedächtnis ist bevölkert von Bildern. Auch Erinnerungsdämonen können als Bilder gesehen werden, aber sie besitzen wesentlich mehr bewusste Energie als normale Erinnerungen. Und genau deshalb verschwinden sie nicht, wenn sie entdeckt und transformiert werden, sondern verändern die Qualität ihrer Energie und fangen an, einem dienstbar zu werden, nachdem man sie besiegt hat. Auf diese Weise verfügen Schamanen über die mächtigsten Geisthelfer. Viele glauben, dass Schamanen ihre Helfer von älteren Schamanen durch Übertragung bekommen. Das stimmt.

Aber irgendwann einmal waren diese Geisthelfer Erinnerungsdämonen, die von einem Schamanen verwandelt, unterworfen und zu gehorsamen Dienern gemacht wurden. Es geht um die Transformation psychischer Energie. Das lässt sich am besten durch luzide Träume und schamanistische Reisen erreichen. Und jetzt erzählen Sie mir, wie Lara gestorben ist.«

Kapitel zehn

»Eigentlich habe ich keine wirklich konkrete Erinnerung an ihren Tod. Mir fallen lediglich einige Bilder ein, Szenen, die ich mir aus dem, was ich von anderen erfahren habe, zusammengereimt habe. Es sind voneinander unabhängige Situationen, die mir häufig wie Filmszenen in den Sinn kommen, als führten sie in meinem Kopf ein Eigenleben. Es gelingt mir nicht, sie zu einer schlüssigen Geschichte zu verbinden, die ich Ihnen Schritt für Schritt erzählen könnte.«

»Genau hier haben wir die traumatische Lücke«, bemerkte Michael. »Sie können jene Bilder in Ihrer Erinnerung nicht mit früheren Erfahrungen verbinden, sie bleiben isoliert und führen, wie Sie sagten, ein Eigenleben. Sie haben Macht über Ihre Aufmerksamkeit und können Sie weiterhin traumatisieren. Sagen Sie mir, woran Sie sich erinnern.«

»Ich weiß, dass Laura nach jenem Abend im Herbst ein anderer Mensch wurde. Es war, als hätte jemand in ihr das Licht ausgeschaltet und als würden Depressionen von ihr Besitz ergreifen. Ihre Familie wusste nicht, was sie mit ihrem depressiven Verhalten anfangen sollte, da Lara sich weigerte, mit irgendjemandem darüber zu reden.

Eines Tages, als ich bereits im Ausland weilte, half Laras Ehemann ihr an einem frühen Morgen in einer sibirischen Wohnung dabei, ihren knöchellangen Nerzmantel anzuziehen, als wäre sie eine Puppe, die sich nicht selbst bewegen konnte. Er führte sie hinaus in den dunklen Flur, einige Stufen hinunter auf die Straße, wo sein Wagen stand, dessen Motor schon zum Aufwärmen eingeschaltet war für ihre Fahrt.

Sie sollte zu einer *Babuschka* gebracht werden, einer berühmten alten Heilerin und Wahrsagerin in einem Dorf unweit der Stadt. Lara ging es nicht gut. Seit einigen Monaten verweigerte sie das Frühstück, sie sprach nicht, und sie war sehr schwach. Während der Fahrt waren ihre großen schwarzen Augen unablässig auf die vereiste, winterliche Straße fixiert. Sie war völlig in sich gekehrt, aber paradoxerweise ließ ihre innere Konzentration ihre Augen besonders intensiv leuchten. Als sie vor dem Haus der Heilerin aus dem Wagen stieg, ließ sie die Hand ihres Mannes los und ging allein hinein.

Es war ein typisches Dorfhaus und unterschied sich kaum von den anderen Häusern. *Babuschka* erwartete die beiden schon und begrüßte sie an der Tür. ›Komm herein, meine Schöne, tritt ein‹, sagte sie. Lara zog schweigend ihren Mantel aus und schüttelte den Schnee ab, der sich auf dem kurzen Weg vom Auto zum Haus auf dem Pelz abgesetzt hatte. Der Ehemann nahm im Wartezimmer Platz, und die beiden Frauen verschwanden hinter einer Tür.

In der Mitte des Zimmers stand ein großer Esstisch, in einer Ecke hingen Ikonen an der Wand, und es roch intensiv nach einer Mischung von Kräutern. *Babuschka* forderte Lara auf, sich an den Tisch zu setzen, und begann mit ihrer Arbeit. Sie betrachtete Laras Hände, dann warf sie einen Packen Karten auf den Tisch. Sie bat Lara, diese zu mischen, und nachdem sie die Karten eine Weile angesehen hatte, stand *Babuschka* auf und verließ das Zimmer.

Sie brauchte keinerlei weitere magische Utensilien mehr, um Laras Zukunft vorherzusagen; sie brauchte nicht einmal ihre Karten. Die achtzigjährige Frau, die sich ihr Leben lang der Aufgabe gewidmet hatte, mit Menschen über ihre Zukunft zu sprechen und sie von allen möglichen Schmerzen zu befreien, brauchte nicht lange zu überlegen, mit welchen Qualen sie es hier zu tun hatte. Sie musste das Zimmer für einen Moment verlassen, um sich von dem intensiven, direkten Blick aus den dunklen Augen dieser schönen Frau, die so sehr litt, frei zu machen. Durch jahrelange Übung hatte sie sich das Wissen ihrer Großmutter, einer alten Zauberheilerin, angeeignet. Sie erinnerte sich noch siebzig Jahre später, wie man den Körper als perfekten Spiegel benutzen und genau das ablesen konnte, was er widerspiegelte. Diese junge Frau war ein seltener Fall. Sie war zu perfekt, als dass die Dämonen sie so einfach freilassen würden. Um sie zu befreien, musste man um sie kämpfen.

Die alte Frau schüttelte den Kopf, als wollte sie ihre Schultern von einer unnötigen Last befreien, und kehrte mit einem durchsichtigen Glas voll Wasser in das Zimmer zurück. Sie stellte das Glas rechts vor sich auf den Tisch, betrachtete die Karten und mischte sie langsam von neuem, wobei sie sich von Zeit zu Zeit über das Glas beugte und mit Blick auf die Oberfläche des Wassers etwas flüsterte, als spräche sie mit einer darin verborgenen Person.

Lara saß schweigend da und beobachtete *Babuschka* mit wachsender Neugier.

›Hör mir zu, Mädchen‹, sagte *Babuschka*. ›Du hast eine Macht in dich hereingelassen, die um vieles stärker ist als du. Du hast das Gefühl, du könntest damit umgehen, weil du glaubst, dass sie in dir ist, ein Teil von dir, und dass sie dich stärker macht und dir hilft zu vergessen, welche Verletzungen du erlitten hast. Aber eines Tages kann diese Macht überhand nehmen, und dann wirst du nicht mehr die Kraft haben, dich gegen sie zur Wehr zu setzen. Ich gebe dir einen Rat, meine Schöne: Überschreite nicht die Grenze. Halt dich fern davon. Bekämpfe sie. Lauf weg. Du kannst noch gerettet werden. Es ist leichter, wenn du es jetzt tust, als wenn du dich Stück für Stück aufgibst, indem du ihrem Ruf folgst. Ich kann dir helfen. Komm nächste Woche wieder. Wir werden mit der Arbeit beginnen, und es wird dir wieder gut gehen.‹

Lara verließ das Haus verwirrt, aber getröstet. Sie spürte, dass die alte Frau verstand, was in ihr vorging, und über geheime Mittel verfügte, mit deren Hilfe sie Laras Leben wieder in Ordnung bringen konnte. Auf der Heimfahrt sprach Lara sogar wieder mit ihrem Mann. Zwar plauderte sie nur über belanglose Dinge, aber es deutete darauf hin, dass dieser Tag der Wendepunkt zu ihrer Heilung hätte sein können.

Durch Sie, Michael, erfahre ich von den Erinnerungsdämonen, und je mehr ich darüber lerne, desto mehr begreife ich, was Lara durchgemacht hat. Ich akzeptiere mittlerweile die Dämonen des Traumas als eine Realität. Ich habe sie bei Laura erlebt. Ich weiß jetzt, dass es sich dabei um eine reale Dimension handelt, auch wenn sie mehr in den Bereich der Psyche gehören als in den des Körpers. Und ich glaube, dass diese Dämonen, nicht zuletzt wegen ihrer Unberührbarkeit, die Macht über unseren Willen übernehmen und die Kontrolle über uns ausüben können.

Lara wartete auf ihre nächste Begegnung mit *Babuschka*, denn, wie wir in Russland sagen, ›die Hoffnung stirbt zuletzt‹. Sie hoffte immer noch, den Schleier zerreißen zu können, der sie von der Außenwelt trennte, und glaubte daran, dass die alte Frau die Macht hatte, ihr zu helfen. Als sie *Babuschka* zum zweiten Mal aufsuchen sollte, eilte sie freudig erregt zum Auto. Aber als der Wagen dann einen anderen Weg nahm und schließlich vor einem hohen Metalltor mit der Aufschrift ›Psychiatrisches Krankenhaus Nr. 3‹ anhielt, als ein düsterer Wachposten, der über ihre Ankunft informiert schien, ihrem Mann schweigend zunickte und das Tor öffnete, fragte sie ihren Mann nicht, warum er seine Meinung geändert hatte und widersetzte sich auch nicht. Sie verhielt sich einfach ruhig und folgte den Männern in das Haus.

Jeder, der schon einmal in einem Krankenhaus war, kennt die untergründige Angst, die ein Aufenthalt dort unvermeidlich erzeugt. Man kennt sich nicht aus, außerdem ist man nicht aus freien Stücken dort, sondern weil einem eine Krankheit übel mitspielt. Es ist beängstigend. Und ich denke, Lara bekam es mit der Angst zu tun. Sie muss gedacht haben, dass sie, indem sie diese psychiatrische Einrichtung betrat, den Beweis dafür lieferte, nicht normal zu sein, und zugleich akzeptierte, dass etwas mit ihr nicht stimmte. Es gibt kaum etwas Beängstigenderes, als so etwas hinnehmen zu müssen. Obwohl das Gebäude neu und eine der ersten privaten Einrichtungen in der Stadt war, für Patienten mit minder schweren psychischen Problemen gedacht, lag es dennoch auf dem mit einem Metallzaun gesicherten Krankenhausgelände und war für die Patienten mit dem Stigma eines Irrenhauses behaftet.

›Ach, eine Neue‹, begrüßte ein Mädchen sie als zukünftige Zimmergenossin, als Lara das ihr zugewiesene Zimmer betrat.

Das Mädchen sprang von seinem ungemachten Bett auf, brachte das kurze rote Haar in Ordnung und beugte sich zu Lara vor, die stocksteif auf ihrem neuen Bett saß.

›Warwara‹, stellte sie sich vor und streckte Lara ihre Hand hin. Ihr dünner Arm war vom Handgelenk bis zum Ellbogen mit langen, tiefen Narben übersät, die die Haut durchfurchten wie violette Drähte. Sie wusste sehr wohl, welchen Eindruck ihre nackten Unterarme hervorriefen, und konnte an Laras Gesicht genau ablesen, dass sie von Cutting keine Ahnung hatte und zu taktvoll war, um zu fragen, wo die Narben herkamen.

Also beschloss Warwara zu warten, Lara nicht zu drängen oder zu ängstigen, sondern langsam, aber bestimmt von ihr Besitz zu ergreifen. Sie würde sie freundlich, aber hartnäckig unterweisen und sie unter keinen Umständen dem Ehrgeiz und den Unsicherheiten der vertrottelten Seelenklempner überlassen, die am folgenden Tag erscheinen würden, begierig darauf, diese Neue in ihre Machtspiele einzubeziehen.

Warwara hatte Besseres im Sinn. Als die Nacht hereinbrach, war sie bereit. Sie hörte das Lachen der vertrauten Stimmen auf der Pflegestation und wusste, dass die Nachtschicht vorerst damit beschäftigt sein würde, sich zu amüsieren. Sie würden sie nicht mit einer Zimmerkontrolle behelligen. Warwara spürte, wie Erregung und Vorfreude ihren Blutdruck erhöhten und ihre Venen hervortreten ließen, und sie musste sich erst einmal beruhigen.

Lara schlief reglos wie eine Puppe. Es könnte schwierig werden, sie leise zu wecken, ohne dass sie Theater macht, dachte Warwara. Vorsichtig holte sie unter ihrer Matratze eine neue Rasierklinge hervor, die sie während des Hofgangs im Austausch gegen Zigaretten erstanden hatte. Das Zimmer war von künstlichem blauen Licht erleuchtet, und sie sah genau, wo sie sich auf Laras Bett setzen musste, damit diese sie gut sehen konnte, wenn sie aufwachte.

Aber Lara wurde wach, bevor Warwara Anstalten machte, sie zu wecken. Sie öffnete die Augen und sah dieses rothaarige Mädchen, das mit seinem bläulichen, erschöpften Gesicht und den nervös leuchtenden Augen auf ihrem Bett hockte wie eine Kreatur, die aus ihrem immer wiederkehrenden Alptraum direkt in dieses Zimmer gesprungen war.

Lara hätte ohnehin nichts gesagt, aber das Mädchen legte seinen Finger an die Lippen und gab ihr zu verstehen, sie solle still sein. Lara setzte sich in ihrem Bett auf, lehnte sich mit dem Rücken an die Wand und betrachtete das Mädchen abwartend.

In der Dunkelheit wirkten Laras Augen dunkel und riesengroß, und sie ruhte mit ihrem Schweigen und ihrer Gleichgültigkeit so sehr in sich selbst, dass Warwara sich fragte, ob sie Lara richtig eingeschätzt hätte. Lara anzuschauen machte Warwara noch nervöser und erregter. Sie schloss ihre Hand noch fester um das kalte Metall der Rasierklinge, um sich in Erinnerung zu rufen, wer hier das Heft in der Hand hatte.

Das Gefühl der Macht vermischte sich mit inzwischen nahezu unerträglicher Erregung und Ungeduld.

Warwaras Gesten wurden langsam, als bewegte sie sich unter Wasser; ihre Wahrnehmung schwankte hin und her zwischen Dunkelheit und Bildfetzen von dem blauen Zimmer und dieser merkwürdigen Frau in der Ecke. Warwara hatte Mühe, ihre Atmung zu kontrollieren, und sie presste die Rasierklinge fester und fester. Abwechselnd verlor und gewann sie die Kontrolle über ihr Handeln, ihre Wünsche, ihren nicht gehorchenden Körper, den sie jedoch bald völlig beherrschen würde. Sie spürte, wie die Stahlkante ihre Haut ritzte und bereit war, in sie einzuschneiden.

Diesmal schnitt Warwara zu tief. Das Blut tröpfelte nicht, sondern lief in Strömen über ihren Arm, und sie hatte ein Gefühl der Befreiung, das um ein Vielfaches intensiver war als sonst. Sie starrte auf ihr Blut, als wäre es das Schönste, was sie je gesehen hatte. Es war ein Strom der Magie, und er befreite sie von allem, was nicht zu ihr gehörte und eine Gefahr darstellte.

Sie hob die Augen und sah Lara an. Sie wünschte sich, ihre frühere Zimmergefährtin vor sich zu sehen, die ihr Glück mit ihr geteilt und ihre Hochstimmung verstanden hatte. Leider war ihre Gefährtin einige Tage zuvor in ein anderes Zimmer verlegt worden, und diese Neue war weit entfernt von Warwaras wahren Gefühlen, auch wenn sie leise fragte: ›Tut es weh?‹

Aber darum ging es gar nicht. Lara, die Schmerz sehr gut kannte, wusste, dass es nicht wehtat. Aber sie wollte nicht wissen, warum Warwara es getan hatte, und stellte keine weiteren Fragen.

Warwara hätte sich vielleicht zu irgendeinem anderen Zeitpunkt über solche Gleichgültigkeit geärgert. Jetzt jedoch hatte sie keine Lust, sich ihr Hochgefühl durch Ärger vermiesen zu lassen.

›Du verstehst das nicht‹, sagte sie im Flüsterton, kehrte in ihr Bett zurück und versuchte, etwas von dem Blut in einer kleinen leeren Flasche aufzufangen, die sie aus der Tasche ihres Morgenmantels nahm.

›Was wehtut, ist etwas anderes. Das weißt du vermutlich selbst. Zuerst tut es weh, wenn es passiert. Wenn dein Körper missbraucht wird und du keine Chance hast, es zu verhindern. Nicht die geringste Chance, denn je mehr du dich wehrst, desto mehr Vergnügen bereitet es ihnen. Und *das* tut furchtbar weh.‹

Warwara sprach immer noch im Flüsterton, während sie ihr Blut in die Flasche tropfen ließ.

›Dann ändert sich der Schmerz. Es schmerzt von innen, von der Erinnerung, die in dir brennt, aber du bist zu schwach, um dich damit auseinander zu setzen. Du schaust dich um und willst um Hilfe rufen, aber bevor du auch nur ein einziges Wort zu irgendwem sagen kannst, verraten sie dich, und zwar alle – deine Familie, die Männer und die Freundinnen. Sie kennen dein Geheimnis, aber sie wollen sich nicht damit beschäftigen. Sie sperren deine Erinnerung weg, viel sicherer, als du selbst es kannst, und sie halten sie unter Verschluss, bis du dich schließlich selbst verrätst. Wenn dieser Moment gekommen ist, akzeptierst du, dass so etwas wie Vergewaltigung nur schlechten Menschen geschieht, nur schlechten Frauen, denn einer guten würde es erspart bleiben, und da es dir nicht erspart geblieben ist, musst du ja diejenige sein, die verdammt ist. Und ähnlicher Schwachsinn mehr. Das ist es, was am meisten wehtut.

Cutting bedeutet Macht. Dadurch kehrt sich alles um. Du holst dir deine Macht zurück durch den Schmerz, weil du eine Auserwählte bist und lernst, wie es geht. Seit Jahrhunderten tun die Menschen das, diejenigen, die auserwählt sind. Man findet es in Religionen, weil es etwas Mystisches ist. Wie bei Rasputin. Weißt du, was die in dieser Chlysten-Sekte gemacht haben, bevor er die Macht über ganz Russland erlangt hat? Die haben sich selbst verletzt. Und zwar ziemlich übel, haben sich Blut abgezapft, um Macht zu gewinnen. Aber man muss es am eigenen Leib erfahren, um es verstehen zu können.‹

Sie verschloss die Flasche fest, wischte ihren Arm sorgfältig ab, um die Spuren des Cutting zu vertuschen, und schaute Lara an, die immer noch reglos auf dem Bett saß.

Nachdem sich ihre Blicke getroffen hatten, wandte Lara sich ab und legte sich wieder hin. Bevor sie die Augen schloss, blickte sie noch einmal zu Warwara hinüber und sagte leise: ›Es tut mir Leid. Ich kann dir nicht helfen, Warwara. Ich kann mir selbst nicht helfen.‹

Den Rest der Nacht schwieg sie. Danach wurde sie in Ruhe gelassen. Warwara und einige andere kamen beim Hofgang zu dem Schluss, dass Lara zu seltsam sei und es sich nicht lohne, sie in ihre geweihten Riten mit einzubeziehen. Lara wurde sich selbst überlassen.

Kurz darauf wurde sie mit dem Befund ›leichte Verbesserung‹ aus dem Krankenhaus entlassen. Und einige Wochen später, an einem Sonntag im Frühling, nahm sie eine Flasche mit Säure und trank den gesamten Inhalt. Die Notärzte konnten absolut nichts mehr tun, um sie zu retten, und nach einer Stunde unvorstellbarer Qualen starb sie. Ich erfuhr davon neun Tage nach ihrem Tod, am Flughafen, als ich aus dem Ausland zurückkehrte. Sie brauchte meine Hilfe nicht mehr. Es war zu spät.«

Kapitel elf

Als ich schwieg, sagte Michael: »Sie sollen wissen, Olga, dass im Geschichtenerzählen eine unglaubliche Macht liegt. Manchmal können Menschen von den tiefsten Verletzungen geheilt werden, allein dadurch, dass sie davon berichten. Sie haben gerade die Geschichte Ihres Traumas erzählt, und das wird Ihnen helfen weiterzukommen. Machen Sie jetzt eine Pause und hören mir zu.

In unserer Tradition wissen wir die Macht des Geschichtenerzählens zu schätzen, weil darin mit Heilung gearbeitet wird. Wir glauben außerdem, dass unsere Träume die besten Geschichtenerzähler sind und dass die Geschichten unserer Träume die tiefste Heilung bewirken können. Meine Aufgabe in unserer Tradition des Heilens besteht darin, das Tor zum Raum der Träume zu bewachen und, wenn nötig, die Erinnerungen zu öffnen, die der Transformation bedürfen. Zudem ist es meine Aufgabe, dafür zu sorgen, dass die Erinnerungsdämonen, die geheilt und durch den Heilungsprozess vertrieben wurden, nie wieder zurückkehren und vom menschlichen Gedächtnis ausgeschlossen bleiben.

Es war notwendig für Sie, die Geschichten der Menschen aus der Vergangenheit zu hören. Ich habe Ihnen von dem Urschmerz erzählt, der in diesem Land aus der Eifersucht Zarataschtas geboren wurde. Ich habe Ihnen von einigen bekannten Menschen erzählt, die später in dieses Land kamen und die Dämonen vergangenen Leids mitbrachten und dadurch den Schmerz vervielfachten, während sie gleichzeitig verzweifelt auf der Suche nach Heilung waren. Ihre Erfahrungen sind Teil eines immer noch andauernden Prozesses, der in diesem Land vonstatten geht. Die Bilder dieser Menschen sind durch unsichtbare Fäden mit den Erinnerungen vieler Menschen in der Vergangenheit und in der Gegenwart verbunden. Jetzt müssen Sie von einigen anderen Menschen erfahren, die in diesem Land daran gearbeitet haben, das Leid bewusst zu heilen und durch ihre Arbeit das Feuer der großen Göttin Anachita lebendig zu erhalten.

An diesem Ort«, sagte Michael und wies auf das Gelände des Museums, »stand einmal ein Gebäude, das als Tor zu anderen Räumen diente und in dem viel Leid transformiert wurde. Zu diesem Zweck wurde es von Ulug-Beg errichtet. Es war sein Observatorium. Sein Vater hatte ihn zum Herrscher von Samarkand gemacht, als er noch ein Junge war. Er war mit großer Macht ausgestattet und eingeführt in das uralte Wissen dieses Landes. Dies hier ist sein Museum. Es wurde an der Stelle errichtet, wo die Reste seines Observatoriums entdeckt wurden.«

Michael ging ein paar Schritte nach rechts, und ich stand vom Boden auf, da ich den Eindruck hatte, dass er mir etwas zeigen wollte. Auf der anderen Seite des Museums kamen wir zu einem großen Krater, dessen Rand von Metallschienen eingefasst war. Die Schienen gehörten zu den Überresten einer riesigen kreisförmigen Konstruktion, auf der wahrscheinlich einst ein großer Gegenstand über den gewaltigen künstlichen Krater bewegt werden konnte.

»Das ist alles, was von dem Observatorium übrig ist«, sagte Michael reserviert. »Ulug-Beg war vierzig Jahre lang der Herrscher über Samarkand. Sein Großvater war Timur, einer der drei Krieger, von denen ich Ihnen ganz am Anfang erzählt habe. Sie sehen also, wir haben hier eine ganz andere Erinnerung an die Geschichte als ihr im Westen. Ihr erinnert euch an Alexander als den Großen; wir haben ihn als den Schrecklichen in Erinnerung. Ihr kennt Timur als Tamerlan, den Lahmen, den Unmenschen, der überall, wohin er kam, Angst und Schrecken verbreitete. Wir erinnern uns an ihn als den großen Meister, der Samarkand und seinem Volk das Leben zurückgegeben hat. In beiden Perspektiven zeigen sich die Lücken im kollektiven Gedächtnis, die jeweils das Gegenteil behaupten und sich gegenseitig abstoßen. Aber diese Lücken quälen die Erinnerung unserer Vorfahren, und sie quälen auch die unsere.

Indem Timur in Samarkand prachtvolle Tempel errichten ließ, versuchte er, die Erinnerungsdämonen, die er durch seine Kriege erzeugt hatte, zu beschwichtigen. Er versiegelte seine Erinnerung, indem er den Schrecken in Schönheit verwandelte, und in dieser Kunst erlangte er große Fähigkeiten. Aber eine seiner eigenen Lücken war seine Behauptung, er sei ein Nachfahre Dschingis Khans, des Mannes, der die Stadt zweihundert Jahre zuvor verwüstet hatte. Zusammen mit der Macht von Dschingis Khans Namen musste Timur dessen gestörte Erinnerungen in Kauf nehmen. Das tat er, und er fand Möglichkeiten, mit ihnen umzugehen. Als er dem Tod nahe war, wusste er, dass seine Beerdigung mit aller Sorgfalt vonstatten gehen musste, denn seine Erinnerungen waren mit diesem Land verbunden. Er wollte auf ganz bestimmte Weise begraben werden, um das Land vor seinen Ängsten und Traumata zu schützen.

Seine Leiche wurde von weit her, von einem weit entfernten Ort im Norden, wo er plötzlich gestorben war, in seine goldene Stadt, nach Samarkand, gebracht. Er hatte, nachdem er den größten Teil Asiens erobert hatte, die Invasion Chinas vorbereitet. Sein Enkel, der zehnjährige Ulug-Beg, war zusammen mit Timur im Heereslager gewesen. Er hatte schon mehrere Schlachten zusammen mit seinem Großvater durchgestanden. Niemand weiß, was der sterbende Timur seinem Enkel sagte, aber er vermied es, seine nicht geheilten Ängste und nicht aufgelösten Erinnerungen an Ulug-Beg weiterzugeben; er nahm sie mit sich ins Grab. Ulug-Beg brachte die Leiche seines Großvaters nach Samarkand, und Timur wurde in Gur Amir in einem Mausoleum beigesetzt. Vor seinem Tod hatte er Anweisung gegeben, dass sein Grab nicht angetastet werden dürfe, weil das die Lebenden in Gefahr bringen würde. Er wusste, welchen Schrecken er mit ins Grab nahm, und er wollte nicht, dass dieser Schrecken zurück in die Welt kam.

Am Anfang des zwanzigsten Jahrhunderts fand Wjatkin, ein russischer Wissenschaftler, diesen Ort, wo einst das Observatorium gestanden hat. Er führte in Afrasiab viele Grabungen durch, hinterließ jedoch kaum Informationen über das, was er fand. Die Ruinen des Observatoriums gehörten zu den wenigen Orten, die er beschrieb. Der Rest seiner Aufzeichnungen verschwand nach seinem Tod.

Wissen Sie, was passiert ist, als Timurs Grab zum ersten Mal geöffnet wurde? Der sowjetische Wissenschaftler Gerasimow, dessen ganze Leidenschaft der Rekonstruktion von Gesichtern anhand von Schädelfunden galt, kam mit Erlaubnis der sowjetischen Regierung hierher und öffnete Timurs Grab, um dessen Gesicht zu rekonstruieren. Niemand hier hätte das je gewagt, weil die Menschen in diesem Land sich an Timurs Warnung erinnerten, doch der sowjetische Wissenschaftler scherte sich nicht darum. Er öffnete das Grab am 22. Juni 1941, wenige Stunden, bevor Deutschland der Sowjetunion den Krieg erklärte. Timurs böse Vorahnung wurde Wirklichkeit.«

»Warum war es so schwierig, das Observatorium zu finden, wo doch die meisten Gebäude in Samarkand, die aus der Zeit Timurs stammten, gut erhalten waren?«

»Weil es zerstört worden war.« Michaels Miene verdunkelte sich, als hätte sich eine unsichtbare Wolke darüber gelegt. »Es war nicht etwa von fremden Invasoren dem Erdboden gleichgemacht worden, sondern von unseren eigenen Geschöpfen der Angst, die wussten, dass Ulug-Begs Werk ihre Macht untergrub. Das Observatorium, das er hatte errichten lassen, hatte in der ganzen Welt nicht seinesgleichen. Es war ein dreistöckiges, rundes Gebäude, konstruiert, um die Verbindung zu den Sternen zu erleichtern. Es gibt eine Menge schriftlicher Zeugnisse über Ulug-Begs wissenschaftliche Leistungen. Sie waren hervorragend, aber sein psychologisches Werk ist unbekannt geblieben. Ich habe Ihnen schon gesagt, dass die Menschen hier große Träumer waren, dass sie mit der Substanz des Todes und mit Träumen arbeiteten und dass sie über sehr wirksame Methoden der Transformation verfügten. Ihr Ziel war es, möglichst vielen Menschen die Unsterblichkeit zu ermöglichen.

Die hier betriebene Wissenschaft arbeitete mit einem profunden Wissen über den Prozess des Sterbens und über die Bewahrung des individuellen Bewusstseins nach dem Tod hinaus. Die Verbindung zu den Sternen spielte darin ebenfalls eine Rolle. Auf den Innenwänden von Ulug-Begs Observatorium befanden sich Zeichnungen von sieben Sternen, die als Tore zur Transformation galten. Das waren die sieben Tore zu den sieben Arten des Lebens nach dem Tod.

Unsere Lehrer aus dieser längst vergangenen Zeit wussten um die verschiedenen Stadien, die das Bewusstsein durchläuft, wenn der Körper stirbt. Der Kampf gegen die Erinnerungsdämonen ist das erste Stadium. In diesem Stadium erleiden die meisten Menschen den zweiten Tod und verspielen ihre Chance auf Unsterblichkeit, weil sie vergessen, wer sie sind. Sie lassen sich von ihren Erinnerungsdämonen in Angst und Schrecken versetzen und verlieren die Verbindung zur liebevollen Kraft der Sonne, die unserem Herzen immer nahe steht und das Gesicht der Göttin Anachita trägt.«

Als ich Michael diese Worte sagen hörte, erinnerte ich mich sofort an mein Erlebnis mit der steinernen Skulptur, zu dem er mir in dem Zigeunerlager verholfen hatte.

»Das zweite Gesicht auf der Brust der Skulptur, das ich in dem Zelt gesehen habe, hatte das etwas mit dem zu tun, was Sie jetzt sagen?«

»Es zeigte genau das. Dieses Bild wird normalerweise als Bildnis des Gottes Zurvan bezeichnet, das ist der Gott, der als Gott der Zeit und des Todes bekannt ist. Aber Zurvan ist eine spätere Maske, die die Göttin Anachita annahm, um ihr Gesicht zu schützen und ihre Macht zu erhalten. Es ist ihr Gesicht, das sich in unseren Herzen widerspiegelt. Es ist ihr Gesicht, das uns Zuflucht bietet vor schmerzenden Erinnerungen und vor den Schuldgefühlen, den Ängsten, den Sorgen und der Trauer, die sie verursachen. Sie schenkt uns Erlösung von dem zweiten Tod, wenn wir wissen, wie wir uns während des ersten Transformationsstadiums mit ihr verbinden können. Einem Sieg in diesem Stadium folgt auf der himmlischen Ebene das Durchschreiten des Sonnentors. Danach durchläuft das individuelle Bewusstsein das nächste Stadium; es durchschreitet eines der sieben Sternentore. Von einem der sieben Tore wird es angezogen, je nachdem, welche Art zukünftiger Erfahrung es braucht. Die Wahl des Tors bestimmt unser Schicksal im Leben nach dem Tod.

Hier in diesem Land wurde viel Wissen gesammelt und von Ulug-Beg zum ersten Mal seit der Goldenen Zeit veröffentlicht. Aber er selbst musste auf seine Opferrolle vorbereitet werden. Er wusste, dass die Dämonen, die sich in den Erinnerungen der Menschen sammelten, auch in denen seiner Ahnenlinie zu stark waren und früher oder später versuchen würden, ihn zu vernichten. Die Legende erzählt, dass die Linie von Shahrukh, Ulug-Begs Vater, verdammt war, seit Shahrukh in den Bergen einige heilige Männer während eines Kriegszugs hingerichtet hatte. Ulug-Beg wusste um die Gefahr, die ihm aufgrund der Taten seiner Vorfahren drohte. Für den Fall seines vorzeitigen Todes bereitete er heimlich einen besonderen Zufluchtsort vor.

Er ließ alle heiligen Gebäude in Samarkand fertig stellen und beschloss, in einem davon nach seinem Tod Schutz vor den Erinnerungsdämonen zu suchen, damit sie die Erinnerung an ihn nicht verzerren konnten und nach seinem Tod seinen Transformationsprozess nicht behinderten. Für diesen Prozess ließ er eine geheime Grabstätte errichten. Ich kenne diesen Ort, aber ich darf ihn Ihnen nicht nennen. Er ist immer noch geheim und besitzt große Macht. Und dieser Ort ist nicht Gur Amir, das heute als offizielles Grab von Ulug-Beg gilt.

Er war also vorbereitet, als der Tod ihn schließlich ereilte. Ganz in Weiß gekleidet, umgeben von vertrauten Schülern, war er unterwegs, als ein Schwert ihm den Hals durchschnitt. Mit einem Schlag wurde ihm der Kopf vom Rumpf getrennt, und er war auf der Stelle tot. Der Mörder war gedungen worden von Abd al-Latif, Ulug-Begs Sohn, dessen Blut empfänglich war für das Gift von Zarataschtas Eifersucht. Ich habe Ihnen ja schon erklärt, dass Erinnerungsdämonen sich immer wieder neu erschaffen, indem sie neues Leid verursachen. Abd al-Latif wurde wenige Monate nach dem Attentat auf seinen Vater ermordet. In der Nacht vor seinem Tod sah er, wie ihm sein eigener Kopf auf einem Tablett gereicht wurde. Die Rache traf ihn zuerst von innen, in seinen eigenen Träumen, er konnte ihr nicht entkommen. Kurz nach seinem Tod wurde sein abgetrennter Kopf über dem Eingang der *Madrasa*, der Akademie, die Ulug-Beg in Samarkand gegründet hatte, zur Schau gestellt. Dasselbe Schicksal ereilte Abd al-Latifs Nachkommen. Sein Sohn und auch sein Enkel kamen auf die gleiche Weise zu Tode.

Nach Ulug-Begs Tod zerstörten seine Feinde sein Observatorium, machten es dem Erdboden gleich und behaupteten, es habe vierzig mächtige böse Geister beherbergt.«

Michael verfiel in Schweigen und stand eine Zeit lang mit weit geöffneten Augen da, den Blick auf den Horizont gerichtet, und er schien entrückt zu sein von den Bildern seiner inneren Vision. Dann schüttelte er den Kopf, schaute mich an und sagte in ganz normalem Tonfall: »Ich musste Ihnen diese Geschichte erzählen. Das Erzählen verändert die Konsequenzen dieser lange zurückliegenden Ereignisse, die die Menschen unserer Zeit immer noch beeinflussen.

Ich habe Ihnen gesagt, was ich sagen konnte. Es war ein langer Tag. Ich muss jetzt gehen und mich um andere Dinge kümmern. Und Sie müssen sich ausruhen. Morgen wird wieder ein langer Tag sein, Ihr letzter Tag mit mir, und es wird der Tag sein, an dem Sie das tun müssen, was Sie mir zu Anfang versprochen haben: Sie müssen jemanden heilen. Wir treffen uns morgen auf dem Bazar.«

Kapitel zwölf

Am nächsten Morgen waren nicht so viele Leute auf dem Bazar, und ich entdeckte Michael sofort. Er stand hinter den endlosen Reihen von Teppichen und sprach ganz liebevoll mit einer alten Frau. Sie war klein und reichte ihm kaum bis zur Schulter. Als sie mich kommen sahen, drehten sie sich zu mir um und begannen eine lebhafte Diskussion, die sich offensichtlich um mich drehte. Es war mir überhaupt nicht peinlich. Ich spürte durch und durch, wie viel weniger Angst ich mittlerweile hatte, und fühlte mich beschwingt.

Die Frau lächelte mich an. Sie hatte tiefe Falten im Gesicht, aber ihre Augen – schwarz, tief liegend und mandelförmig – wirkten fast noch jünger als die von Michael, und sie strahlte über das ganze Gesicht.

»Das ist meine Großmutter Sulema«, sagte Michael und seine Stimme war voller Freude.

Die Hochachtung, die ich augenblicklich für diese kleine Frau empfand, machte mir klar, wie viel Michael mir bedeutete und welchen Respekt ich vor ihm hatte.

»Es ist mir eine Ehre, Sie kennen zu lernen«, sagte ich zu ihr und deutete mit meinem Kopf eine leichte Verbeugung an. Daraufhin lachten die beiden herzhaft.

»Besuchen Sie uns«, erwiderte Sulema mit ihrer wohlklingenden tiefen Stimme. »Kommen Sie doch mit mir nach Hause. Michael kommt nach. Er muss noch Kräuter besorgen.«

Gemeinsam verließen Sulema und ich den Bazar. Es war ein freundlicher Tag, und die Morgensonne wärmte uns sanft. Süßer Blumenduft lag in der Luft. Die Menschen lächelten mich an, und ich hatte mein Vergnügen daran, mit dieser Frau durch die alten Straßen von Samarkand zu schlendern.

An einer Ecke bog Sulema in eine Gasse ein, wo hinter einem weißen Zaun halb verdeckt von einem ausladenden Baum ein kleines Haus aus Lehmziegeln stand.

»Kommen Sie herein. Wir haben eine Menge zu erledigen«, sagte Sulema und entriegelte die Tür mit einem großen Schlüssel.

Ich folgte ihr durch einige kühle, abgedunkelte Zimmer direkt in den Garten hinter dem Haus. Alles hier erinnerte mich an das Haus meiner Großmutter in Russland: alt, warm, freundlich und Schutz bietend. Mitten im Garten befand sich eine Feuerstelle. Das Feuer schwelte noch, und Sulema legte einige trockene Äste nach. Die Feuerstelle bestand aus kreisförmig angeordneten weißen Ziegelsteinen. Während Sulema geschäftig hin und her eilte, große Töpfe aus dem Haus holte und auf den Holztisch im Garten stellte, wirkte sie in ihrem schwarzen Baumwollkleid wie eine ganz normale Großmutter. Irgendwie überraschte mich das, als hätte ich erwartet, dass alles, was mit Michael zu tun hatte, etwas Außergewöhnliches sein müsste. Aber dann, als wollte sie meine Gedanken bestätigen, sah sie mich einen Augenblick lang schweigend an, und ich spürte das Vorhandensein einer außergewöhnlichen Macht. Ich war ernst und konzentriert. »Michael hat hier von seinem zehnten Lebensjahr an gewohnt.« Wahrscheinlich spürte sie, dass alle Einzelheiten seines Lebens für mich bedeutsam waren, und ich hörte aufmerksam zu, ohne Fragen zu stellen oder ihre Erzählung zu unterbrechen.

»Vorher glaubte ich schon, ich hätte ihn verloren. Seine Eltern und er waren nach Afghanistan gezogen. Ich sah ihn zum letzten Mal, als er sechs war. Sie schickten mir natürlich Fotos. Aber was sagen schon Fotos darüber, wie ein Kind größer wird? Ich vermisste ihn so sehr. Aber ich wusste, dass er eines Tages zurückkehren würde. Was ich nicht wusste, war, dass dieser Tag so schmerzhaft sein würde. Sein Vater und seine Mutter hatten eine wichtige Arbeit in Afghanistan. Neuigkeiten von ihnen konnte ich nur per Post erhalten. Ich habe ja nicht einmal ein Telefon. Aber eines Tages klopfte ein Mann an meine Tür. Er trug einen großen Briefumschlag bei sich. Ich wunderte mich, dass sie mir einen Brief nicht wie sonst per Post, sondern durch einen Boten zustellen ließen. Es war gar kein Brief von ihnen. Doch er handelte von ihnen. Und von der Bombe, die dort, wo sie arbeiteten, eingeschlagen war und alle getötet hatte.

›Herzliches Beileid‹, sagte der Mann und verschwand. Ich fragte ihn nicht nach Michael. In dem Brief stand, die Familie sei getötet worden, und tief in meinem Herzen wusste ich, dass seine Mutter und sein Vater gestorben waren. Ich wusste es, weil ich über sie trauern konnte. Aber ich konnte Michael nicht betrauern. Ich konnte es einfach nicht. Das Einzige, was ich tun konnte, war, auf ihn zu warten. Ich fragte niemand, schrieb keine Briefe.

Eines Tages, es war Frühling, hörte ich, dass eine

Zigeunertruppe in der Stadt war. Ich ging zum Bazar und sah mir ihre Zirkusvorstellung an. Sie waren wirklich gut. Mutig und lustig. Als ich nach Hause kam, hatte ich das Gefühl, nicht länger auf Michael warten zu können. Mein Herz konnte es nicht länger ertragen. An genau diesem Tag klopfte ein alter Zigeuner an meine Tür, und als ich öffnete, sah ich Michael neben ihm stehen. Er wollte die Hand des Zigeuners gar nicht loslassen. Sein Gesicht war braun gebrannt und sehr ernst. Aber ich sah, dass er Frieden mit dem Tod seiner Eltern gemacht hatte. Die Zigeuner hatten ihn geheilt. Er hatte seit mehr als einem Jahr bei ihnen gelebt und war mit ihnen herumgezogen. Sie hatten ihn in Afghanistan aufgegriffen und seine Wunden geheilt. Anfänglich, nachdem sie ihn bei mir abgeliefert hatten, hatte ich es schwer mit ihm.

Er hat nie mit mir über seine Zeit bei den Zigeunern gesprochen, aber ich bin sicher, dass er sich noch an jede Einzelheit erinnert. Nur ab und zu hat er einen Mann erwähnt, den er ›Großvater‹ nannte. Und dieser Zigeuner-Großvater war garantiert nicht mein Mann.« Sulema musste wieder lachen. Sie nahm eine braune Tasse, wischte sie mit einem sauberen Leinentuch ab und gab sie mir.

»Ich möchte, dass Sie meinen *Polow* probieren. Ich glaube, ich kann mit gutem Recht sagen, dass ich, zumindest hier im Viertel, den besten *Polow* mache.« Schmunzelnd blickte sie um sich, als wollte sie nachsehen, ob jemand sie hörte. »Aber trinken Sie erst etwas, bevor Sie essen.«

»Was macht Michael jetzt? Hat er die Schule abgeschlossen?«

Sulema lachte. »Er könnte Lehrer sein, wenn er wollte. Er hat an der Universität Chemie und Astronomie studiert. Ihr Russen glaubt wahrscheinlich, dass hier bei uns alle ungebildet sind. Schon gut, schon gut, Sie natürlich nicht. Aber viele Ihrer Landsleute denken so. Einige meiner Landsleute glauben das Gleiche übrigens auch von Ihrem Land«, fügte sie hinzu. »Was er jetzt macht? Ich dachte, er hätte es Ihnen gesagt. Er lebt nur für die Magie. Er wurde in unserem Klan ausgebildet, nachdem er sich von den fahrenden Leuten getrennt hatte. Wie er das macht, das müssen Sie ihn schon selber fragen. Aber eins weiß ich: Er bleibt hier bei uns, um mir auf meine alten Tage zu helfen. Mir und seinem Zigeuner-Großvater, den er immer noch trifft.

Ah, da ist er ja«, rief sie erfreut, und als ich mich umdrehte, sah ich Michael in der Tür zum Garten stehen. Mit seinem hochgewachsenen, gut gebauten Körper füllte er beinahe den ganzen Türrahmen aus. Wie er so da stand, den Kopf leicht zurückgeneigt, die Arme entspannt, strahlte seine Haltung eine solche körperliche Harmonie aus, dass man meinen konnte, ein perfektes Bild sei wie durch ein Wunder lebendig geworden. Eine Weile blieb er schweigend stehen. Dann schaute er mich an, und als sich unsere Blicke trafen, durchströmte mich eine solche Welle der Traurigkeit, dass ich beinahe in Tränen ausbrach.

Es war kein persönliches Gefühl. Nach all diesen Tagen, die ich in seiner Nähe verbracht hatte, kannte ich ihn immer noch nicht »persönlich«. Das meiste an ihm war mir immer noch ein Geheimnis, und ich wollte dieses Geheimnis nicht zerstören. Andererseits löste seine Anwesenheit ein intensives Gefühl in mir aus. Die Ursache dafür war mir nicht ganz klar, aber ich spürte, dass es zum Teil damit zusammenhing, dass ich ihn sehr bald verlassen würde. Ich wusste, dass ich nirgendwo sonst wieder dieser Präsenz begegnen würde, die ich bei ihm spürte, der Urpräsenz des Seins. Ich wusste, mir würde die Art fehlen, wie er sich selbst und die Menschen in seiner Umgebung erlebte.

»Ich habe Ihnen bei unserer ersten Begegnung geraten, sich langsam an meine Blicke zu gewöhnen«, sagte er. »Aber Sie haben natürlich nicht auf mich gehört. Deswegen fühlen Sie sich jetzt so. Trauer ist ein Preis für die Beschleunigung von Erfahrungen. Wenn man über etwas traurig ist, akzeptiert man es schneller. Eine der Funktionen von Depressionen besteht darin, einem beim Akzeptieren einer Erfahrung zu helfen, die andernfalls dem Selbst fremd und weiterhin von Erinnerungsdämonen besetzt bleibt.«

Michael kam um das Feuer herum und setzte sich neben mich auf eine alte Decke, die auf dem Boden lag.

»Ich habe Sie gebeten, mit dem Symbol der Swastika zu arbeiten, um Ordnung in den Raum Ihrer Träume zu bringen. Es hat Ihnen geholfen. Sie erinnern sich vielleicht nicht bewusst an all die Erfahrungen, die der Einfluss des Symbols Ihnen in Ihren Träumen ermöglicht hat, aber Ihr innerer Raum ist jetzt viel ausgeglichener und offener. Indem ich Ihnen geholfen habe, Klarheit in den Raum Ihrer Träume zu bringen, habe ich Sie darauf vorbereitet, das Wissen aufzunehmen, das Sie an diesem Ort erlangen können. Vieles von diesem Wissen ist nicht nur mit dem Raum der Träume verbunden, sondern wurde absichtlich dort gespeichert.

Die wichtigste Aufgabe unserer Träume besteht darin, unsere Erinnerungslücken zu schließen. Das

Problem ist, dass die Erinnerungsdämonen, falls sie sich bereits in der Erinnerung eingenistet haben, alles daransetzen, sie zu verteidigen. Und das Problem ist, dass sie in unseren Träumen wesentlich lebendiger, aktiver und mächtiger sind als in unserem Wachzustand. Und leider hat das zur Folge, dass die Träume, wenn der ihnen gebührende Raum nicht aufgeräumt ist, häufig den Schmerz des Traumas verstärken, anstatt einen davon zu heilen. Um die Erinnerungsdämonen zu besiegen, muss man über Wissen verfügen, mit dessen Hilfe man innerhalb des Traums arbeiten kann. Es ist die Mühe wert, denn vollständige Heilung erfolgt, wenn man nicht nur die Bedeutung der Bilder verändert, sondern auch ihre Struktur. Und das geht leichter, wenn man mit Träumen arbeitet.

Schwieriger ist es, die Muster zu verändern, die einen im Wachzustand bestimmen, Muster, die auf Überzeugungen beruhen, die man in der Kindheit übernommen hat. Überzeugungen, die einem klipp und klar sagen, was richtig und falsch ist, was Lob und was Strafe verdient. In Träumen ist es viel leichter, weil in Träumen nicht alles in Gut und Schlecht, Falsch und Richtig aufgeteilt ist. Das würde gar nicht ihrem Wesen entsprechen. In Träumen ist alles erlaubt.

Und nun schauen Sie ein bisschen in sich hinein und sagen Sie mir, welche die wichtigste Veränderung ist, die in Ihren Träumen stattgefunden hat, seit Sie hergekommen sind.«

Die Frage war schwer zu beantworten. In erster Linie deshalb, weil meine Erfahrungen in Samarkand so neu waren, so ungewohnt, dass mir alles vorkam wie ein einziger, unglaublicher Traum. Ich versuchte mich zu konzentrieren. »Ich würde sagen, es ist die

Art und Weise, wie ich angefangen habe, mich selbst im Traum zu erleben. Ich habe angefangen, die Person, die den Traum sieht, wesentlich intensiver wahrzunehmen. Die Träume, die ich in den vergangenen Nächten hatte, waren sehr intensiv und vielfältig. Es würde mir schwer fallen, Einzelheiten zu beschreiben. Aber ich würde sagen, die grundlegendste Veränderung besteht darin, dass das Gefühl des Selbst, das ich hinter all den Traumbildern spürte, viel präsenter und stärker war.«

»Können Sie versuchen, sich jetzt genau an das Gefühl zu erinnern?«

Ich sah, wie Sulema auf der anderen Seite des Feuers stehen blieb und mich ebenso eindringlich anschaute wie er. Offenbar wartete sie auf meine Antwort.

»Ich weiß nicht. Ich träume ja jetzt nicht.«

»Aber genau das sollen Sie jetzt noch einmal erleben. Sehen Sie sich um, nehmen Sie jede Einzelheit in sich auf, und versuchen Sie dann, sich vorzustellen, alles, was Sie sehen – mich, meine Großmutter, das Feuer –, dass all das Ihr Traum ist. Stellen Sie das Gefühl wieder her.«

»Ich möchte das aber nicht. Ich möchte Sie nicht als bloßes Traumbild wahrnehmen.«

»Olga, wann werden Sie mir endlich voll vertrauen?« Er lächelte mich so liebevoll an, dass meine Weigerung, seinen Anweisungen zu folgen, mir irgendwie unnatürlich vorkam.

»Dies ist einer der wichtigsten Mechanismen, mit deren Hilfe die Dämonen die Macht über unser Gedächtnis aufrechterhalten. Indem sie uns glauben lassen, Erinnerungen und Träume seien unwichtig. Sie lassen uns denken: Es ist ja *nur* ein Traum. Das ist ein

Beispiel dafür, wie raffiniert sie die Kunst der Spaltung beherrschen. In Wahrheit ist keine Erfahrung weniger bedeutungsvoll als die andere. Träume sind nicht weniger wichtig als andere Erfahrungen. Sie sind anders, aber sie sind Teil der ganzen Psyche. Also, versuchen Sie es.«

Bei diesen Worten legte Michael seine Hand auf mein Handgelenk, genauso, wie er es an dem Abend getan hatte, als wir uns zum ersten Mal begegnet waren.

Ich schaute mich um, und nach allem, was er gerade gesagt hatte, fiel es mir leicht, mich an das Gefühl zu erinnern, mitten im Traum zu sein. Es bestand kaum ein Unterschied zwischen dem, wie ich meine Nachtträume erlebt hatte und dem, wie ich mich jetzt fühlte. Die Flammen des Feuers auf dem Boden mitten im Garten wurden ein bisschen größer, angefacht durch einen warmen Wind, der durch den Zaun wehte. Sulema, immer noch einen Ausdruck vollkommener Konzentration im Gesicht, setzte sich neben dem Feuer auf den Boden. Ich spürte die Berührung von Michaels Hand, die Wärme der Sonne in meinem Gesicht. Alle Klänge, Farben und Empfindungen waren jeweils verschiedene Fäden, die meine Wahrnehmung mit der Welt verbanden. Alle diese Empfindungen gelangten durch unterschiedliche Kanäle in meinen Körper und wurden eins in meinem Herzen, das von einem intensiven und wunderbaren Gefühl erfüllt wurde.

»Und jetzt sind Sie so weit, dass Sie mit der Arbeit der Heilung beginnen können«, sagte Michael.

Ich hatte mich am Vormittag schon gefragt, mit wem ich arbeiten würde. Es hatte nicht den Anschein, als warteten wir auf jemanden. Durch die Flammen hindurch sah ich Sulema an und dachte, dass ich wahrscheinlich bei ihrer Heilung assistieren sollte. Sie lächelte, doch ihr Lächeln bestätigte meinen Gedanken nicht.

»Es ist nicht Sulema, die Sie heilen sollen«, sagte Michael und nahm seine Hand von meinem Handgelenk. Das veränderte meine Wahrnehmung ein wenig, doch es gelang mir, weiterhin mein Traumselbst zu empfinden. »Es ist Lara, die Sie heilen sollen«, fuhr er fort.

Ich sah ihn verwundert an, versuchte zu verstehen, was er meinte.

»Es ist nur Ihr Bewusstsein, das dem, was ich gesagt habe, noch eine Bedeutung geben muss. *Sie* wissen bereits, was ich meine, denn es ergibt sich aus dem, was Sie in den vergangenen Tagen erlebt haben. Sie lebt in Ihrer Erinnerung, und deswegen können Sie echte Veränderungen bewirken, indem Sie mit Ihrer Erinnerung arbeiten. Vor ein paar Tagen habe ich Ihnen gesagt, dass sie eine lebendige Person ist und von den Erinnerungsdämonen geheilt werden muss, die sie in ihrer Gewalt haben. Ich habe mich nicht geirrt. Ich wusste damals bereits, dass sie sich das Leben genommen hat, aber ich weiß auch, dass unsere Existenz nicht mit dem physischen Tod endet. Ich glaube, dass es nie zu spät ist, jemanden zu heilen.«

»Aber wie? Wie kann ich das tun, Michael?«

»Was Sie gleich tun werden, nennen die Schamanen die Seele der Toten begleiten. Sie können es auch transpersonelle Transformation nennen oder mit einem anderen Ausdruck bezeichnen, der Ihnen weniger Angst macht. Der Prozess wird derselbe sein. Der Prozess der Transformation findet nur in jener Wirklichkeit statt, wo interne und externe Räume identisch sind, wo es keine mentalen Barrieren mehr gibt, die die beiden Bereiche voneinander trennen. Es ist nicht unbedingt ein Traumzustand. Es ist ein ganz besonderer Zustand, in den Sie eintreten können, wenn Ihr Raum der Träume und Ihr Raum der Erinnerungen offen und klar sind und wenn Sie sich in beiden Räumen frei bewegen können. Es ist Ihrer Erinnerung überlassen, welche Bilder sie heraufbeschwört, um die Heilung herbeizuführen. Ihre Erinnerungsbilder werden die Träger der Transformation sein, aber die Auswirkungen der Veränderung werden weit über Ihre persönliche Erinnerung hinausgehen. Ich werde über Sie wachen und Ihnen helfen, wenn Sie Hilfe brauchen. Um mit der Heilung beginnen zu können, müssen Sie das hier trinken.«

In seiner Hand hielt er dieselbe braune Tasse, die mir Sulema zuvor gegeben hatte. Sie enthielt jetzt eine dickflüssige Substanz, die aussah wie mit gerebelten Kräutern gemischte Milch.

»Was ist das?« Wieder bemächtigte sich die Angst meines Körpers.

»Es ist keine Droge, falls Sie das befürchten. Drogen gehören zu den Werkzeugen, die die Dämonen benutzen, um den Schmerz aufrechtzuerhalten. Wir benutzen sie nicht. Das hier sind besondere Kräuter, die in der Nähe des nördlich von uns liegenden Berges wachsen. Sulema hat sie mit Milch zubereitet, damit sie nicht so bitter schmecken. Ihre Wirkung besteht hauptsächlich darin, dass sie die Muskeln entspannen. Die Kräuter halten Sie beim Träumen wach, während sie gleichzeitig Ihre Muskelverspannungen lösen, die körperlichen Symptome Ihrer Erinnerungsknoten. So wird Ihr Gedächtnis vorübergehend befreit, und Sie sind vor Ihren üblichen Ängsten geschützt, sodass Sie Ihre Erinnerungen viel bewusster als sonst erleben können.

Sie werden eine ganz besondere Erfahrung machen, auf deren Gehalt es aber nicht in erster Linie ankommt. Worauf es ankommt, ist der Prozess der Veränderung. Und darauf, dass Sie den Erinnerungsdämon finden und ihn besiegen, damit er Ihnen dient und in Zukunft zu Ihrer Heilung beiträgt.«

Er reichte mir die warme Tasse, die ich widerstrebend entgegennahm. Dann stellte ich sie auf den Boden, und Angst machte sich in mir breit.

»Olga, wann werden Sie mir vollständig vertrauen?«

Ich schaute ihn wieder an, und plötzlich überkam mich ein ganz neues Gefühl. Das Gefühl, dass ich ihn schon seit ewigen Zeiten kannte, dass mir seine Gegenwart früher vertraut gewesen war, dass ich das jedoch vergessen hatte, indem ich mir einredete, es sei nur ein Traum gewesen. Das Gefühl war so stark, so echt, dass meine Angst unbedeutend wurde. In diesem Augenblick hätte ich ihm mein Leben anvertraut.

Ich nahm die Tasse und trank sie langsam aus. Der cremige Milchgeschmack überlagerte das Bittere der Kräuter. Nichts passierte.

Derselbe warme Wind strich mir sanft über die Haut. Sulema saß immer noch vor mir und legte Holzscheite auf das Feuer. Ich sah Michael nicht, aber ich spürte ganz deutlich seine Gegenwart zu meiner Rechten.

Ich hatte keine Erwartungen. Ich saß einfach da und schaute ins Feuer, bis ich kaum noch etwas anderes wahrnahm. Nur Sulemas Gesicht tauchte hinter den

Flammen ab und zu auf. Ich hörte sie sagen: »Hier erzählt man sich gern Geschichten. Können Sie mir eine erzählen? Erzählen Sie mir die rätselhafteste Geschichte, die Sie kennen.« Sulema hatte diese Bitte sicher nur ausgesprochen, weil sie wollte, dass ich mich wohlfühlte, und dafür war ich ihr dankbar.

»Jetzt?«

»Ja, warum nicht.«

Einen Augenblick lang sann ich über ihren Vorschlag nach, dann fiel mir plötzlich die Geschichte von Hamlet ein, eine Geschichte, die mir seit meiner Schulzeit zu denken gegeben hatte.

»Also gut, ich kenne eine solche Geschichte. Sie beschäftigt mich schon seit Jahren, weil es mir nie gelungen ist, einen endgültigen, erschöpfenden und unzweideutigen Sinn darin zu finden. Diese Geschichte hat sich vor langer Zeit abgespielt.

Es war einmal ein Prinz, der in einem weit entlegenen Land lebte. Der Vater des Prinzen war erst vor wenigen Monaten gestorben. Seine Mutter hatte wenig später seinen Onkel geheiratet, der Onkel wurde König, und der Prinz lebte in dessen Königreich. Er war kein ausgesprochen trauriger Prinz, und er fühlte sich auch nicht besonders einsam. Auf jeden Fall war er nicht verrückt. Doch dann änderte sich eines Tages alles und auch der Prinz begann, sich zu verändern.

An jenem Tag, genauer gesagt, in jener Nacht, begegnete er dem Geist seines verstorbenen Vaters, der ihm erzählte, wie der derzeitige König, sein eigener Bruder, ihn vergiftet hatte, um das Königreich und die Königin an sich zu reißen. Der Geist des Vaters verlangte Rache, und nachdem der Prinz diese Geschichte gehört hatte, gab es keinen Frieden mehr für ihn.

Er dachte sich einen schlauen Trick aus: Er lud fahrende Schauspieler ein, die dem König und der Königin ein von ihm selbst geschriebenes Theaterstück vorspielen sollten. Das Stück erzählte die Geschichte des Mordes an seinem Vater, und die Schauspieler führten es für die Mutter und den Onkel des Prinzen auf. An der Reaktion des Onkels erkannte Hamlet dessen wahre Schuld, und ihm blieb keine andere Wahl, als fortan verrückt zu spielen.«

»Er wurde getötet, stimmt's? Der Prinz wird am Ende des Stückes getötet, nicht wahr?«, unterbrach mich Sulema, ohne das Ende abzuwarten.

»Ja, das stimmt. Kennen Sie die Geschichte?«

»Dieser Geist hat ihn getötet, der Geist seines Vaters.«

»Eigentlich nicht ...«

»Oh doch. Der Prinz hat angefangen, nach den Erwartungen des Geistes zu handeln. Er hat sich dem Dämon des väterlichen Traumas überlassen, ihn in sich aufgenommen. Er hat es zugelassen, dass der Dämon seine eigenen Erinnerungen mit dem Schmerz seines ermordeten Vaters vergiftete und zu einem Teil des Prinzen wurde. Der Prinz begann, auf Befehl des Geistes zu handeln, und deshalb musste er getötet werden. Er ist nicht wirklich verrückt geworden. Er hat nur mit den Mächten des Traumas gekämpft. Ich nehme an, er hat verloren. Er hatte keine Frau, nicht wahr?«

»Nein. Aber er hatte eine Verlobte, die er zärtlich liebte. Als der Prinz immer liebloser und verrückter tat, hat sie sich das Leben genommen.«

»Oh! Gibt es noch mehr Tote in der Geschichte?«

»Ja. Der Vater der Braut und ...«

»Oh! Das war ja wirklich ein unersättlicher Geist,

dieser Geist des Vaters. Eine gute Geschichte. Der, der sie geschrieben hat, kannte sich in dem Kampf aus.«

Sulema fiel in Schweigen, und ihre zusammengekniffenen Augen schienen durch mich hindurchzublicken. Über dem Feuer sah ich ihren freundlich lächelnden Mund, bis die Flammen wieder höher schlugen und ihr Gesicht verdeckten.

Ich spürte, wie meine körperlichen Empfindungen sich veränderten. Es war, als würde eine unsichtbare Kraft in meine angespannten Muskeln eindringen und die alten, schmerzhaften Knoten lösen, die sich dort gebildet hatten. Gleichzeitig spürte ich, wie sich meine Erinnerung befreite. Sie verwandelte sich in die Substanz, aus der die Träume sind, und schon bald überfluteten Bilder meinen Kopf. Es waren Bilder im Überfluss, doch nicht in planlosem Chaos; die Bilder waren alle durch eine unsichtbare, tiefgründige Ordnung miteinander verbunden, und meine Wahrnehmung ließ sich von dieser Ordnung leiten.

Das Feuer flackerte vor sich hin, aber es hatte eine vollkommen runde Form angenommen, als würde, wie durch ein Wunder, ein Abbild der Sonne vor mir erglühen. Eine Zeit lang starrte ich in sie hinein, bis sich alles rot färbte und die Sonnenscheibe schwarz wurde. Ich schloss die Augen und spürte, wie diese kleine Sonne vor mir pulsierte und sich auf mich zubewegte. Ich versuchte, ruhig zu sein, ganz ruhig. Dann vernahm ich ein Geräusch, so, als öffnete sich ein Tor, und Michaels Stimme sagte:

»Fürchten Sie sich nicht und denken Sie daran, dass es der Vater ist, der straft, und die Mutter, die vergibt. Ich werde bei Ihnen sein, wenn Sie mich brauchen.«

Kapitel dreizehn

Mein Körper vibriert und wächst. Alle Spannungen, die sich angestaut haben, lösen sich plötzlich, und ich spüre, wie Energie zu fließen beginnt. Mein innerer Raum dehnt sich aus. Luft strömt in mich hinein, und mein Körper, der bis vor einer Minute noch stabil und fest war, scheint aus vielen breiten Luftkanälen zu bestehen, die sich immerfort weiten. Ich hätte mir niemals vorstellen können, dass so viel Raum in mir ist.

Die inneren Kanäle sind lebendig und bewegen sich, und einer von ihnen wird mit einem Mal größer und zieht meine ganze Aufmerksamkeit auf sich, als enthielte er einen Magneten. Ich bin nur noch Raum, weit und offen, und in meiner Mitte ertönt, etwas gedämpft, Michaels Stimme. Ich sehe ihn deutlich in meiner Nähe, in weißer Kleidung, die Haare im Nacken zusammengebunden. Er sitzt ganz still mit über der Brust gekreuzten Armen. Er schaut mich an, und ich weiß, dass er weiß, was mit mir geschehen ist und was geschehen wird, und ich höre ihm aufmerksam zu.

»Das ist ein Land Ihrer Erinnerung. Es ist so real wie Ihr Heimatland. Es gibt auch Irrwege dort, deshalb müssen Sie entschlossen Ihr Ziel verfolgen, egal was passiert. Bewegen Sie sich durch diesen Raum, und fürchten Sie sich vor nichts.«

Zuerst sehe ich einen langen Korridor, einen engen, grauen Tunnel. Zwei hohe massive Steinblöcke, die an einigen Stellen von frischem, üppig-grünem Moos bedeckt sind, bilden die seitliche Begrenzung des Korridors. Nur aus einer Richtung, von oben, fällt ein schwacher blauer Lichtschein herein, und es ist schwierig, den Boden zu erkennen. Ich hebe den Kopf und sehe direkt über mir gerade Reihen senkrechter Röhren von der Decke hängen. Das Licht schimmert aus den Rohrenden, und voller Angst entdecke ich, dass die Rohre aus menschlichen Knochen bestehen, die als Lampen für diesen Korridor dienen.

Hunderte dieser Lampen hängen nebeneinander, sie schwanken leicht über meinem Kopf, und mit ihnen bewegt sich das blau-graue Licht, während ich unter ihnen hindurchgehe. Hin und wieder erzeugt diese Bewegung ein Geräusch, das mich an tiefe Seufzer erinnert. Mir bleibt nicht die Zeit, mich daran zu gewöhnen, da sich urplötzlich die Szenerie verändert und die Lampen verschwinden. Ich gehe durch den nächsten Korridor, der von den Seiten her beleuchtet wird. Die Lichtquelle kann ich nicht entdecken, da sie hinter alten ausgeblichenen, grau-weißen Laken verborgen liegt, die als Wände des Korridors dienen. Diese Laken trennen mich von Unmengen von Körpern, die sich hinter ihnen bewegen. Ich weiß nicht, ob diese Wesen, die sich hinter dem Stoff hin und her schieben, Menschen oder große Tiere sind. An den Geräuschen, die sie von sich geben, lässt es sich nicht ausmachen. Sie sprechen nicht. Sie atmen einfach nur schwer, schnaufen und schieben, drehen sich und stoßen gegeneinander, und all das geschieht ganz in meiner Nähe.

Ich spüre, dass sie zu Hunderten sind, eingepfercht in jenen winzigen Raum hinter den Laken, und offensichtlich bemerken sie, dass ich durch den Korridor gehe. Sie spüren meine Anwesenheit ebenso deutlich wie ich ihre. Manchmal werden ihre großen Glieder von einem anderen Körper angestoßen, und sie berühren mich durch das schmutzige Laken, wenn ich an ihnen vorbeigehe. Die Wellen ihrer Bewegung, die sie zu vermeiden scheinen, finden ihre Entsprechung in den Wellen der Übelkeit, die mich überkommen. Ich beschleunige meine Schritte.

Ich erahne schon den Ausgang aus dieser schrecklichen Galerie und versuche, ihn so schnell wie möglich zu erreichen. Doch gleichzeitig weiß ich, dass ich nicht laufen darf. In jeder Zelle meiner Haut spüre ich, dass sie, sobald ich losrenne, durch die Laken hindurchkommen werden, dass nichts mehr ihre Bewegungen aufhalten wird und sie mich mit ihren riesigen, schweren Körpern auf der Stelle zermalmen werden. Ich gehe schnell weiter. Kurz darauf ist es vorbei. Mit einem Seufzer der Erleichterung verlasse ich den Korridor und gelange in eine große Halle.

Das schwere Schnaufen der schiebenden Körper geht über in ein rhythmisches mechanisches Geräusch in diesem neuen Raum. Zuerst sehe ich keine Körper. Der Raum erinnert mich mit seinen hohen Decken und den Betonböden an ein verlassenes Fabrikgebäude. Alle Arbeiter sind gegangen, nur die Maschinen laufen noch. Hier herrscht Chaos: gesplitterte Holzrahmen, Glasscherben, die unter meinen Füßen knirschen, das Gequieke von Ratten, die zwischen Stapeln von Papier, das in eine Ecke geworfen wurde, herumlaufen. Überall sind Anzeichen des Verfalls sichtbar, und dennoch bleibt das mechanische Hintergrundgeräusch immer gleich und deutet darauf hin, dass hier irgendetwas in Gang gehalten wird.

Vorsichtig bewege ich mich zwischen Haufen von alten, zerbrochenen Dingen. Ich stolpere über Reste von Möbeln, über zerrissene, vergilbte Zeitungen, die in einer fremden Sprache gedruckt sind. An einigen Stellen muss ich ausweichen, um mir meinen Weg durch all den Müll, der im ganzen Raum verstreut liegt, zu bahnen. Manchmal streift ein Luftzug meine Haut, was mich vermuten lässt, dass irgendwo ein Fenster oder eine Tür offen steht. Als ich mich fast bis zur Mitte des Raums vorgearbeitet habe, erkenne ich, dass der Luftzug und das andauernde mechanische Geräusch von einer riesigen, schwarzen hölzernen Windmühle verursacht werden. Ich verstehe nicht, warum ich sie nicht schon vorher bemerkt habe. Sie ist so riesig, dass ich ihre Spitze hoch unter der unerreichbaren Decke nicht sehen kann. Die ständige Vibration der Mühle erzeugt ein mechanisches, unangenehmes Geräusch. Diese Vibration nimmt gewaltig zu, denn die Mühle ist dabei, ihre riesigen Flügel in Bewegung zu setzen. Ein unheilverkündendes Stöhnen setzt um mich herum ein, wie von unerträglichen Qualen erzeugt.

Ich erstarre, bin vor Angst wie gelähmt. Ich senke den Blick, ohne meinen Kopf zu wenden. Die nächste Szene erschüttert mich bis ins Mark, und der Schrecken, den ich eine Sekunde zuvor empfand, ist nichts gegen das Entsetzen, das mich jetzt packt. Zerbrochene Teile, die ich für Reste von Möbelstücken hielt, ändern ihr Aussehen und werden zu menschlichen Gliedmaßen und Körperteilen, die umherfliegen. Sie sind lebendig. Sie bewegen sich. Einige von ihnen versuchen zu kriechen.

Das Stöhnen, das ich höre, stammt von ihnen, zum Beweis ihres extremen Leidens. Ich erkenne ein menschliches Bein, das mit dem Fuß nach oben neben mir steht; an seinem Knie nagt eine schwarze Ratte. Absichtlich quält sie das menschliche Fleisch mit ihren widerwärtigen Zähnen. Das Bein hat nur bis zum Knöchel eine menschliche Form, darunter sind Haut und Muskeln und Knochen an eisernen Figuren befestigt.

Während ich gegen meine Übelkeit ankämpfe, erkenne ich noch mehr Körperteile, an denen eiserne Tierfiguren befestigt sind, als wären sie einer wilden Phantasie entsprungen. Sie versuchen zu kriechen, aber das Eisen ist sehr schwer. Es wäre leicht und es ist sehr verlockend, meine Angst und mein Unbehagen zu beschleunigen und auf die Spitze zu treiben; wenn ich das Bewusstsein verlöre, müsste ich diese abstoßenden Bilder nicht mehr sehen. Aber als ich spüre, wie mir der kalte Schweiß ausbricht und mein Mund sich mit Speichel füllt – ich stehe kurz vor dem rettenden Zusammenbruch –, erinnere ich mich an die Regel, die ich einzuhalten gelobt habe. Ich werde mich vor nichts fürchten. Ich kann nicht in die Bewusstlosigkeit flüchten. Ich muss der Angst ins Auge sehen. Ich muss sie erfahren. Damit habe ich mich zu Beginn einverstanden erklärt, und deshalb muss ich sie in ihrer Totalität erleben. Meine Übelkeit lässt nach, und meine Sicht wird wieder klarer.

Ein lauter, schriller Pfeifton kommt von irgendwoher über mir. Die riesige Mühle beginnt, sich zu drehen. Bevor ich vor Panik die Flucht ergreife, bemerke ich, dass die Flügel der Windmühle aus Lichtstrahlen bestehen. Sie leuchten hell und intensiv, aber sie bestehen nur aus Licht. Also bleibe ich, wo ich bin, ohne irgendeine Gefahr wahrzunehmen. Als der breite Lichtflügel mich berührt, fühlt es sich auf meiner Haut nicht anders an als Sonnenstrahlen an einem warmen Tag.

Den menschlichen Überresten um mich herum allerdings ergeht es ganz anders. Beim ersten Anzeichen, dass die Windmühle sich in Bewegung setzt, bricht Angst und Schrecken unter ihnen aus, verzweifelt versuchen sie, sich von der Last der eisernen Tiere zu befreien, und ihr Heulen und Stöhnen gipfelt in einem unmenschlichen Schrei, der die massiven Wände des Zimmers erschüttert.

Die Strahlenflügel gehen langsam durch die Körperteile hindurch, beleuchten sie einen nach dem anderen. Sobald das Licht sie berührt, fangen die eisernen Tierfiguren an, rot zu glühen, versengen das menschliche Fleisch, mit dem sie verbunden sind, und verursachen schreckliche Schmerzen. Diese eisernen Tiere jagen den Schmerz durch die Gliedmaßen. Mich überkommt tiefes Mitleid mit diesen menschlichen Überresten. Ich hätte nie gedacht, dass man Mitleid für abgetrennte menschliche Gliedmaßen empfinden kann, aber mir bleibt fast das Herz stehen, als ich den Schmerz spüre, der ihre immer noch menschlichen Zellen durchzuckt. Diese Gliedmaßen haben keine Persönlichkeit, sie sind nicht verbunden mit irgendwelchen Gesichtern, ihr Stöhnen hat nichts Menschliches. Es sind Schreie von gequältem Fleisch.

Die schreienden menschlichen Glieder erfüllen mich mit Trauer. An diese Bilder werde ich mich noch lange erinnern.

Ich wende mich ab von den rotierenden Mühlenflügeln, doch ich habe wenig Hoffnung, von meiner Trauer befreit zu werden. Als Nächstes erblicke ich eine riesige Höhle, die einem um ein Vielfaches vergrößerten menschlichen Rachen gleicht, der aus einem Körper herausgetrennt wurde und an Schnüren von der Decke hängt. Ich sehe eine rot entzündete Schleimhaut, als wäre dieser Mund zu einem Schrei aufgerissen. Aber der Schrei kann sich nicht befreien, da ihm der Weg versperrt ist durch eine scharfe Rasierklinge, die sich in dem Fleisch vor und zurück bewegt; sie zerfetzt es nicht und verursacht dennoch furchtbare Schmerzen.

Ich kann es nicht mehr ertragen, ich kann es nicht länger allein durchstehen. Ich muss Michaels Stimme hören und wissen, dass er bei mir ist.

»Michael, warum sehe ich das? Warum muss ich mir das ansehen?«

Ich höre ihn antworten: »Damit Sie sich besser fühlen, denken Sie einfach daran, dass es weder der Inhalt noch die Form ist, die eine Rolle spielt, sondern der Prozess der Veränderung. Was Sie jetzt gerade erleben, wird manchmal die ›Halle der Spaltung‹ genannt. Es ist nicht der erste Ort, an den die menschliche Wahrnehmung nach dem Tod gelangen kann. Es gibt Hunderte verschiedener Wege der Erfahrung, die die individuelle Persönlichkeit eines Toten nehmen kann.

Was Sie hier sehen, sind Überreste menschlicher Formen und somit Überreste individueller menschlicher Wahrnehmung, denn Wahrnehmung und Form sind eng miteinander verbunden. Weil die meisten Menschen im Laufe ihres Lebens nichts über das Leben nach dem Tod erfahren, ist für sie der physische Tod gleichbedeutend mit der Auslöschung der individuellen Wahrnehmung. Dabei darf man Wahrnehmung nicht mit Seele verwechseln. Wenn spirituelle Überlieferungen behaupten, dass die Seele unsterblich ist, dann stimmt das. Aber wie viele Menschen lernen ihre Seele im Laufe ihres Lebens kennen? Wie viele sind in der Lage, ihre Seele zu erkennen? Nur sehr wenige. Für die anderen ist der Körper das Medium ihrer Wahrnehmung, und die körperliche Wahrnehmung endet mit dem Tod.

Da die uralten Mysterien, die die Heilung im Leben nach dem Tod und den richtigen Übergang des Bewusstseins ins Leben nach dem Tod lehrten, in Vergessenheit geraten oder verborgen sind, müssen die meisten Menschen im Tod einen sehr schmerzvollen Prozess der Zerstückelung durch ihre Erinnerungsdämonen erdulden. Was Sie in diesem Raum sehen, ist das letzte Stadium einer solchen Zerstückelung, bei der die Empfindungen von der Erinnerung, die Gefühle von den Gedanken, die Gesichter von den Gliedmaßen getrennt wurden. Dieses letzte Stadium ist die grundlegende Manifestation all dieser Empfindungen.

In dieser Halle ist die Empfindung Schmerz. Sie müssen diese Halle durchqueren, um Ihr Ziel zu erreichen. Aber es gibt noch weitere Hallen, in denen andere Empfindungen erlebt werden. Lassen Sie sich nicht von Ihrem Verstand verwirren. Das Leid, das Sie gesehen haben, hat nichts mehr mit irgendeiner bestimmten Person zu tun. Aber es besitzt eine persönliche Geschichte. Es hat mit dem zu tun, worauf die Aufmerksamkeit der Menschen während ihres Lebens in erster Linie gerichtet war.

Das sind die physischen ›Inseln der Erinnerung‹,

Körperteile, in denen die Erinnerungsdämonen sich eingenistet hatten. In Ihrer Kultur würde man es Bestrafung für Sünden nennen. Das Hauptmerkmal der Sünde, wenn wir diesen Begriff überhaupt verwenden wollen, ist nicht ihre moralische Beschaffenheit, sondern ihre Fähigkeit, die weitere Entwicklung zu verhindern und Wege zur Veränderung zu blockieren. Alle ›großen‹ Sünder handelten als Personifikationen ihrer Erinnerungsdämonen, und worin ihre Sünde auch immer bestanden hat, sie hatten eines gemeinsam: Ihre Wahrnehmung war auf den *Gegenstand* ihrer Sünde fixiert, ob es nun Gier, Lüsternheit, Neid oder Zorn war.

Diese unterschiedlichen Eigenschaften bildeten einen Damm, der die Entwicklung und die Transformation des jeweiligen Menschen verhinderte. Und das hat den Prozess der Spaltung und der Verwirrung in Gang gesetzt. Als diese Menschen starben und ihre Körper zerfielen, war ihre Wahrnehmung in ihrer Sünde und in ihrem Trauma gefangen, und so starben sie einen zweiten Tod, der ihre individuelle Wahrnehmung schließlich auslöschte. Nach dem zweiten Tod hörte ihr individuelles Selbst auf zu existieren.«

Ich blicke um mich und versuche, die soeben gehörten Worte mit den Bildern, die ich sehe, in Verbindung zu bringen. Abgetrennte Körperteile und das Gefühl fürchterlichen Leidens überlagern mein Denken. Ich komme zu keinem Ergebnis, aber ich weiß, dass die Worte, die ich gehört habe, Einlass in mein Bewusstsein gefunden haben, und früher oder später werden sie zu mir zurückkommen, und ich werde sie besser verstehen.

Erst jetzt fällt mir auf, dass die Luft in diesem Raum

eine ganz besondere Dichte hat, dichter als die Luft, die ich normalerweise atme. Aber vielleicht erzeugt auch meine verzerrte Empfindung der Schwerkraft die Illusion dichter Luft. Einige Objekte levitieren langsam, heben vom Boden ab und bleiben im Raum hängen. Ich sehe eine merkwürdige Figur näher kommen, die sich bemüht, durch diese dichte Luft auf mich zuzufliegen. Es ist ein Mensch mit dem Gesicht eines jungen Mannes, aber dieses Gesicht ist völlig verzerrt von der enormen körperlichen Anstrengung, die er aufbringen muss, um sich mir zu nähern. Er hängt in der Luft, und sein Körper besteht nur aus Rumpf und Kopf. Die Gliedmaßen fehlen, und er schlängelt sich vorwärts durch die Luft.

Ich fürchte mich, etwas zu sagen oder ihn zum Reden zu veranlassen, denn ich finde ihn abstoßend und möchte nicht einmal daran denken, dass er mit mir sprechen könnte. Aber er kommt mir immer näher mit der eindeutigen Absicht, mit mir zu kommunizieren. Ich bleibe ruhig stehen, obwohl die Versuchung wegzulaufen groß ist.

Er schwebt jetzt direkt vor mir. Ich sehe deutlich sein schmales Gesicht. Er hat regelmäßige Gesichtszüge, die aber verzerrt sind von ständiger Qual und einer Wut, die sich in tiefen Falten niedergeschlagen hat.

Seine Gesichtsmuskeln zucken nervös, während er mich zornig anblickt. Trotz der zahllosen Falten gehört dieses Gesicht einem ziemlich jungen Mann um die Vierzig. Sein hellbraunes Haar ist kurz geschnitten, und mit ein wenig Phantasie könnte man ihn für einen normalen Mann halten, der wahrscheinlich einen langen schwarzen Mantel trägt, sich in seinem Beruf durchsetzt und in einer schicken Wohnung in einer

Metropole lebt. Dieses Bild hilft mir, mich darauf vorzubereiten, dass ich mit ihm reden werde.

Um diesen unverwandten Blick, mit dem er mich anstarrt, zu unterbinden, wage ich es, ihn vorsichtig zu fragen: »Wer sind Sie?«

»Ich bin der, der versucht, ein menschliches Wesen zu bleiben.« Seine Stimme klingt eher traurig als wütend, was mich ein wenig erleichtert. »Aber, wie Sie sehen, ist das nicht leicht«, fügt er mit unverhohlenem Sarkasmus hinzu. »Ich bin unvorbereitet aus dem Leben geschieden. Ich war unterwegs zu einem Mittagessen mit einem sehr wichtigen Geschäftspartner, als die Polizeisirenen immer näher kamen und ich ganz in der Nähe Schüsse hörte. Ich weiß, dass ich damals gestorben bin, aber weiß bis heute nicht, ob ich erschossen oder von einem zu schnell fahrenden Auto überfahren wurde.«

Ich finde es merkwürdig, wie er über sein verhindertes Mittagessen spricht, als würde er es immer noch bedauern, diese Chance auf ein gutes Geschäft verpasst zu haben. Aber ich höre ihm weiter zu.

»Wissen Sie, ich darf Ihnen nicht sagen, wie ich gemerkt habe, dass ich tot bin. Und selbst wenn ich es erzählen dürfte, ich würde es niemals tun, denn die Angst und der Schrecken, die damit einhergingen, sind zu quälend, als dass ich sie mir wieder in Erinnerung rufen möchte. Ich sage Ihnen nur so viel, dass nichts von dem, was ich mir in meinem kurzen Leben über mein mögliches Ende vorgestellt hatte, eingetreten ist. Ich habe nie daran geglaubt, dass es etwas jenseits dieses Lebens geben könnte, und fand es lächerlich, meine Zeit und Energie mit Gedanken an so etwas Abstraktes wie den Tod zu vergeuden. Wie lächerlich.

Kein ewiger Traum, keine unendliche Dunkelheit, kein plötzliches Verschwinden, nichts davon wurde mir gewährt.

Ich musste Tausende von Jahren ertragen, in denen ich Fragen stellte, suchte und kämpfte, und ich übertreibe nicht – ich hatte wirklich das Gefühl, dass es so lange gedauert hat. Jetzt endlich bin ich hier, hänge fest an diesem Ort der Schmerzen und der Erniedrigung, der nie innehaltenden Maschinerie im Königreich der Schmerzen. Warum bin ich hier? Wozu? Ich habe keine Ahnung. Ich weiß nur, dass ich nach all den Jahren meiner Todeserfahrungen gezwungen bin, meine menschliche Identität aufzugeben, meine Gliedmaßen in alle Winde verstreut zu sehen und jedes einzelne für sich leiden zu lassen. Aber ich werde es nicht zulassen. Ich werde diese Arschlöcher bekämpfen, und ich werde gewinnen! Hören Sie mich? Hören Sie mich, Sie dämliches Nichts? Sie glauben wohl, Sie wären der Mittelpunkt der Welt! Ich gebe einen Scheißdreck auf Ihre guten Absichten! Ich werde meinen Körper zurückbekommen, koste es, was es wolle, und ich werde gewinnen, Sie Niete.«

Er schreit hysterisch, scheinbar ins Leere, denn der Raum bleibt unverändert, und der mechanische Lärm hält an, und nichts und niemand außer mir schenkt ihm Beachtung. Dann werden seine Gesichtszüge weicher, seine Lippen zittern, und Tränen der Verzweiflung laufen ihm über die Wangen. Paradoxerweise fehlen ihm die Hände, um sich die Tränen abzuwischen.

Fast weine ich mit ihm. Ich verstehe nicht, warum dieser Mann solches Leiden ertragen muss. Ich strecke meine Hand nach ihm aus, wische ihm die Tränen ab, wobei ich die weiche, kühle Haut seiner eingefallenen Wangen spüre. Er seufzt tief und beruhigt sich. Er bedankt sich bei mir mit einem Kopfnicken, während er immer noch mit den Tränen kämpft. Und dann wende ich mich um und sage in den Raum hinein: »Warum? Warum muss er das durchmachen?«

Aber die Antwort ist nicht an mich, sondern an ihn gerichtet. Er kann sie hören, und tatsächlich lauscht er ihr begierig.

»Du, Viktor, weißt nicht viel von dir selbst. Du hast die Realität deiner Seele nie für so wichtig erachtet wie irgendein dummes Geschäftsessen, dem du immer noch nachtrauerst. All die Dinge, die hier mit dir passieren, sind Versuche, deine Aufmerksamkeit in eine andere Richtung zu lenken und dir zu helfen, dir schließlich deiner selbst bewusst zu werden. Wofür du kämpfst, ist nicht dein wirkliches Selbst, sondern lediglich ein Bild, das du dafür hältst. Halte nicht länger daran fest. Lass es los. Du hast die Fähigkeit, die Wahrheit jetzt zu erkennen, also setze dich nicht weiterhin unnötig dem Leiden aus. Und es ist nicht dein Fehler. Du bist das Produkt der Zeit, in die du hineingeboren wurdest.

Du warst ein Wesen ohne jedes Gespür für dein wirkliches Selbst oder für wirkliche Freiheit, eingeklemmt zwischen den Ideen und Idealen der Menschen um dich herum, denen du entsprechen wolltest, und dabei hast du dich immer weiter von dir selbst und *deinen* Zielen entfernt. Aus diesem Grund hast du nicht gelernt, Dinge anders als durch Wut und Hass zu verändern. Du hast Gewalt in deiner Stadt verabscheut, aber dir fiel nichts Besseres ein, als diejenigen, die sie ausübten, zu hassen. Du warst müde und erschöpft von der endlosen Konkurrenz in deinem Job, aber du hast keinen anderen Weg gesehen, als immer wütender zu werden und andere zu verletzen. Du warst ein ignorantes menschliches Wesen, aber es war wirklich nicht dein Fehler.

Du kannst ein anderes Schicksal erfahren. Du musst es nur sehen und akzeptieren. Es ist schwierig, denn dein Leben lang hast du nur gelernt, dass weich zu sein und Mitgefühl zu zeigen bedeutet, eine Niete zu sein, und das wolltest du auf keinen Fall. Aber die Zeit ist vorbei. Dreh dich jetzt um. Sieh dir diese menschlichen Überreste an. Versuche zu empfinden, dass mit ihnen menschliche Schicksale verbunden sind, Fehler, Leiden, Verletzungen, Unnachgiebigkeit. Versuche, Mitgefühl zu spüren. Sobald du das empfindest, wirst du deinen aussichtslosen Kampf vergessen.«

Viktors Gesicht entspannt sich. Wieder laufen ihm Tränen über die Wangen, aber diese Tränen sind anders. Er wird transformiert in ein freundliches, sanftes Wesen. Die Stimme spricht weiter zu ihm.

»Folge mir jetzt. Du warst in der Lage, deine Vorstellungen zu ändern, deshalb kann sich jetzt auch deine Erfahrung verändern. Folge mir.«

Offenbar sieht Viktor seinen Führer, der für mich nur eine Stimme ist. Die Stimme klingt nicht wie die von Michael, aber ich habe keine Zeit, sie zu erkennen. Viktor schwebt durch die Luft zum Ende des Raums und verlässt ihn durch eine massive Metalltür, die sich öffnet, als er sich nähert. Ich folge ihm und versuche, mit ihm, der jetzt ganz leicht dahinfliegt, Schritt zu halten. Ich gehe schnell, und ohne jedes Bedauern verlasse ich den traurigsten Raum, den ich je betreten habe.

Wir stehen jetzt am Ufer eines blauen Sees. Er ist nicht groß, aber man kann durch das kristallklare Wasser hindurch keinen Grund ausmachen. Viktor lässt sich mit seinem verstümmelten Körper am See nieder. Sein Gesicht wirkt erleuchtet, seine tiefen Falten sind fast vollständig verschwunden.

Ich höre ihn ruhig sagen: »Zum ersten Mal seit meinem Tod höre ich, wie jemand meinen Namen ausspricht.«

»Dir wird Erlösung gewährt«, fährt sein Führer fort. »Dies hier ist ein See des Vergessens. Das ist die größtmögliche Form der Erlösung, die dir jetzt zuteil werden kann. Du hast eine lange Reise durchgestanden, um sie zu erreichen. Aber seit dem Moment, als dich dieser betrunkene Fahrer überfahren hat, war dir diese Form der Erlösung immer nahe. Alles hat sich nur in deinem Kopf abgespielt, dein eigenes Muster von Widerstand und Zurückschlagen, das dich davon abgehalten hat, von einem Raum zum nächsten zu gehen, bei deinem endlosen Streben nach dem Sieg in einem Kampf, den du ganz allein mit dir selbst ausgefochten hast. Trink dieses Wasser und löse deine Erinnerung in ihm auf. Trenne dich von allem und sei frei. Das ist die höchste Gnade, die dir zuteil wird, denn du hast nie nach etwas anderem gestrebt und nie gelernt, darüber hinaus Fortschritte zu machen. Tu es. Adieu, Viktor.«

Viktor lächelt freundlich, und seine Lippen flüstern ein lang erwartetes »Danke«. Er bewegt sich zum Wasser hin und beugt seinen Kopf hinab.

Dann trinkt er mit gierigen Schlucken von dem Wasser. Die klare Flüssigkeit strömt sanft in seinen Körper. Sie füllt ihn ganz aus, reinigt und wäscht seinen

Körper, löst seine Empfindungen auf, verwischt seine Konturen, macht ihn undeutlicher, bis ich nur noch klares blaues Wasser sehe, in dem noch leicht die Umrisse seines Körpers zu erkennen sind. Er erzeugt noch eine sanfte Welle, als er in den See eintaucht und sich in dem Wasser auflöst. Und dann höre ich seinen letzten Seufzer, der wie ein leichter Windstoß über das Ufer streicht. Die Oberfläche des Sees wird wieder ruhig und glatt.

Ich stehe da, fasziniert von diesem Wunder. Ich fühle mich stark angezogen von dem See, der in der Lage zu sein scheint, Leiden so einfühlsam aufzulösen, dass ich mich kaum zurückhalten kann, meine Hand auszustrecken und vor Dankbarkeit das weiche Wasser zu berühren.

»Wagen Sie nicht, es zu tun.« Das ist Michaels Stimme. Er klingt beinahe zornig. »Sie dürfen es nicht berühren. Bitte, tun Sie es nicht«, wiederholt er etwas sanfter, als ich mich vom Ufer entferne. »Sie haben nicht mehr viel Zeit. Sie müssen sich beeilen, wenn Sie Ihre Aufgabe erfüllen wollen.«

Kapitel vierzehn

Das Nächste, das ich wahrnehme, ist eine Mauer mit einer niedrigen Eisentür. Als sich die Tür öffnet, muss ich mich bücken, um eintreten zu können. Die verrosteten Türangeln quietschen laut, wahrscheinlich war die Tür seit ewigen Zeiten verschlossen.

»Hallo. Wie geht es dir?« Unwillkürlich grüße ich ein kleines, merkwürdiges Tier, dass sich im Raum befindet. Anscheinend wartet es schon lange auf mich, so lange, dass es erschöpft und unruhig ist. Aber es scheint auf dem Sprung zu sein, mir vorauszueilen, um mir den Weg zu weisen.

Das Tier ist eine eigenartige Kombination aus einem kleinen schwarzen Hund mit einem langen Schwanz und einem fremdartigen Wesen. Sein Kopf ist im Vergleich zum Körper sehr klein und ähnelt mit seinem langen Schnabel dem eines Vogels. Ich habe keine Angst vor diesem Tier. Seine freundlichen Absichten kommen in jeder seiner schnellen Bewegungen zum Ausdruck.

Es ist ungeduldig, kann es kaum erwarten loszugehen, aber als ich ihm folgen will, taucht unvermutet ein Hindernis auf. Die Eisenplatten, die den Boden fast vollständig bedecken, heben sich plötzlich mit einem pfeifenden und krachenden Geräusch. Sie verwandeln sich mit unglaublicher Geschwindigkeit in dreidimensionale Ungeheuer, in zwei gewaltige Eisenpferde, so groß, dass sie fast den ganzen Raum ausfüllen. Auf ihren dünnen, langen Hälsen sitzen sehr kleine Köpfe mit Schnäbeln aus massivem Eisen. Die Pferde stürmen mit unvorstellbarer Wucht aufeinander los, rammen sich mit ihren Köpfen, Funken sprühen aus ihren sich wetzenden Schnäbeln. Im nächsten Augenblick fallen sie genauso schnell, wie sie entstanden, in sich zusammen und bedecken wieder als leblose Eisenplatten den Boden.

Im gleichen Moment begreife ich, dass es für mich keine Möglichkeit gibt, diesen Raum zu durchqueren. Ich weiß, dass jede noch so kleine Bewegung die Pferde wieder zum Leben erwecken wird und dass sie mit ihren Eisenschnäbeln alles zerschlagen werden, was versucht, ihr Revier zu durchqueren. Wie zum Beweis, dass sie selbst auf die winzige Bewegung eines Insekts reagieren, springen die Giganten wieder auf. Einen Augenblick lang bin ich ratlos. Ich weiß, es gibt keinen Weg zurück für mich, ich kann nicht umkehren. Gleichzeitig sehe ich keine Möglichkeit, den eisernen Schnäbeln auszuweichen und den Raum zu durchqueren.

Ich verharre reglos, weiß nicht, was ich tun soll, als das kleine schwarze Tier durch sein Hüpfen meine Aufmerksamkeit auf sich lenkt. Dieses entspannte Hüpfen löst keine Reaktion der schlafenden eisernen Wächter aus, und das Tier kann ungehindert umherspringen. Es mustert mich mit seinen klugen Augen, die selbst zu hüpfen scheinen. Allmählich dämmert mir, dass ich, falls es mir gelingt, dem Muster seiner Bewegungen zu folgen, auch von den Wächtern unbeachtet bleiben werde.

Ich beobachte den herumwirbelnden Hund und versuche, seinen Bewegungsablauf zu erfassen. Dann wird mir klar, was das Besondere an seinen Bewegungen ist, was es ist, das das Tier in dieser Situation unverwundbar macht. Es ist die pure Verspieltheit seiner Bewegungen. Das Tier kümmert sich einfach nicht um die Riesen. Jeder Muskel seines Körpers signalisiert, dass es dem Tier egal ist, was mit ihm passiert. Es fürchtet sich vor nichts, und sein sorgloser, geschmeidiger und ruheloser Körper drückt genau das aus.

Mit dieser Ruhelosigkeit kann ich mich leicht identifizieren. Es ist noch weit bis zu meinem Bestimmungsort, der mir wichtiger ist als alles andere. Dieser Gedanke hilft mir, meine Angst loszulassen und mich in Bewegung zu setzen. Anfänglich versuche ich, mich in sicherer Entfernung von den schlafenden Pferden zu halten. Aber die freudige Reaktion des Hundes auf meine halb tänzelnden, halb staksenden Bewegungen ermuntert mich, ich werde gelöster und nähere mich den schlafenden Eisenfiguren, ohne sonderlich auf sie zu achten. Das Tier begreift das als Spiel und lockt mich weiter in die Mitte des Raums. Es macht keine Geräusche, aber ich bin sicher, dass es auf seine eigene Weise lacht und dass sich dieses Lachen und seine Sorglosigkeit auf mich übertragen werden. Irgendwann vergesse ich die eiserne Gefahr. Ich laufe einfach hinter dem Tier her, das mich neckt und immer schneller rennt und mir jedes Mal entwischt, wenn ich nach ihm greife.

Dann lässt mich ein fürchterliches Krachen hinter mir erstarren, und ohne mich umzudrehen, weiß ich, dass es die eisernen Pferde sind. Aber der Gedanke, dass ich außer ihrer Reichweite bin, lässt mich aufatmen. Ich kann weitergehen und sie vergessen, als wären sie ein Alptraum gewesen. Das Tier läuft vor mir her, und ich folge ihm in den nächsten Raum.

Ich spüre, dass das ein Ort ist, an dem ich etwas Wichtiges tun soll, und zwar schnell. Ich fühle, dass meine Zeit an diesem Ort begrenzt ist und ich sie klug einteilen muss, um meine Aufgabe zu Ende zu bringen. Der Raum erinnert mich an eine Kunstgalerie, die ich bei einem meiner Auslandsaufenthalte einmal besucht habe. Ihr Besitzer war im Begriff, das Geschäft aufzugeben. Er lief herum zwischen Bildern, die an den Wänden lehnten, Skulpturen, die auf dem Boden standen. Der launische Touristenmarkt hatte ihn in dieses Chaos gestürzt, und er versuchte zu retten, was noch zu retten war. In diesem Raum hier ist aber kein Eigentümer zu sehen. Gemälde in alten, schweren Rahmen, teils aus Holz, teils aus schwarz lackiertem Metall, stehen hintereinander gegen die Wand gelehnt, sodass ich nur die Rahmen, nicht aber die Bilder sehen kann.

Einem spontanen Impuls folgend, gehe ich zu den Bildern und wähle Rahmen aus, ohne den Gemälden Aufmerksamkeit zu schenken. Aber aus den Augenwinkeln nehme ich meine Umgebung wahr, wie immer, wenn ich mich von meiner Intuition leiten lasse. Ich sehe die Umrisse von Gesichtern, und mir wird bewusst, dass meine Hände durch Portraits blättern.

Irgendwie spüre ich, dass dieses zittrige Gefühl in meinen Händen nur daran liegen kann, dass sich Laras Portrait unter den verborgenen Leinwänden befindet. Ich ziehe einen silberfarbenen Rahmen hervor. Er ist schwer, kunstvoll verziert, die Leinwand ist teilweise eingerissen. Ich werfe keinen Blick auf das Bild und bin auch nicht in Versuchung, es zu tun. Das Portrait zu betrachten ist verboten, aber das stört mich nicht. Ich halte es in der Hand und überlege, was ich als Nächstes tun soll.

Auf keinen Fall werde ich Laras Portrait in dieser endlosen Reihe von Gesichtern stehen lassen. Ich ziehe es so weit wie möglich von der Wand weg und sehe mich nach Hilfe um. Den schweren Rahmen kann ich nicht allein tragen. Mein kleines schwarzes Tier ist da und gibt mir zu verstehen, dass ich nach rechts schauen soll, wo ich einen Esel entdecke. Er sieht mich mit großen Augen ein wenig überrascht an und wartet darauf, dass ich ihn als Lasttier für das Bild benutze.

Behutsam lege ich den Rahmen auf den Rücken des Esels, und während ich das Bild im Gleichgewicht halte, verlassen wir eilig den Raum. Nachdem wir eine offene Ebene durchquert haben, gelangen wir in einen Wald. Der Schatten, den die Bäume spenden, ist erfrischend, und so macht es mir nichts aus, dass noch ein langer Weg vor uns liegt und ich den Horizont nicht sehen kann. Ich versuche, den Sinn dieser Wanderung zu verstehen. Es entgeht mir nicht, dass die Luft in diesem Wald ganz eigenartig ist und dass wir von merkwürdigen Geräuschen umgeben sind, die mich an nichts erinnern, was ich je in einem Wald gehört habe. Auch das Licht ist hier ungewöhnlich. Es schimmert auf eine Art und Weise zwischen den Bäumen hindurch, wie ich es noch nie in einem Wald gesehen habe. Ich überlege, was an diesem Weg so besonders ist und warum es so wichtig zu sein scheint, diesen Weg zu verfolgen.

Ich spüre jetzt wieder sehr deutlich Michaels Anwesenheit, als würde er neben mir herlaufen. Ich merke, dass ich mich in einem anderen Bereich meines Traums befinde, wo ich Michael nicht sehen kann. Aber er kann mich sehen und weiß alles, was mit mir geschieht.

Dann höre ich ihn sagen: »Es ist nicht nur ein Wald, durch den Sie gehen. Es ist ein Land des Übergangs. Dem einen mag es wie ein Wald erscheinen, dem anderen vielleicht wie ein Fluss oder ein riesiger, endloser Ozean. Die Form, die es annimmt, hängt von der subjektiven Wahrnehmung ab. Aber die Form spielt keine Rolle, wie ich Ihnen bereits sagte. Das individuelle Bewusstsein sieht das, was es zu sehen bereit ist.

Dieses Land des Übergangs hat eine besondere Bedeutung, weil es als Brücke zwischen verschiedenen ›Räumen‹ und ›Korridoren‹ dient, wo bestimmte Eigenschaften der menschlichen Natur herausgearbeitet werden. Es gibt unendlich viele verschiedene solcher Räume, wo der individuellen Wahrnehmung diese oder jene Eigenschaft vorgeführt wird, um festzustellen, welche davon sie annehmen wird. Wenn ein Teil der Erinnerung eines Menschen zu sehr auf diese Eigenschaften fixiert und nicht in den Rest der Psyche integriert war, besteht eine hohe Wahrscheinlichkeit, dass dieser Mensch in einem der Räume den Erinnerungsdämonen erliegt, und dann wird seine Entwicklung und seine Befreiung für lange Zeit verzögert werden.

Übergänge wie dieser Wald haben einen großen Vorteil. Sie sind Verbindungstunnel zwischen verschiedenen Dimensionen, und als solche besitzen sie das höchste Potential, die Toten von ihrer ewigen Wanderung zu befreien und ihnen dabei zu helfen, das nächste Stadium im Leben nach dem Tod zu erreichen. Das ist ziemlich schwierig, denn die Angst vor dem Tod ist die eine Urangst, in der alle anderen Ängste vereint werden, wie die Teile eines Puzzles, die am Ende ein Gesamtbild ergeben. Jede Angst, egal wie groß und fundamental sie einem erscheinen mag, wenn man sie erlebt, ist unvollständig, ist immer ein Teil des Puzzles. Jede Angst – außer der Angst vor dem Tod – weist auf eine Grenze hin, auf eine Kreuzung. Jedes Mal, wenn ein Mensch eine Grenzlinie zwischen unterschiedlichen Zuständen erreicht, empfindet er Angst, und Angst ist die erste Reaktion auf die Möglichkeit, einen Zustand zu verändern. Die Angst vor dem Tod ist immer die letzte Angst. Sie befällt einen nicht in Erwartung des Todes, sondern im Tod selbst.

Lara war tapfer, aber als sie starb, war sie nicht vorbereitet auf diese letzte Angst. Je mehr Lücken man hat, die mit Ängsten besetzt sind, umso schwieriger ist es, im Leben nach dem Tod Befreiung zu finden. Sie haben die erste Lücke, die Ihr Verhältnis zu Lara und Ihr bisheriges Handeln bestimmt hat, erkannt; Sie entstand aus der irrigen Annahme: ›Eine gute Frau wird nicht vergewaltigt‹. Das war Ihre erste Lücke und auch Laras, und diese hat Ihre Erinnerung immer weiter zerstört. Jetzt müssen Sie die zweite Lücke erkennen.

Es ist Ihre Überzeugung, dass Selbstmord eine Sünde ist und dass es daher sündhaft ist, einen Menschen in Erinnerung zu behalten, der Selbstmord begangen hat. Deswegen haben Sie versucht, Lara aus Ihrem Gedächtnis zu tilgen. Aber in Ihrem Herzen wissen Sie, dass Ihnen diese Überzeugung wehtut und Sie daran hindert zu trauern, wie Sie es gern tun würden. Machen Sie sich Ihre Überzeugung bewusst und lassen Sie sie los, denn Sie müssen jetzt etwas anderes lernen. Sünde, so wie Ihr Kopf sie versteht, ist ein Begriff. Selbstmord ist Leid. Urteilen Sie nicht darüber. Helfen

Sie dabei, den Schmerz, den er verursacht hat, zu heilen. Befreien Sie sich von Ihren persönlichen Lücken und machen Sie sich bereit zu hören, was ich Ihnen jetzt sagen werde.

Ich werde Ihnen etwas über Opfer erzählen müssen. Um ein echtes Opfer zu bringen, muss man wissen, wann der richtige Zeitpunkt dafür gekommen ist. Das ist sehr wichtig, also konzentrieren Sie sich vollkommen darauf zu verstehen, was ich Ihnen sage. Der richtige Zeitpunkt ist gekommen, sobald man erkannt hat, dass der Tod eingetreten ist. Niemand kann dieser Erkenntnis entrinnen, wenn der Tod erst gekommen ist. Und Sie wissen, dass er auch zu Ihnen kommen wird. Sie sollten also jetzt sehr gut aufpassen, damit Sie etwas lernen, was Ihnen dann helfen kann.

Sobald man erkennt, dass es der Tod ist, dem man ins Auge sieht, hat man Zeit, das letzte Opfer zu bringen und sich selbst von allen Ängsten zu befreien. Man muss alles von sich aufgeben, alles aus dem bisherigen Leben, jede einzelne Erinnerung, auch die, die einem gerade in diesem Augenblick unglaublich teuer ist – und dem *wirklichen* Selbst opfern, dem göttlichen Wesen, das schon immer im Herzen existiert hat, und das jetzt bereit ist, dieses Opfer anzunehmen.

Man muss seine Persönlichkeit mit all seinen Gewohnheiten, seinen Sorgen und Ängsten, seinem Wunsch, alles umzukehren und in der sich entfernenden Welt zu bleiben, alles, was man über sich selbst in Erinnerung hat, zusammenfassen und der wunderbaren und liebevollen Kraft schenken, die das Herz erfüllt. Und die Große Mutter, die im Herzen jedes Menschen lebt, weil sie allen das Leben geschenkt hat, wird jeden mit ihrer liebevollen Gegenwart umfangen, und niemand wird mehr Angst haben, in den Tod einzutreten. Wenn der Mensch sich im Tod an ihr Gesicht erinnert und sie bittet, ihn zu erlösen, wird sie seine Existenz ewig währen lassen. Lara hat diesen Schritt noch nicht getan, aber sie hat die Chance, ihn zu tun.

Ihnen bleiben nur noch wenige Stunden. Denken Sie daran, Sie tragen eine große Verantwortung. Bewahren Sie die Ruhe und setzen Ihren Weg fort.«

Ich gehe weiter und sehe schon bald das Ende des Waldes und direkt dahinter den Gipfel eines hohen Berges. Wir – der Hund, der Esel und ich – nähern uns dem Berg, auf dessen Straßen ich zu meiner Überraschung viele Lastwagen fahren sehe, die etwas aus dem Berg herauszutransportieren scheinen. Dieses Bild der Lastwagen ist so erstaunlich, dass ich eine ganze Weile dorthin starre, anstatt weiterzugehen.

Schließlich folge ich meinem Tier und dem braven Esel, der Laras Portrait trägt. Der Berg ist baumlos, bedeckt von uralten weißen Steinen. Er ist so hoch und steil, dass ich im Steigen kaum den Gipfel sehen kann. Ich befreie den Esel von seiner Last und lehne den Rahmen, ohne einen Blick auf das Portrait zu werfen, an eine der großen Aufschichtungen weißer Gebirgssteine. Der Esel verschwindet spurlos. Das kleine schwarze Tier hält sich immer noch in meiner Nähe auf, aber ich ahne schon, dass es nicht mehr lange bleiben wird. Als es sich mit einem Blick verabschiedet, weiß ich, dass sein Abschied nicht für immer ist und dass ich das Geschöpf irgendwann wiedersehen werde. Jetzt bin ich erneut auf mich allein gestellt.

Vom Berg her ertönt ein Lärm, als würde sich eine Lawine lösen. Ein Strom aus glitzerndem Licht ergießt sich mit hoher Geschwindigkeit ins Tal. Als der Lichtstrom auf das Portrait zufließt, weiß ich, dass meine Aufgabe darin besteht zu warten, geduldig zu sein und mich nicht einzumischen. Das Licht hüllt den Rahmen ein und umschließt ihn mit einer gefrierenden, glänzenden Eisschicht wie mit einem kristallinen Schutzschild. In Sekundenschnelle ist der Lärm vorüber, und alles ist wie zuvor. Die Eisschicht reflektiert das Licht wie ein wundersamer Spiegel.

Der in das Eis gehüllte Metallrahmen wirkt jetzt noch größer. Plötzlich bewegen sich die beiden Steine über dem Portrait zur Seite und geben einem noch gewaltigeren Felsen, der zwischen ihnen erscheint, Raum. Der Felsen verwandelt sich in das Gesicht eines alten Mannes. Seine Augen sind verdeckt von grauen Lidern. Sein regloses Gesicht kündet von Weisheit und Konzentration. Das Gesicht verharrt direkt über dem Rahmen. Eisstücke zerplatzen. Als zerbräche eine starke Hand das Eis, blättert es in Splittern ab. Das Gesicht zieht sich langsam zurück, die beiden Steine nehmen wieder ihre vorherige Position ein, das Gesicht ist verschwunden. Was vorher ein rechteckiger Metallrahmen war, hat sich jetzt in eine eher ovale Form verwandelt. Der größte Teil des Rahmens hat sich aufgelöst. Dann geschieht alles noch einmal. Die Steine geben den Weg frei für das Gesicht. Es richtet den Blick auf den vereisten Rahmen, und noch mehr Eisstücke platzen ab. Die Form ähnelt jetzt der eines Menschen. Derselbe Prozess wiederholt sich fünfmal.

Dann schließt sich das Steintor und verbirgt das Gesicht im Berg. Eine schlanke junge Frau steht vor mir. Ihr Körper ist noch von einer dünnen Eisschicht bedeckt, aber es lassen sich schon Einzelheiten ihres langen weißen Kleides erkennen, das gewellte schwarze Haar, das von ihrer hohen Stirn zurückgekämmt ist, ihre schmalen Handgelenke und ihre weißen Hände, die vor der Brust gefaltet sind. Ich vermeide es, ihr ins Gesicht zu sehen. Ich muss mich abwenden, denn ich weiß, dass ich sie nicht anschauen darf. Unter keinen Umständen darf ich ihren Blick erwidern oder mit ihr sprechen. Es fällt mir schwer, mich abzuwenden, da ihre Anwesenheit so lebendig ist.

Ich zwinge mich, mich nicht einmal an ihren Namen zu erinnern, und bleibe in der abgewandten Position stehen. Trotzdem spüre ich ihre Anwesenheit mit allen Fasern meines Körpers. Im nächsten Augenblick sehe ich ihr Gesicht, aber es kommt aus meiner Erinnerung, aus einer dieser merkwürdigen Ecken des Geistes, wo sich alles finden lässt. Sie ist ein junges Mädchen in einem weißen Pelzmantel und steht da gegen eine Trauerweide gelehnt. Sie blickt in den Himmel und schluckt bittere Tränen.

Sie fließen in Strömen aus ihren weit offenen Augen, laufen ihr über die Wangen und verwandeln ihr Gesicht in eine von einer dünnen, leuchtenden Eisschicht bedeckte Maske aus Porzellan. Es ist Lara. Sie steht in unserem Winterschulhof. Ich erinnere mich daran, dass sie gerne Ski gefahren ist, dass sie die beste Skiläuferin in der Klasse war, die immer den ersten Platz belegte, gleichgültig, welche Strecke sie lief. Es war so leicht für sie, als wären ihre Skier mit geheimen Flügeln versehen und als wüsste sie genau, wie man sie zum Fliegen bringt. Auch an jenem Tag war sie sicher, den Lauf zu gewinnen. Wie alle anderen holte sie ihre Skier aus dem Schulmagazin und ging, nachdem sie sich die Skischuhe angezogen hatte, hinaus in die Kälte. Es war ein strahlender Morgen. Der Trainer gab die Strecke bekannt, die zurückzulegen war, forderte alle auf, sich bereitzumachen und die Plätze einzunehmen. Lara schnallte als Erste ihre Skier an und glitt leichtfüßig auf einen kleinen Schneehügel zu, der nicht besonders hoch war, aber hoch genug, um ihn mit Spaß hinunterzufahren. Sie stand auf dem Gipfel des Hügels, stieß sich mit ihren Skistöcken kraftvoll ab und fuhr los.

Ich sah nicht, wie sie stürzte. Als ich zum Hügel hinüberschaute, lag sie bereits auf dem Boden. Ihr flauschiger weißer Mantel und der Schnee ließen sich auf den ersten Blick gar nicht auseinander halten. Ihre blaue Strickmütze rutschte ihr vom Kopf, ihr offenes schwarzes Haar war voller Schnee. Ein Stück des zerbrochenen Skis ragte aus dem Schnee hervor, während der andere sich von ihrem Fuß gelöst hatte und einige Meter von ihr entfernt lag.

Ich sah, wie einer der übelsten Jungen aus unserer Klasse, derjenige, der irgendwann später wegen Vergewaltigung ins Gefängnis kam, vor Lara herumsprang und sich über ihre Tränen lustig machte. Ich sah, wie sie aufstand und sich an eine Weide drückte, den verweinten Blick zum Himmel gerichtet, um dem Spott zu entgehen. Weinte sie vor Schmerz? Waren es Tränen der Kränkung, weil sie ihre Chance, den wichtigsten Wettbewerb des Jahres zu gewinnen, vertan hatte? Denn ihr Trainer hatte keine Zeit gehabt, ihr andere Skier zu geben, sondern bloß gemurmelt, sie würde sowieso eine gute Note in ihrem Semesterabschlusszeugnis bekommen. Oder lag es an dem Jungen, der vor ihrer Nase herumsprang und sie verhöhnte?

Ich weiß nicht, warum sie weinte. Ich wäre so gerne zu ihr hingegangen und hätte ihr etwas Tröstendes gesagt, aber als ich mich gerade in Bewegung setzen wollte, kam Rita, eine meiner anderen Freundinnen, auf mich zu. Als hätte sie meine Absicht erkannt, forderte sie mich heraus, in die entgegengesetzte Richtung mit ihr um die Wette zu laufen.

Rita gehörte wahrscheinlich zu den wenigen Menschen, die Lara aus irgendeinem Grund nicht leiden konnten. Rita war ein sehr attraktives Mädchen, mit dunkler Haut, glattem schwarzen Haar, und großen braunen, stets perfekt geschminkten Augen. Mit ihrer lebhaften und spöttischen Art war sie viel beliebter an unserem Gymnasium als Lara. Ständig versuchte sie, sich zwischen Lara und mich zu drängen. »Mein Gott, was für eine Heulsuse«, sagte sie immer. »Weißt du, wie leicht ich sie zum Weinen bringen kann? Das weißt du ganz genau. Ich will mir lieber nicht vorstellen, was die mal macht, wenn wir die Schule hinter uns haben. Die ist doch ein richtiges Treibhausgewächs. Die ist doch schuld an dieser gekünstelten Atmosphäre in unserer Klasse! Und keiner stört sich daran. Was wird sie wohl machen, wenn sich unsere Wege trennen? Sie wird untergehen, und das geschieht ihr recht. Wieso muss sie auch immer ihre eigenen Wege gehen, anstatt sich anzupassen? Und weißt du was, man kann sie gar nicht richtig mögen; dafür ist sie viel zu hochnäsig. Ich verstehe nicht, warum du dich so gut mit ihr verstehst.« Auch an jenem Tag lockte Rita mich von Lara weg. Von weitem sah ich Lara an der Trauerweide stehen, ihr Gesicht zum Himmel gerichtet.

Ich sehe diese Situation jetzt wieder vor mir. Ich weiß, dass ich mich ihr jetzt nähern, sie anschauen und mit ihr reden kann, denn es ist nur ein Bild aus meiner Erinnerung, und mit meiner Erinnerung darf ich sprechen. Während ich auf Lara zugehe, nehme ich aus dem Augenwinkel wahr, wie Ritas verwundertes Gesicht verblasst. Ich hebe Laras blaue Mütze vom Boden auf und schüttle den Schnee ab. Die Bewegungen des herumspringenden Jungen werden mit jedem meiner Schritte langsamer; er scheint zu spüren, dass ich näher komme, obwohl er mich nicht sehen kann. Ich lege dem Jungen meine Hand auf die Schulter. Ich weiß, dass er sich gut an einen meiner Wutausbrüche erinnert.

Er hatte einmal versucht, sich in Gegenwart meiner Freundinnen über mich lustig zu machen, um zu testen, wie weit er in Zukunft gehen konnte. Wahrscheinlich erinnert er sich noch sehr gut an meinen Gesichtsausdruck, mit dem ich auf ihn zuging und ihn gegen die Wand des Schulflurs schubste. Er lachte immer weiter und beobachtete seine Freunde hinter mir in der Erwartung, dass sie alle gleich was zu lachen hätten. Ich erinnere mich noch gut daran, wie mich die kalte Wut packte, als ich ihn gegen die Wand stieß, wie meine langen, leuchtend roten Fingernägel sich in die Haut seines dünnen Halses gruben. Seine Augen weiteten sich vor Schreck, als er bemerkte, dass er weder etwas sagen noch Luft holen konnte.

Ich weiß noch, dass meine Freundinnen versuchten, mich von ihm wegzuziehen. Aber ich würgte ihn so lange, bis ich mir sicher war, dass ich ihm eine bleibende Narbe zugefügt hatte und er mich in Zukunft in Ruhe lassen würde. Als ich ihn schließlich losließ, starrte er mich noch immer voller Entsetzen an. Dann drehte ich mich um und ließ ihn stehen, aber ich hörte noch, wie er zu seinen Freunden sagte: »Die ist verrückt. Lasst sie ihn Ruhe.«

Ich brauchte mich nur umzudrehen und ihn anzusehen. Sofort senkte er seinen Blick, murmelte: »Tut mir Leid«, und schlug die Augen nieder. Er hat mich nie wieder belästigt.

Als er jetzt meine Hand auf seiner Schulter spürt, erscheint in seinen Augen das gleiche Entsetzen wie damals im Schulkorridor. Ich erkenne die Narbe auf seiner Haut, die meine Fingernägel vor langer Zeit hinterlassen haben, und im gleichen Augenblick weiß ich, dass ich Macht über ihn habe. Er verzieht das Gesicht zu einem entschuldigenden Grinsen und versucht wegzulaufen, zu verschwinden, aber ich spüre, wie mein Wille ihn am Platz festnagelt und dass seine Energie mir gehört. Im selben Tonfall wie damals sagt er leise: »Tut mir Leid.«

Ich sehe ihm direkt in die angsterfüllten hellblauen Augen. Ich spüre seine Angst wie einen direkten Kanal, durch den mein Wille Macht über ihn erlangt, spüre, dass ich mit ihm machen kann, was ich will. Sein Blick ist starr auf mich gerichtet, und er zittert am ganzen Körper. Nach einiger Zeit bemerke ich, wie sich seine Augen verändern und sein Körper sich völlig in den eines Wolfs verwandelt hat. In seinen Wolfsaugen liegt keine Angst mehr, nur noch Unterwürfigkeit und Gehorsam. Ich weiß, dass er von nun an bereit ist, mir zu dienen. Jetzt lasse ich ihn los.

Ich reiche Lara die blaue Mütze und sage: »Lara, weine nicht, bitte.«

Sie sieht mich mit ihren großen Augen überrascht an und rührt sich nicht. Nach und nach verschwinden die Tränen aus ihrem Gesicht. »Du musst diesen Lauf nicht gewinnen. Du bist auch so die beste Skiläuferin. Da bin ich mir ganz sicher.« Sie lächelt und nickt zaghaft. Ich sehe, wie sich ihr Gesicht verändert und der Ausdruck der Verzweiflung schwindet.

Ihre Augen leuchten, sie lächelt und nickt immer wieder, als wäre sie bereit, mir bei allem, was ich sage, zuzustimmen. Ich spüre, dass das, was jetzt geschieht, meine Erinnerung an sie verändert.

Ich fühle Laras Gegenwart, mit all ihren Sorgen, ihrem Kummer, ihrer Überzeugung, ein Opfer bringen zu müssen, mit ihrer Hoffnung und ihrer Liebe. Erinnerungen kreisen um ihren Namen, Bilder von allem und jedem in ihrem Bewusstsein. Ich weiß, dass die vom Eis befreite Frau im weißen Kleid eins wird mit dem jungen Mädchen auf dem Schulhof. Ich spüre, wie jede neue Erinnerung ihre Sorgen und ihre Qual wachsen lässt, in dem gleichen Maß, in dem ihre Liebe und ihre Hoffnung wachsen.

Dann höre ich, wie jemand zu ihr spricht. Eine sehr eindringliche Stimme sagt zu ihr: »Die Türen zu deinem früheren Haus wurden durch fremde Hand vor dir versteckt. Deine Kleider wurden von der Innenseite her zugeknöpft, sodass du nicht mehr in sie hineinschlüpfen konntest. Und Wind kam auf und zerstörte alles, was gepflanzt war. Welches Problem hast du noch? Die Angst, die tief in deiner Ahnenreihe verborgen ist, ist immer noch am Werk. Spuck sie jetzt aus in diesen Eimer, in dem alles Fremde zurückbleiben wird.

Das ist deine Vergangenheit, die zur Gegenwart des Fremden wird. Du weißt jetzt deinen Namen wieder, und dein Name nimmt die Gestalt eines Vogels an. Gewinne deine Sprache wieder und lass das Schweigen zusammen mit der alten Gestalt zurück. Du siehst immer noch, was es heißt, im Dunkeln zu sein. Du trägst immer noch das Gewicht, das längst nicht mehr da ist, und immer wieder versuchst du zu sterben, dich vom Gestern ins Morgen zu bewegen. Erst wenn Gestern und Morgen, Gewicht und Erwartung für dich nicht mehr existieren, wirst du in einen anderen Raum fliegen. Sobald du das alles loslässt, wird die Sonne dich höher und höher tragen. In weiter Ferne und weniger gefährlich findest du eine Tür, hinter der der gierige zweite Tod auf dich lauert. Lüge ihn an, gib ihm deine Kleider, schleudere ihm deine Ringe und Armreifen und auch deine innigsten Wünsche ins Gesicht; gib das alles auf, und gib deinen Tod auf, denn die alte Welt existiert nicht mehr für dich.«

Lara dreht sich um und zieht ihre Skistöcke kraftvoll aus dem Schnee. Ihre Skier tragen sie mit hoher Geschwindigkeit zu dem weißen, von der Sonne erleuchteten Raum, der vor ihr liegt. Sie ist wirklich eine gute Skiläuferin. Es ist die beste Fahrt, die sie je gemacht hat, und nichts, was sie aufhalten oder verletzen könnte, stellt sich ihr in den Weg. Sie fliegt direkt auf die riesige Sonnenscheibe zu, deren Strahlen sie sanft umfangen. Ich weiß, dass meine Aufgabe erfüllt ist. Ich weiß, dass Lara sich jetzt an einem Ort befindet, an dem sie sich frei bewegen kann. Nichts wird sie mehr zurückhalten. Ich sehe den von der Sonne erleuchteten Horizont und spüre, dass irgendwo dort hinten auch ein Raum für mich ist. Ich kann ihn so deutlich wahrnehmen, als hätte ich mich schon früher in einigen seltenen Momenten meiner Kindheit darin aufgehalten, als die Welt aus Licht zu bestehen schien und es keine Angst gab.

Diese Erkenntnis lässt mein Herz höher schlagen, und als Michaels Hand sich wieder sanft von meiner

Schulter löst, sehe ich das Gesicht des Gottes der Zeit, der direkt in mein Herz schaut, genauso wie ich es vor einigen Tagen in jenem Zelt in Afrasiab schon einmal erlebt habe.

Die Flammen in der Mitte des Gartens schlagen hoch, und Sulemas freundliches Gesicht, das mich sehr an meine Großmutter erinnert, bewegt sich jetzt auf die andere Seite des Feuers. Ich begreife, dass das Feuer und die Sonne Erweiterungen meines Herzens sind, dass sich hier der wahre Sitz des Gottes der Zeit befindet. Hier hat die Göttin ihren Sitz. Die Große Mutter lebt hier, in der Sonne, und es ist ihre Liebe, die alle abgetrennten Erinnerungen vereint. Sie hat die Macht, alles zu verzeihen, weil sie jedem Wesen das Leben geschenkt hat. Sie füllt allen Raum mit ihrer Großmut, und in ihrem Gebiet duldet sie weder Angst noch Schuld. Angst und Schuld, abgetrennte Erinnerungen, die Schmerz wieder aufleben lassen, löscht sie aus, und sie fügt das Leben zu einem Ganzen zusammen. Ihr gehört die ganze Welt wie zu Anbeginn, und das Leben vollzieht sich nach ihrem Willen.

Zum ersten Mal erkenne ich, dass die Gottheit kein gedankliches Konzept ist, sondern ein lebendiges, mächtiges, pulsierendes Wesen, das uns alle in seinen Händen hält. Das begreife ich jetzt. Als ihre allmählich verschwindende Gestalt schließlich mit der Sonnenscheibe verschmilzt, weiß ich, dass Lara ihren Weg zur Großen Mutter gefunden hat, und dass meine Erinnerung an sie geheilt und vollständig ist.

Auch die anderen damit verbundenen Erinnerungsknoten lösen sich auf, und ich sehe, wie Warwara, das Mädchen aus der Klinik mit den geröteten Augen und dem aggressiven Lächeln, unentschlossen auf das Feuer in Sulemas Garten zugeht. Die Wärme berührt sie, und endlich kann auch sie zu sich selbst zurückkehren, zu dem kleinen Mädchen, dem wehgetan wurde und das hinter dem hohen, grünen Busch im Garten der Familie bis zum Sonnenuntergang leise geweint hat.

Die warmen Strahlen der Sonne berühren die Narben auf Warwaras Handgelenken und heilen sie, so wie sie ihre Härte und ihre Angst heilen. Endlich fühlt sie sich uneingeschränkt in Sicherheit und kann sich erlauben, wieder weich zu werden. Als Nächstes erinnere ich mich an Mascha. Sie steht jetzt direkt neben mir, voller Verwunderung und ganz offen, aber sie zögert immer noch, an sich selbst zu glauben.

All diese Erinnerungen erlebe ich beinahe gleichzeitig, und durch die Veränderung, die dieses Erleben in mir auslöst, wird mir meine eigene folgenschwerste Erinnerungslücke bewusst. Die Lücke, die alle Menschen meiner Zeit in sich tragen, die größte Lücke in unserem Gedächtnis, die die mächtigste Angst hervorbringt: die Angst, dass wir das Gesicht und den Namen der Großen Mutter vergessen haben.

Dieses Bewusstwerden füllt meine Erinnerung, und alles Schmerzhafte darin wird gemildert und transformiert. Ein süßes Gefühl erfüllt mein Herz mit Dankbarkeit, und ich möchte all diese Erinnerungen der Großen Mutter geben, die immer liebt und immer vergibt.

Ich empfinde große Dankbarkeit gegenüber Michael, der mir diese Erfahrung ermöglicht. Der Gedanke an ihn richtet meine Wahrnehmung wieder auf das Feuer. Ich sehe Sulemas aufmerksames Gesicht jenseits der Flammen. Als sich unsere Blicke begegnen, steht sie auf und kommt auf mich zu, in der Hand eine Tasse mit Wasser. Ich trinke das kalte Wasser. Es stärkt meine Wahrnehmung des Augenblicks, und ich komme allmählich wieder ganz zu mir. Ich sitze in Sulemas Garten auf dem Boden, und tief in meiner Erinnerung spüre ich all die heilenden Veränderungen, die das Feuer mir beschert hat.

Ohne aufzuschauen weiß ich, dass Michael gegangen ist und ich ihn nicht mehr sehen werde. Ich bin nicht traurig darüber, weil ich verstehe, dass es so vorherbestimmt war. Er weiß, was gut und richtig ist, und ich vertraue ihm und seinen Entscheidungen. Ich sage nichts zu Sulema, bedanke mich jedoch bei ihr mit einem Kopfnicken. Mein Mund ist immer noch trocken, ein bitterer Nachgeschmack bleibt auf meiner Zunge, aber mein Körper ist sehr entspannt. Sulema löst Michaels *Tschotki* von ihrem Handgelenk und legt die Kette um meinen Hals. Die Perlen sind ganz leicht und fühlen sich so warm an, als trügen sie etwas von der Sonnenwärme in sich.

Ich blicke um mich und sehe das Gras. Ich rieche seine Frische. Ich höre das Rascheln der Sträucher. Meine Sinne nehmen alles so klar und unbeschwert wahr, wie ich es von meiner Kindheit her kenne. Es gibt keine Grenze zwischen mir und dem Leben. Ich muss nichts beweisen, habe nichts zu fürchten. Ich muss einfach nur sein und mich als Teil des Ganzen fühlen.

Sulema hebt die Tassen vom Boden auf. Wir schütteln die Decke aus und bringen sie ins Haus. Sulema schweigt. Das Einzige, was sie sagt, bevor wir gehen, ist: »Er ist wieder auf die Insel zurückgekehrt, wo er meistens lebt. Zumindest nehme ich es an. Er hat nichts gesagt. Vielleicht ist er aber auch in die Berge gegangen, um seinen Zigeuner-Großvater zu treffen. Jedenfalls warte ich auf ihn, bis er wiederkommt.«

Danach begleitet sie mich denselben Weg zurück zum Bazar, den wir gekommen waren, nachdem ich sie und Michael am Morgen getroffen hatte.

Kapitel fünfzehn

Zurück im Bazar umarmte mich Sulema, wie es auch meine Großmutter getan hätte. Dann verabschiedete sie sich. Sie müsse noch Gemüse einkaufen, sagte sie und da kurz vor der Schließung des Bazars alles billiger werde, müsse sie sich beeilen.

Ich blieb noch eine Weile mitten auf dem Bazar in der Nähe der Bibi-Khanum-Moschee stehen. Die Farben, das Stimmengewirr, das Lachen, die Streitereien, der Geruch nach heißem Fett vermischt mit dem würzigen Aroma der zahllosen Kräuter, die von überall her ihren Weg zum Bazar von Samarkand gefunden hatten – all das wirkte wie ein starker Magnet, der meine neu gewonnene Wahrnehmung anzog und beflügelte. Erneut dachte ich, wie weise Sulema gewesen war, mich zum Bazar zu bringen und nicht gleich zurück ins Hotel zu schicken.

Ganz in der Nähe hörte ich ein Tamburin. Ich entdeckte einen großen Pfau, der inmitten einer Gruppe von Männern, die um seinen Preis feilschten, stolz sein Rad schlug. Der Vogel schien zum Klang des Tamburins zu tanzen, als bereite er sich darauf vor, in einem verborgenen Palast als Schmuckstück zu dienen.

Einer der Männer, die um den Pfau herumstanden, kam selbstbewusst lächelnd auf mich zu. Er sah aus wie ein Usbeke mittleren Alters. Er trug das schwarze

Haar kurz und war mit einer dunklen Hose und einem über der Brust aufgeknöpften Seidenhemd bekleidet. Erst als er schon einige Schritte näher gekommen war, erkannte ich, dass es Wladimir war.

Ich hatte ihn so vieles fragen wollen in jenen ersten Tagen in Usbekistan, als ich noch gehofft hatte, ihn zu finden. Jetzt aber freute ich mich einfach nur, ihn zu sehen, ich hatte keine Fragen mehr.

Er begrüßte mich freundlich und bat mich, ihm sein *Tschotki* zurückzugeben, denn es sei Zeit für mich aufzubrechen, und die Perlenkette müsse in Samarkand bleiben. Ich berührte die warmen Perlen und hielt sie noch eine Weile in der Hand, bevor ich sie Wladimir überreichte, der das *Tschotki* über sein rechtes Handgelenk streifte.

Auf dem Weg zu meinem Hotel erzählte er mir, dass er gerade erst von Nowosibirsk zurückgekommen sei. Er meinte, Viktor und Phil würden wahrscheinlich im kommenden Monat nach Samarkand fliegen. Er sagte auch, dass Mascha nicht kommen werde, zumindest vorläufig, da sie einen schweren Nervenzusammenbruch erlitten habe.

»Sie musste in die Klinik eingewiesen werden. Ich kenne die Einzelheiten nicht, außer dass sie verlangt hat, in Ihr Krankenhaus eingeliefert und von Ihnen behandelt zu werden. Sie wartet also schon auf Sie. Behandeln Sie sie gut, wenn Sie nach Hause kommen.«

»Das werde ich.« Ich wusste, dass ich das tun würde.

Nachdem er mir das alles erzählt hatte, ging er eine Weile schweigend neben mir her. Schließlich sagte er: »Olga, ich weiß, dass Sie sich früher oder später eine Frage stellen werden. Die Frage, die Ihre westliche Kultur seit Jahrhunderten beschäftigt: War es wirklich oder nicht? War es subjektiv oder objektiv? Ich will Ihnen erzählen, was wir hier von dieser Frage halten. Betrachten Sie es als das Ende meines Vortrags, das ich damals offen gelassen habe.«

Er lächelte. Während wir vom Bazar zum Hotel gingen, sprach er mit mir in einem belehrenden Tonfall, aber es irritierte mich nicht, da ich spürte, dass ihm einzig daran gelegen war, mir sein Wissen zu vermitteln. Ich empfand ihn als einen sehr weisen Mann und wollte hören, was er mir zu sagen hatte.

»Der einzig wirkliche Unterschied zwischen so genannten subjektiven und objektiven Erfahrungen besteht in der unterschiedlichen Perspektive der Betrachtung. Für normale Menschen gibt es einen riesigen Unterschied zwischen inneren und äußeren Erfahrungen, und als ›objektiv‹ betrachten sie allein das, was sich auf der äußeren Ebene abspielt. Das ist so, weil diese Menschen nicht darin geschult sind, die innere Wirklichkeit zu erkennen, zu der auch Träume gehören.

Ein Kind entwickelt nur diejenigen Wahrnehmungsmuster, die in der Gesellschaft üblich sind. Im Laufe ihres Lebens lernen die Menschen, ihre Wahrnehmung derjenigen ihrer Mitmenschen anzupassen und die Wirklichkeit auf dieselbe Weise zu sehen wie die anderen. Wenn sie sich schlafen legen und in den Traumzustand eintreten, sind sie allein gelassen, und wenn sie keine spezielle Schulung erfahren haben, bleibt ihre Traumwahrnehmung sehr schwach. Ihre Traumerfahrungen sind weniger greifbar, weil ihnen weniger Aufmerksamkeit zuteil wird. Sie nennen sie subjektiv und halten sie für nicht wirklich.

Wenn Ihnen also gesagt würde, dass andere Menschen dieselben Bilder gesehen und dieselbe Wirklichkeit erfahren haben wie Sie, dann würden Sie erleichtert aufatmen und anfangen, Ihre Traumerfahrungen als wirklich zu betrachten. Man braucht viel Kraft, um zu begreifen, dass die Bedeutung von Wirklichkeit und von Erfahrung nicht davon abhängt, dass andere sie auch so sehen, sondern dass sie mit der Fähigkeit verbunden ist, die ganz tief liegenden Muster der Transformation in Ihnen zu erreichen und zu aktivieren.

Man kann seine inneren Erfahrungen, vor allem seine Träume, ›objektivieren‹, indem man übt, sich vollkommen auf sie zu konzentrieren und sich dadurch von den anerzogenen kollektiven Interpretationsmustern zu befreien.

Ich weiß, dass Sie meine Worte nicht nur intellektuell, sondern auch auf einer tieferen Ebene verstehen, auf der Sie jederzeit die Wahrheit spüren und erkennen können. Mit Hilfe vieler Menschen, die hier seit Generationen arbeiten, hat sich in Samarkand ein großer Wissensschatz über die Träume und ihre Realitätsebene gebildet. Dadurch wird alles, was Sie hier erlebt haben, wirklich und objektiv. Sie sind jetzt Teil dieser Arbeit geworden, die hier seit Urzeiten geleistet wird, und es wird von nun an Ihre Aufgabe sein, diese Arbeit unter den Menschen in Ihrer Welt bekannt zu machen. Ich weiß, dass Sie alle erforderlichen Fähigkeiten besitzen, um diese Aufgabe erfolgreich zu bewältigen. Sie sind in beiden Wirklichkeiten fest verankert. Sie haben schon früher bedeutsame Erfahrungen gemacht, und Sie haben Respekt vor Traditionen.

In der Zukunft warten noch weitere wichtige Aufgaben auf Sie. Aber Ihr Erfolg bei deren Bewältigung hängt weitgehend davon ab, ob Sie in der Lage sind, das, was Sie hier in Samarkand gelernt haben, an andere Menschen weiterzugeben, die dieses Wissen ebenfalls brauchen. Das größte Hindernis dabei könnten Ihre eigenen Zweifel sein. Denken Sie immer daran, was ich Ihnen gesagt habe, und lassen Sie nicht zu, dass die Dämonen des Traumas Sie mit ihren Zweifeln vergiften: Verändern Sie nicht die Erinnerung an das, was Ihnen hier widerfahren ist.

Wir sind Traumheiler. Es ist an der Zeit, dass die Verbindung zwischen den Traumheilern rund um die Welt wiederhergestellt wird. Nicht nur in Usbekistan gibt es Traumheiler, sondern auch anderswo auf der Welt. In erster Linie sind sie verbunden durch das Volk der Traumleute, die zwischen weit entfernten Ländern, zwischen Vergangenheit und Gegenwart, zwischen dem Hier und dem Jenseits hin und her wandern. Ich weiß, dass Sie einigen Menschen vom Volk der Traumleute begegnet sind, den *Liuli*, den Zigeunern Zentralasiens.«

Sein letzter Satz lässt mich abrupt stehen bleiben. Ich sehe ihn an, und jetzt wird mir einiges klar.

»Sie kennen Michael, nicht wahr?«

Er betrachtet mich schweigend und schenkt mir ein freundliches Lächeln, ein Lächeln, das mich an unsere erste Begegnung in Nowosibirsk erinnert. »Natürlich kenne ich ihn. Was haben Sie denn gedacht? Ich habe Sie schließlich hierher eingeladen.«

Sein Lächeln ist so entwaffnend und aufschlussreich, dass sich all meine Fragen in Luft auflösen. Jetzt verstehe ich alles, was ich wissen wollte. Die einzige Frage, die noch bleibt, ist die nach Michael.

»Wladimir, glauben Sie, ich werde ihn noch einmal wiedersehen?«

»Michael ist ein ganz besonderer Mensch. Er führt ein ungewöhnliches Leben und man weiß nie, was er tun wird. Er lebt anders als die meisten Menschen. Und er lebt in der Welt der Träume. Er ist der Meister der luziden Träume, und dort, in Ihren Träumen, können Sie ihn finden, wann immer Sie ihn brauchen.« Wladimir fuhr lachend fort: »Und auch wenn Sie nicht danach gefragt haben, jawohl, Sie werden auch mich wiedersehen. In einigen Monaten werde ich wieder nach Nowosibirsk fahren. Die Menschen in Ihrer Stadt gefallen mir.«

Ein paar Stunden später brachte mich ein Taxi zum Flughafen. Als wir an Afrasiab und den Kuppeln der Shakh-i-Zindeh-Moschee vorbeikamen, drehte sich der Fahrer zu mir um und sagte: »Wir nennen diesen Ort den Ort des Lebenden Königs. Ich kann Ihnen erzählen, warum er immer noch am Leben ist. Oder wissen Sie es bereits?«

»Danke. Ich weiß es schon.«

Kapitel sechzehn

An einem der Tage, als ich mit Michael in Samarkand zusammen war, wollte Mascha in Nowosibirsk gerade die Tür zu ihrer Wohnung öffnen, als sie auf dem unteren Treppenabsatz laute Schreie hörte und ein Geräusch, als würde jemand geschlagen. Sie lief die Treppe hinunter und sah eine Gruppe schwarz gekleideter Männer, die einen jungen Mann am Eingang zu seiner Wohnung umringten. Der Mann war seit langer Zeit Maschas Nachbar. Sie kannte ihn ziemlich gut, obwohl ihre Bekanntschaft nie über ein nachbarschaftliches »Hallo« hinausgegangen war. Er war schmal und klein, und er sah einem nie direkt in die Augen, so, als hätte er vor irgendetwas Angst. Er wirkte völlig verloren bei seinen hilflosen Versuchen, sich gegen die Männer zu wehren, von denen einer bereits dabei war, ihm Handschellen anzulegen.

»Was machen Sie da?«, schrie Mascha, ohne über die möglichen Konsequenzen nachzudenken. Die Männer in schwarzer Zivilkleidung waren womöglich Kriminelle, aber sie scherte sich nicht um ihre eigene Sicherheit. Sie wollte nur ihrem Nachbarn beistehen.

»Es ist alles in Ordnung, beruhigen Sie sich«, sagte der älteste der Männer, während seine Begleiter Maschas Nachbarn, der sich immer noch wehrte, zur Treppe drängten.

»Wir gehören zu einer Spezialeinheit der Polizei. Das ist eine Festnahme. Sie brauchen sich keine Sorgen zu machen. Freuen Sie sich, dass dieser Bastard aus Ihrem Haus verschwindet und Sie wieder ruhig schlafen können.«

»Was hat er denn getan?«, fragte Mascha beinahe flüsternd, weil sie sich vor der Antwort fürchtete.

Doch der Mann hatte sie verstanden, und bevor er mit seinen Leuten die Treppe hinunter zu zwei vor der Eingangstür wartenden schwarzen Autos ging, sagte er: »Es ist endlich vorbei. Er war der Letzte der drei Männer, die die ganze Stadt so lange terrorisiert haben. Sie haben sicherlich die Horrorgeschichten über die verschwundenen Frauen hier in der Stadt gehört. Alle wissen davon. Diese verdammten Ungeheuer haben die Mädchen entführt, in einem Haus außerhalb der Stadt gefangen gehalten, vergewaltigt und gequält und sie schließlich getötet. Eine der jungen Frauen tat so, als wäre sie tot, und sie begruben sie im Wald. Aber sie lebte und entkam. Sie führte uns zu der Bande. Die anderen beiden haben wir schon. Er hier ist der Letzte. Er ist Medizinstudent, ob Sie es glauben oder nicht. Er kann schon mal anfangen, zu seinem Gott zu beten, dass er die Todesstrafe bekommt. Er wird nicht erpicht darauf sein zu erfahren, was sie mit ihm im Gefängnis anstellen, falls man ihn am Leben lässt. Aber es ist vorbei. Sie können wieder ruhig schlafen, junge Frau.«

Der Mann verließ das Haus, aber von dem Augenblick an konnte Mascha nicht mehr schlafen. Noch am selben Tag fing sie an zu trinken, betrank sich drei Tage lang, konnte aber immer noch nicht schlafen. In diesem Zustand fand ihre Großmutter sie. Mascha lief in ihrem Zimmer umher, das in einem verwahrlosteren Zustand war als je zuvor. Sie hatte die ganze Zeit weder gegessen noch geschlafen und war auch nicht ans Telefon gegangen. Sie war so aufgewühlt, dass es unmöglich war, mit ihr zu reden. Sie rannte immer weiter hin und her, ohne ihre Großmutter zu beachten, die auf der Stelle einen Krankenwagen rief. Der einzige Satz, den Mascha ständig wiederholte, wobei sie abwechselnd in Flüstern und in Schreien verfiel, war: »Er hat in meinem Haus gelebt.« Niemand konnte mit diesem Satz etwas anfangen. Sie wurde mit der Erstdiagnose einer Alkoholpsychose in mein Krankenhaus eingewiesen.

Einen Teil dieser Geschichte entnahm ich an meinem ersten Arbeitstag ihrer Krankenakte. Den Rest erfuhr ich später von Mascha selbst. Ich las die Akte in meinem Büro, während Mascha auf dem Stuhl vor mir saß, genau da, wo sie auch bei unserer ersten persönlichen Begegnung gesessen hatte. Sie weigerte sich, mit irgendjemandem im Krankenhaus zu sprechen und wollte keine Besucher sehen, auch nicht Smirnow, der, wie ich von meinen Mitarbeitern erfuhr, jeden Tag versuchte, mit ihr Kontakt aufzunehmen. Sie schluckte anstandslos ihre Medikamente und wirkte schläfrig. Sie war sehr ruhig – wie versteinert. Ohne Schminke wirkte ihr Gesicht sehr jung und blass.

Sie sah mich nicht an, aber ich hatte den Eindruck, dass unsere Verbindung sich trotz ihrer seelischen Verfassung nicht geändert hatte. Ich hatte das deutliche Gefühl, mit ihr verbunden zu sein, sogar noch stärker als zuvor.

»Sie sind wahrscheinlich zu müde, um jetzt zu sprechen, Mascha. Vielleicht sollte ich Ihnen lieber zuerst erzählen, wie es mir in Samarkand ergangen ist, da Sie nicht die Möglichkeit hatten mitzukommen. Es könnte Ihnen helfen, wenn Sie es sich anhören. Interessiert es Sie?«

Zum ersten Mal sah sie mich an und erwiderte leise: »Natürlich interessiert es mich. Ich hatte ja wirklich nicht die Möglichkeit, mit Ihnen zu fahren.«

Erleichterung zeigte sich in ihrem Gesicht, als sie begriff, dass ich es ihr nicht übel genommen hatte, mich nicht nach Samarkand begleitet zu haben. Hinter dieser Erleichterung erkannte ich auch, wie viel Schuldgefühle und Scham sie immer noch mit sich trug.

»Bevor ich Ihnen von meiner Reise erzähle, möchte ich eins sagen, Mascha. Das Wichtigste, was ich in Samarkand begriffen habe, besteht darin, dass wir keine Schuld an den Verletzungen tragen, die andere Menschen uns zugefügt haben. Es ist nicht unser Fehler, dass wir verletzt wurden, und nicht wir sollten deswegen Scham empfinden.«

Sie betrachtete mich jetzt ganz aufmerksam. Sie sagte kein Wort, aber offensichtlich begriff sie ziemlich gut, was ich ihr sagen wollte. Als ich Wladimir versprochen hatte, sie zu heilen, wusste ich noch nicht genau, wie ich das anstellen würde. Ich hatte mir keinen Plan zurechtgelegt. Aber ich spürte, dass mein Wunsch zu heilen durch Michaels Lektionen und meine Erlebnisse in Samarkand großen Auftrieb bekommen hatte. Plötzlich wusste ich, dass ich Mascha heilen konnte, indem ich ihr von meiner Reise nach Samarkand erzählte. Ich begann also, von meinen Erlebnissen zu berichten.

Ich wählte dafür die Form einer therapeutischen Geschichte. Ich erzählte sie Mascha Schritt für Schritt, ließ sie an allen wichtigen Stationen meines Aufenthalts teilhaben und erklärte ihr bis in die Einzelheiten die Erfahrungen, die ich dort gesammelt hatte. Für sie stellte ich jene Umgebung wieder her, wählte bewusst und sorgfältig meine Worte, benutzte sie als eine verbale Brücke, über die ich sie aus ihrer Verzweiflung heraus zu dem Ort geleiten konnte, an dem sie die nötige Heilung erfahren würde. Ihre natürliche Fähigkeit, sich in einen Trancezustand zu versetzen, wurde jetzt noch verstärkt durch die Wirkung der Medikamente. Bald schon hatte sie ihre Umgebung vergessen und saß mit weit geöffneten Augen vor mir, reglos und verzaubert. Ihre vergrößerten Pupillen zuckten jedes Mal leicht, wenn sie etwas Wichtiges hörte, und dann nickte sie.

Sie lauschte meiner Erzählung, als würde sie sich einen Film ansehen, und ihr entrückter Zustand war so ansteckend, dass ich Michael vor mir sah, wie er hinter Mascha stand, eine Hand auf ihrer linken Schulter, und mich anlächelte. Er wirkte beinahe real, so stark war seine Präsenz. Dann, kurz bevor ich zum Ende meiner Geschichte kam, war mir, als würde Michael vorsichtig die Hand von Maschas Schulter nehmen, und genau in diesem Augenblick schüttelte sie den Kopf und erwachte aus ihrer Entrückung. Sie war jetzt wach, konzentriert und ernst, und schien mir unbedingt etwas sagen zu wollen.

»Sie müssen mich gehen lassen, *jetzt sofort*«, drängte sie, als ginge es um Leben und Tod. Über meine Geschichte verlor sie kein Wort. Offenbar hatte die Geschichte etwas in ihr ausgelöst, das sie auf der Stelle in die Tat umsetzen wollte, und das schien das Einzige zu sein, was für sie im Moment wichtig war.

»In Ordnung. Aber wozu die Eile? Warum muss das

jetzt sofort sein? Hat das nicht Zeit bis morgen oder übermorgen?«

»Das kann ich Ihnen nicht sagen. Ich muss nach Hause. Und ich muss allein sein. Ich will duschen und muss einige Dinge erledigen. Sie haben hier keine anständige Dusche. Und ich habe außerdem seit Tagen nichts Richtiges gegessen. Ich muss mich um meine Sachen kümmern, aber ich komme heute Abend zurück.«

Ich betrachtete sie schweigend. Irgendetwas, worüber sie nicht reden wollte, hatte sie völlig aufgewühlt. Sie war erst vor einigen Tagen in einer Zwangsjacke ins Krankenhaus eingewiesen worden, und sie wirkte noch sehr labil. Sie jetzt zu entlassen war eine schwere Entscheidung, und es widerstrebte mir, sie zu treffen.

Sie schien zu verstehen, was in mir vorging, sah mich an und sagte: »Ich hatte nie Selbstmordabsichten. Deswegen müssen Sie sich keine Sorgen machen.« Dann schwieg sie in Erwartung meiner Antwort.

Wieder spürte ich Michaels Anwesenheit im Zimmer. Ich hörte ihn lachen, und mir wurde klar, dass alle meine Zweifel nichts als meine eigenen Ängste aus der Vergangenheit waren. Sie hatten nichts mit Mascha und ihrer Situation zu tun, und für Mascha war es genau das Richtige, jetzt nach Hause zu gehen. Ich atmete erleichtert auf und lächelte sie an.

»Also gut. Gehen Sie nach Hause und duschen Sie. Ich hoffe, Sie können mir irgendwann erzählen, was Sie bewegt. Seien Sie um acht wieder hier.«

»Mach ich. Um es Ihnen leichter zu machen, werde ich Smirnow bitten, mich zu begleiten. Er wartet schon seit heute Morgen.«

»Ich weiß nicht, ob das es mir leichter macht, aber wenn Sie mit ihm nach Hause gehen wollen, ist es Ihre Entscheidung.«

Mascha ging. Durch das Fenster beobachtete ich, wie sie in Smirnows schwarzen Wagen stieg. Smirnow wirkte plötzlich gealtert und hilflos, aber gleichzeitig glücklich, dass sie schließlich doch eingewilligt hatte, ihn zu sehen, und ich war überrascht zu erleben, wie er sich um sie kümmerte und wie sehr ihn ihr kürzlich erlittener Zusammenbruch mitgenommen hatte.

Mein Tag verging ziemlich schnell. Nachdem ich so lange fort gewesen war, hatte ich viel zu tun und dachte nicht an Mascha. Erst als die Krankenschwester kurz vor Feierabend in mein Büro kam und mich fragte, ob ich vorhätte, die ganze Nacht dazubleiben, wurde mir klar, dass ich auf Mascha wartete und bleiben würde, bis sie auftauchte. Ich machte mir überhaupt keine Sorgen um sie, dennoch wollte ich mich vergewissern, dass sie wohlbehalten wieder in die Klinik kam.

Um Punkt acht Uhr hielt ein weißes Taxi vor dem Eingang zur Station. Smirnow stieg zuerst aus und öffnete die hintere Tür für Mascha.

Ich stand von meinem Stuhl auf und trat ans Fenster, um sie besser sehen zu können. Sie trug einen weißen Frühlingsmantel, ein hübscher Kontrast zu dem langen schwarzen Haar, das ihr über die Schulter fiel. Der Himmel war grau, und ich hatte ganz vergessen, dass schon längst Frühling war. Es war Mascha in ihrem weißen Mantel, vorsichtig ihre Schritte im schmelzenden Schnee setzend, die mich an den Frühling erinnerte. Sie wirkte wie die Verkörperung des Frühlings, so lebendig und schön, so voller Energie.

Sie sah mich am Fenster stehen und winkte mir fröhlich zu. Smirnow nahm draußen im Wartezimmer Platz, während sie schnurstracks in mein Büro marschierte und sich auf denselben Stuhl wie immer setzte. Sie wirkte verändert. Ihr Blick war direkt und offen, und sie strahlte.

»Danke, dass Sie auf mich gewartet haben. Sie sind wahrscheinlich müde nach so einem langen Arbeitstag«, sagte sie besorgt, und auch das war anders. Nicht dass sie sich früher nicht um andere Leute gekümmert hätte, aber sie war so sehr mit ihren eigenen Problemen beschäftigt gewesen, dass sie in der Vergangenheit einfach nicht genug Energie hatte, mitzubekommen, wie es anderen Leuten ging. Jetzt war ihre energiegeladene Ausstrahlung nicht zu übersehen.

»Sie wirken ja ganz verändert, Mascha. Wie haben Sie das angestellt?«

»Ich habe getan, was Sie mich gelehrt haben«, antwortete sie lächelnd.

Schweigend wartete ich darauf, dass sie fortfuhr.

»Ich habe ein Ritual vollzogen. Indirekt haben Sie es mir beigebracht. Sie haben mir zwar keine Anweisungen gegeben, aber Ihr Wunsch zu helfen und die Geschichte, die Sie mir erzählt haben, haben in mir die Einsicht geweckt, was ich tun musste, um mich selbst zu heilen. Als Sie über ihre Erinnerungen gesprochen haben und über Ihre Freundin, wusste ich genau, wie sie gelitten hat. Ich kenne die Qual und die Scham, wenn man vergewaltigt wurde. Aber in ihrem Fall war es nur ein einzelnes Ereignis, das ihr Leben erschüttert hat, und sie hat sich umgebracht, um diese Erinnerung auszulöschen. In meinem Fall wäre Selbstmord die leichteste Entscheidung gewesen, und ich hätte es längst getan, wenn meine Erinnerung und meine Scham nicht so sehr Teil meines Lebens wären.

Ich bin damit aufgewachsen, sexuell missbraucht zu werden, und zwar von meinem Onkel, der mich vom siebten Lebensjahr an vergewaltigt hat. Damals gingen meine Eltern ins Ausland und gaben mich zum Bruder meines Vaters. Sie konnten mich nicht mitnehmen – zumindest haben sie das behauptet. Ich nehme an, dass der Staat ein Kind, das im Land blieb, als Sicherheit betrachtete, damit sie sich nicht absetzten.

Als ich zehn war, kamen sie für einen Monat zu Besuch, aber das war eher peinlich. Meine Mutter war sehr schön und freundlich, aber völlig reserviert. Vielleicht tat sie aber auch nur so. Ich empfand sie gar nicht mehr als meine Mutter, sie war ganz anders, als ich sie in Erinnerung hatte. Mein Vater ärgerte sich dauernd über alles, auch über mich. Vielleicht lag es daran, dass wir mit dem Lebensstandard, an den er sich im Westen gewöhnt hatte, nicht mithalten konnten, und dass ihm die Konfrontation mit seiner russischen Vergangenheit peinlich war. Er war stolz darauf, jetzt im Westen zu leben, und betrachtete sich als Mitglied einer anderen Klasse. Sie brachten mir einen Haufen Zeug mit – Jeans, Kassettenrekorder, Schminksachen. Damals habe ich mich noch gar nicht geschminkt, und ich traute mich nicht, meine Mutter danach zu fragen, wie man so was benutzt. Immer, wenn sie mich ansah und ausrief: ›Mascha, du bist so ein hübsches Mädchen‹, wäre ich am liebsten weggelaufen und hätte mich versteckt.

Ich sah, wie mein Onkel meine Mutter jedes Mal anschaute, wenn sie so etwas sagte, und es machte mir Angst. Ich sah, wie er sich von ihr angezogen fühlte und wie viel Hass und Neid er meinem Vater entgegenbrachte. Und mit meinen zehn Jahren begriff ich, dass sie bald wieder abreisen würden. Dann würde er nachts wieder in mein Schlafzimmer kommen, nicht nur, um mich zu vergewaltigen, sondern auch, um dadurch meinen Vater zu demütigen und an meine Mutter heranzukommen. Bei ihrem ersten Besuch erzählte ich meinen Eltern noch nichts davon.

Mit fünfzehn hatte ich meinen ersten Freund, Sergej, der mich nahezu völlig betrunken machen musste, damit ich das erste Mal bereit war, mit ihm zu schlafen. Ihm gefiel es. Ich benutzte ihn, um dadurch die nächtlichen Besuche meines Onkels abzuwehren. Ich sagte meinem Onkel, dass Sergej ihn umbringen würde, sollte er noch einmal mein Zimmer betreten. Anscheinend hat er das ernst genommen, denn er beschimpfte mich als ›verdammtes Flittchen‹. Aber er warf mich nicht aus dem Haus. Er war hinter dem Geld her und all dem Zeug, das meine Eltern regelmäßig aus dem Ausland schickten. Im Vergleich zu den meisten anderen Leuten waren wir ziemlich reich, und viele Kinder in der Schule meinten, ich hätte unwahrscheinliches Glück, dass ich meine Eltern gegen all die schönen Sachen eingetauscht hätte. An meinem achtzehnten Geburtstag bin ich aus der Wohnung meines Onkels ausgezogen.

Am Tag darauf rief ich meine Eltern an. Sie arbeiteten damals in Spanien. Ich erzählte ihnen alles. Meine Mutter flog hierher und brachte mich in einem Hotel unter. Vor lauter Angst, meine Geschichte könnte ihr Ansehen in der Öffentlichkeit schädigen, beschloss sie, mir nicht zu glauben. Sie war wieder sehr höflich und distanziert und meinte dauernd, was geschehen sei, sei geschehen, und jetzt müssten wir uns Gedanken machen über meine zukünftige Disposition. Sie verwandte genau diesen Begriff ›Disposition‹, als wäre ich ein Gegenstand, der möglichst sicher verwahrt werden muss, damit er keinen Verdruss bereitet.

Ich hasste sie nicht. Ich glaube, ungefähr zu der Zeit entwickelte ich meinen Spaß daran, das Verhalten von Menschen von außen zu beobachten und nicht darauf zu reagieren. Meine Mutter war die Erste, die ich auf diese Weise beobachtete, und ich mochte sie einfach nicht. Aber ich stellte fest, wie leicht es ist, Menschen zu manipulieren, und von da an wurde es mir beinahe zur Gewohnheit. Meine Mutter kehrte bald wieder nach Spanien zurück, aber bevor sie abreiste, ›disponierte‹ sie, ich solle bei meiner Großmutter leben. Das ist die, mit der Sie vor einiger Zeit telefoniert haben. Sie hat schon immer hier in Nowosibirsk gelebt, aber ich kannte sie überhaupt nicht. Sie war eigentlich gar nicht meine Großmutter, sondern die Mutter der ersten Frau meines Vaters, die sich zu Tode getrunken hatte. Ich wusste bis dahin gar nicht, dass er schon einmal verheiratet gewesen war, aber nachdem ihre Mutter sich bereit erklärt hatte, sich um mich zu kümmern, erfuhr ich eine Menge über seine erste Frau. Meine Großmutter tauschte ihre Zwei-Zimmer-Wohnung in der Stadt gegen zwei kleine Appartements, und seitdem wohnen wir im selben Haus.

Sie zeigte mir Fotos von ihrer Tochter und erzählte mir von ihr. Sie machte meinen Vater nie für den Alkoholismus und den Tod ihrer Tochter verantwortlich, aber ich wusste, dass sie dasselbe dachte wie ich – dass mein Vater ein Schwein war und dass er den frühen Tod dieser Frau verschuldet hatte. Seitdem er von dem sexuellen Missbrauch wusste, hat er nie wieder mit mir geredet. Er hat mich einfach aus seinem Leben getilgt, weil ich jetzt nicht mehr bloß ärgerlich, sondern auch noch gefährlich war, gefährlich für sein Bedürfnis nach Macht und Sicherheit. Er würde nie zugeben, dass sein jüngerer Bruder es geschafft hatte, ihm so übel mitzuspielen. Er hat mir ein Auto geschickt – einen roten Jeep zu meinem zwanzigsten Geburtstag – und das war's.

Ich hatte nie irgendwelche Hoffnungen für meine Zukunft. Ich konnte mir überhaupt keine Zukunft vorstellen. Bis heute nicht. Bis ich Ihre Geschichte gehört habe. Sie hat mir eine Dimension in mir selbst offenbart, von deren Existenz ich keine Ahnung hatte. Als Sie von der Großen Mutter erzählt haben, hatte ich das Gefühl, als hätten Sie über meine wirkliche Mutter gesprochen, nicht im biologischen Sinne, nicht als Ersatz für die Mutter, die mir in meinem Leben gefehlt hat, sondern über die Mutter, die mir durch ihren Willen tatsächlich das Leben geschenkt hat, und zum ersten Mal habe ich Hoffnung empfunden. Ich spürte eine ganz starke Verbindung zur Großen Mutter. An einem ganz bestimmten Punkt Ihrer Geschichte ist mir klar geworden, dass die Tatsache, dass ich lebe und atme, ein deutlicher Beweis dieser Verbindung ist, und dass ich mich nur dadurch selbst heilen kann. Als man mich hierher gebracht hat, habe ich mich so beschmutzt gefühlt von all der Scham, die ich mit mir herumgetragen habe. Aber nachdem ich Ihre Geschichte gehört hatte, wusste ich, dass es eine Möglichkeit gab, mich von all diesem Schmutz zu reinigen und dass mir die Große Mutter dabei helfen würde.

Aber ich brauchte eine Dusche oder ein Bad. Als wir in meine Wohnung kamen, bat ich Smirnow, in der

Küche zu warten, was er tat. Er war sehr freundlich und ruhig den ganzen Tag heute. Ich ging ins Bad und ließ Badewasser einlaufen, ohne eine Vorstellung zu haben, was ich tun würde. Ich folgte nur meinem Bedürfnis nach Reinigung. Ich warf meine Kleider auf den Badezimmerboden, tauchte ein in das warme Wasser und verharrte so eine ganze Weile. Ich weiß nicht, wie lange. Ich war traurig, aber entspannt. Und dann begann ich zu weinen. Ich schluchzte nicht; die Tränen liefen mir einfach so über die Wangen. Ich versuchte, zu lächeln und nicht mehr traurig zu sein, aber ich konnte nichts machen; die Traurigkeit war zu stark.

Ich erinnerte mich daran, wie Sie erzählt haben, dass wir, wenn wir traurig sind, eigentlich Schuldgefühle haben. Mir wurde klar, dass ich all die Jahre die Vorstellung mit mir herumgetragen hatte, mir sei das alles nur passiert, weil ich ein schlechter Mensch bin; und wenn ich ein braves Mädchen gewesen wäre, hätten mich meine Eltern nie verlassen, und niemand hätte mir je etwas angetan. Plötzlich wurde mir klar, dass das nicht stimmte. Es ist nicht meine Schuld, dass ich verletzt wurde, und es gibt keinen Grund, mich zu schämen. Dann, in meinem Herzen, habe ich die Mutter angerufen und sie angefleht, mich zu heilen von diesem Schmerz und ihn von mir wegzunehmen.

Das Wasser war ganz ruhig. Ich konnte nicht einmal meinen Atem spüren. Wahrscheinlich befand ich mich in einer Art Trance, aber es war nicht so beängstigend wie sonst. Wenn ich mich früher in Trance versetzt habe, habe ich jedes Mal meinen Onkel auf mich zukommen sehen, während meine Eltern zuschauten und lachten. Diesmal war alles ganz ruhig. Niemand außer mir war im Wasser.

Dann plötzlich war mir, als würde sich die Zimmerdecke über mir teilen. Der Himmel tat sich auf, sank zu mir herab, und eine unsichtbare Hand reichte mir eine wunderschöne rote Blume. Die Blume vibrierte und drehte sich, und als sie näher kam, sah ich, dass es eine sich drehende Swastika war.

Im ersten Augenblick erschrak ich, weil ich mich seit meiner Kindheit vor diesem Zeichen fürchte. Ich habe jüdisches Blut in mir, und mir war in diesem Moment, als würde mir dieses Blut in den Adern erstarren. Aber dann fiel mir ein, was Michael Ihnen über dieses Symbol gesagt hatte, und meine Angst verschwand. Die Swastika drehte sich weiter und näherte sich meiner Brust. Sie drang durch die Brust in meinen Körper ein und ich empfand unbeschreibliche Freude in meinem Herzen. Ich schloss die Augen und dachte an gar nichts mehr. Ich wusste, es war die Kraft, die mich von innen her reinigen würde.

Smirnow hatte mir einige Techniken beigebracht, um mit dem Thema Missbrauch umgehen zu können, aber das war nur oberflächlich. Diese Techniken haben nie etwas in meinem inneren Raum verändert, den ich immer als widerlich und schmutzig empfand. Ich habe nie Verhütungsmittel benutzt, weil ich davon überzeugt war, ohnehin unfruchtbar zu sein. Aber in diesem Moment wurde mir klar, dass ich nie schwanger geworden bin, weil ich kein Kind in einen Teil meines Körpers lassen wollte, der vom Fleisch meines Onkels besudelt worden war. Seine Zellen waren immer noch irgendwie in mir. Sie hatten nicht aufgehört, mich zu vergiften, und ich merkte, dass ich unbewusst auf Krebs oder etwas Ähnliches wartete, um meine inneren Geschlechtsorgane loszuwerden. Die Swastika drehte sich durch meinen Körper vom Kopf aus zurück zu meiner Brust, und von dort weiter hinunter und reinigte jede Zelle meines Körpers. Das Wasser in der Badewanne umschloss mich wie die liebevollen Hände einer Mutter, die mich sanft hielt und davor bewahrte, laut zu schreien vor all dem in meiner Vergangenheit angesammelten Schmerz, der jetzt so offensichtlich wurde. Ich lag ganz ruhig im Wasser und versuchte, mich nicht zu bewegen.

Dann spürte ich so etwas wie eine starke Explosion in meinem Inneren, tief in meinem Unterleib. Ich hatte das Gefühl, beinahe zerrissen zu werden. Ich schrie laut, weil es solch ein schrecklicher Schmerz war, und mit dem Schrei jagte die Swastika in meinen Uterus, schoss aus meinem Körper hinaus ins Wasser und nahm alles mit sich, was nicht zu mir gehörte. Die Bilder meines Onkels, meiner Mutter und meines Vaters wurden mit hinausgespült und lösten sich im Wasser auf.

Ich lachte, als Smirnow an der Badezimmertür klopfte. Ich fühlte mich so glücklich. Ich sagte ihm, ich würde gleich aus dem Bad kommen, und bat ihn, Teewasser aufzusetzen. Ich stellte mich in die Badewanne und drehte die Dusche auf. Das Wasser lief über meinen Körper, und ich fühlte mich so frisch und schön wie eine antike Gottheit, die soeben aus dem Wasser geboren worden war.

Mich überkam ein ganz normales und entspanntes Gefühl, keine Ekstase und auch kein Erregtsein. Es war ein Gefühl, das mich auf die Erde zurückbrachte, das Gefühl, dass es endlich vorbei war, dass ich endlich mein eigenes Leben führen konnte. Ich bekam eine unglaubliche Lust auf die Zukunft. Es war, als läge das ganze Universum offen vor mir. Alles wurde so deutlich. Ich war gereinigt.

Ich ging in die Küche, und wir tranken Tee. Er stellte mir keine Fragen, aber an seinen Augen konnte ich erkennen, wie sehr er sich über meine Veränderung freute. Er bat mich, ihm zu verzeihen, aber er sagte nicht, weshalb. Ich erwiderte, ich würde ihm verzeihen, und dann unterhielten wir uns über praktische Einzelheiten. Ich bat ihn, einen Käufer für den Jeep zu finden, und er hat auch schon deswegen telefoniert. Ich werde ihn wahrscheinlich morgen verkaufen. Damit werde ich genügend Geld haben, um ins Ausland zu reisen. Wissen Sie, bis heute habe ich mir immer geschworen, dieses Land nie zu verlassen und niemals die Orte aufzusuchen, wo meine Eltern gewesen sind. Aber jetzt werde ich es tun. Ich bin so weit, dass ich in die Welt hinausgehen und sie mir selbst erschließen kann. Sie gehört mir genauso wie jedem anderen. Also werde ich in ihr leben. Ich glaube, als Erstes fahre ich nach Spanien.«

Ich begleitete Mascha ins Wartezimmer. Smirnow erhob sich von seinem Stuhl und begrüßte mich ziemlich förmlich. Erneut überraschten mich die vielen verschiedenen Gesichter dieses Mannes. Seine Ironie, seine Psychotricks, all das war spurlos verschwunden, und er wirkte sehr ernst, als hätte er endlich etwas unglaublich Wertvolles gefunden. Ich wusste, dass es sich dabei um Mascha und ihre Genesung handelte, aber ich hatte nicht den Eindruck, als hätte es irgendetwas mit Verliebtheit zu tun. Er behandelte sie wie eine Tochter, die gerade eine schwere Krankheit überstanden hatte. Vielleicht hatten ihn die jüngsten Erfahrungen dazu veranlasst, einiges zu überdenken, was er bisher für absolut und unverrückbar gehalten hatte. Er wirkte glücklicher und nicht mehr so abwesend und strahlte Kraft und Energie aus.

Er bedankte sich bei mir, schüttelte mir die Hand und begleitete Mascha nach draußen. An der Tür drehte sie sich noch einmal um, winkte mir zu und fragte mich fröhlich: »Ich bin doch jetzt offiziell entlassen, oder?«

Als ich schweigend nickte und lächelte, sagte sie: »Danke, Frau Doktor«, und dann gingen sie.

Auch für mich wurde es Zeit, nach Hause zu gehen. Ich wollte gerade die Tür öffnen, als sie aufgestoßen wurde und zwei Pfleger hereinkamen, zwischen ihnen eine schmale Frau in einem Krankenhausnachthemd, die nur kleine zaghafte Schritte machte, als wollte sie das Unvermeidliche hinausschieben – in eine psychiatrische Klinik eingewiesen zu werden. Als ich im Korridor stehen blieb, um sie vorbeizulassen, hob sie den Kopf, und ich erkannte sie auf der Stelle. Es war Katherine, die Frau, die ich vor meiner Fahrt nach Samarkand aufgenommen hatte. Anscheinend war sie vor nicht allzu langer Zeit entlassen worden, und jetzt kam sie wieder. Sie sah überhaupt nicht gut aus. Sie erkannte mich, sagte aber kein Wort. Sie wandte sich ab, und ihr Gesicht verhärtete sich.

»Hallo, Katherine«, sagte ich so freundlich wie möglich, und sie antwortete leise: »Hallo«, schaute mich aber immer noch nicht an.

»Von jetzt an werde ich Ihre behandelnde Ärztin sein. Heute ist es schon zu spät. Ich muss jetzt nach Hause. Aber morgen früh bin ich wieder hier, dann können wir miteinander reden. Versuchen Sie, gut zu schlafen. Wir sehen uns morgen.«

Sie sah mich an und nickte. Ich trat zur Seite, um sie und die Pfleger vorbeizulassen. Die Tür zur Station schloss sich hinter ihnen. Eine Weile stand ich im Flur und versuchte, meine Gedanken und Gefühle zu ordnen. Ich empfand keinerlei Verwirrung und auch keine Angst. Ich war nicht mehr machtlos. Ich hatte das Gefühl, dass noch eine ganze Menge Arbeit vor mir lag. Und dieses Gefühl gefiel mir.